I0818979

HMH DIMENSIONES DE LAS CIENCIAS™

LAS CÉLULAS Y LA HERENCIA

Módulo B

Este libro del estudiante para escribir pertenece a

____

Maestro/Salón

____

© Houghton Mifflin Harcourt • Image Credits:

Houghton Mifflin Harcourt™

Autores de consulta

Michael A. DiSpezio

Global Educator
North Falmouth,
Massachusetts

Michael DiSpezio has authored many HMH instructional programs for Science and Mathematics. He has also authored numerous trade books and multimedia programs on various topics and hosted dozens of studio and location broadcasts for various organizations in the United States and worldwide. Most recently, he has been working with educators to provide strategies for implementing the Next Generation Science Standards, particularly the Science and Engineering Practices, Crosscutting Concepts, and the use of Evidence Notebooks. To all his projects, he brings his extensive background in science, his expertise in classroom teaching at the elementary, middle, and high school levels, and his deep experience in producing interactive and engaging instructional materials.

Marjorie Frank

Science Writer and Content-Area Reading Specialist
Brooklyn, New York

An educator and linguist by training, a writer and poet by nature, Marjorie Frank has authored and designed a generation of instructional materials in all subject areas, including past HMH Science programs. Her other credits include authoring science issues of an award-winning children's magazine, writing game-based digital assessments, developing blended learning materials for young children, and serving as instructional designer and coauthor of pioneering school-to-work software. In addition, she has served on the adjunct faculty of Hunter, Manhattan, and Brooklyn Colleges, teaching courses in science methods, literacy, and writing. For *HMH Science Dimensions™*, she has guided the development of our K–2 strands and our approach to making connections between NGSS and Common Core ELA/literacy standards.

Acknowledgments

Cover credits: (lily cross-section) ©Houghton Mifflin Harcourt; (lily anther cross-section) ©Garry DeLong/Oxford Scientific/Getty Images.

Section Header Master Art: (human cells, illustration) ©Sebastian Kaulitzki/Science Photo Library/Corbis

Copyright © 2018 by Houghton Mifflin Harcourt Publishing Company

All rights reserved. No part of this work may be reproduced or transmitted in any form or by any means, electronic or mechanical, including photocopying or recording, or by any information storage and retrieval system, without the prior written permission of the copyright owner unless such copying is expressly permitted by federal copyright law. Requests for permission to make copies of any part of the work should be submitted through our Permissions website at https://customercare.hmhco.com/permission/Permissions.html or mailed to Houghton Mifflin Harcourt Publishing Company, Attn: Intellectual Property Licensing, 9400 Southpark Center Loop, Orlando, Florida 32819-8647.

Printed in the U.S.A.

ISBN 978-0-544-97959-8

2 2026

4500933148 B C D E F

If you have received these materials as examination copies free of charge, Houghton Mifflin Harcourt Publishing Company retains title to the materials and they may not be resold. Resale of examination copies is strictly prohibited.

Possession of this publication in print format does not entitle users to convert this publication, or any portion of it, into electronic format.

© Houghton Mifflin Harcourt • Image Credits: (all) HMH

Michael R. Heithaus, PhD

Dean, College of Arts, Sciences & Education
Professor, Department of Biological Sciences
Florida International University
Miami, Florida

Mike Heithaus joined the FIU Biology Department in 2003 and has served as Director of the Marine Sciences Program and Executive Director of the School of Environment, Arts, and Society, which brings together the natural and social sciences and humanities to develop solutions to today's environmental challenges. He now serves as Dean of the College of Arts, Sciences & Education. His research focuses on predator-prey interactions and the ecological importance of large marine species. He has helped to guide the development of Life Science content in *HMH Science Dimensions*™, with a focus on strategies for teaching challenging content as well as the science and engineering practices of analyzing data and using computational thinking.

Cary I. Sneider, PhD

Associate Research Professor
Portland State University
Portland, Oregon

While studying astrophysics at Harvard, Cary Sneider volunteered to teach in an Upward Bound program and discovered his real calling as a science teacher. After teaching middle and high school science in Maine, California, Costa Rica, and Micronesia, he settled for nearly three decades at Lawrence Hall of Science in Berkeley, California, where he developed skills in curriculum development and teacher education. Over his career, Cary directed more than 20 federal, state, and foundation grant projects and was a writing team leader for the Next Generation Science Standards. He has been instrumental in ensuring *HMH Science Dimensions*™ meets the high expectations of the NGSS and provides an effective three-dimensional learning experience for all students.

Consultores del programa

Paul D. Asimow, PhD
Eleanor and John R. McMillan Professor of Geology and Geochemistry
California Institute of Technology
Pasadena, California

Joanne Bourgeois
Professor Emerita
Earth & Space Sciences
University of Washington
Seattle, WA

Dr. Eileen Cashman
Professor
Humboldt State University
Arcata, California

Elizabeth A. De Stasio, PhD
Raymond J. Herzog Professor of Science
Lawrence University
Appleton, Wisconsin

Perry Donham, PhD
Lecturer
Boston University
Boston, Massachusetts

Shila Garg, PhD
Emerita Professor of Physics
Former Dean of Faculty & Provost
The College of Wooster
Wooster, Ohio

Tatiana A. Krivosheev, PhD
Professor of Physics
Clayton State University
Morrow, Georgia

Mark B. Moldwin, PhD
Professor of Space Sciences and Engineering
University of Michigan
Ann Arbor, Michigan

Ross H. Nehm
Stony Brook University (SUNY)
Stony Brook, NY

Kelly Y. Neiles, PhD
Assistant Professor of Chemistry
St. Mary's College of Maryland
St. Mary's City, Maryland

John Nielsen-Gammon, PhD
Regents Professor
Department of Atmospheric Sciences
Texas A&M University
College Station, Texas

Dr. Sten Odenwald
Astronomer
NASA Goddard Spaceflight Center
Greenbelt, Maryland

Bruce W. Schafer
Executive Director
Oregon Robotics Tournament & Outreach Program
Beaverton, Oregon

Barry A. Van Deman
President and CEO
Museum of Life and Science
Durham, North Carolina

Kim Withers, PhD
Assistant Professor
Texas A&M University-Corpus Christi
Corpus Christi, Texas

Adam D. Woods, PhD
Professor
California State University, Fullerton
Fullerton, California

© Houghton Mifflin Harcourt • Image Credits: (all) HMH

Revisores docentes

Cynthia Book, PhD
John Barrett Middle School
Carmichael, California

Katherine Carter, MEd
Fremont Unified School District
Fremont, California

Theresa Hollenbeck, MEd
Winston Churchill Middle School
Carmichael, California

Kathryn S. King
Science and AVID Teacher
Norwood Jr. High School
Sacramento, California

Donna Lee
Science/STEM Teacher
Junction Ave. K8
Livermore, California

Rebecca S. Lewis
Science Teacher
North Rockford Middle School
Rockford, Michigan

Bryce McCourt
8th Grade Science Teacher/Middle School Curriculum Chair
Cudahy Middle School
Cudahy, Wisconsin

Sarah Mrozinski
Teacher
St. Sebastian School
Milwaukee, Wisconsin

Raymond Pietersen
Science Program Specialist
Elk Grove Unified School District
Elk Grove, California

© Houghton Mifflin Harcourt

© Houghton Mifflin Harcourt • Image Credits: ©Hero Images/Getty Images

¿Te has preguntado...

- por qué es tan difícil atrapar una mosca?
- por qué puede aparecer una isla nueva en el océano?
- cómo diseñar una casita increíble en un árbol?
- cómo puede una nave espacial enviar mensajes por el sistema solar?

HMH DIMENSIONES DE LAS CIENCIAS™

DESPERTARÁ tu curiosidad.

Y te preparará para

✓	mañana
✓	el año que viene
✓	la universidad o tu profesión
✓	la vida

¿Qué imaginas para dentro de quince años?

© Houghton Mifflin Harcourt • Image Credits: (t) ©Hill Street Studios/Blend Images/Corbis; (cl) ©Adam Gregor/Shutterstock; (c) ©Laura Doss/FancyCorbis; (cr) ©Design Pics Inc./Alamy; (bl) ©Steve Debenport/Getty Images; (bc) ©Monkey Business Images/Shutterstock; (br) ©Blend Images/Alamy Images

Conviértete en científico.

Trabaja como lo hacen los científicos de verdad.

Analiza

© Houghton Mifflin Harcourt • Image Credits: (t) ©Hero Images/Getty Images; (b) ©Tetra Images/Corbis

Conviértete en ingeniero.

Resuelve problemas como lo hacen los ingenieros.

STEM

© Houghton Mifflin Harcourt • Image Credits: (t) ©alexey_boldin/Fotolia; (b) ©Ariel Skelley/Blend Images/Corbis

Reúne información

Razona adecuadamente

Explica el mundo que te rodea.

Empieza con una pregunta.

Realiza investigaciones

© Houghton Mifflin Harcourt • Image Credits: (tl) ©Hero Images/Fancy/Corbis; (tr) ©Tyler Olson/Shutterstock; (b) ©PhotoAlto/Alamy

Colabora

Desarrolla explicaciones

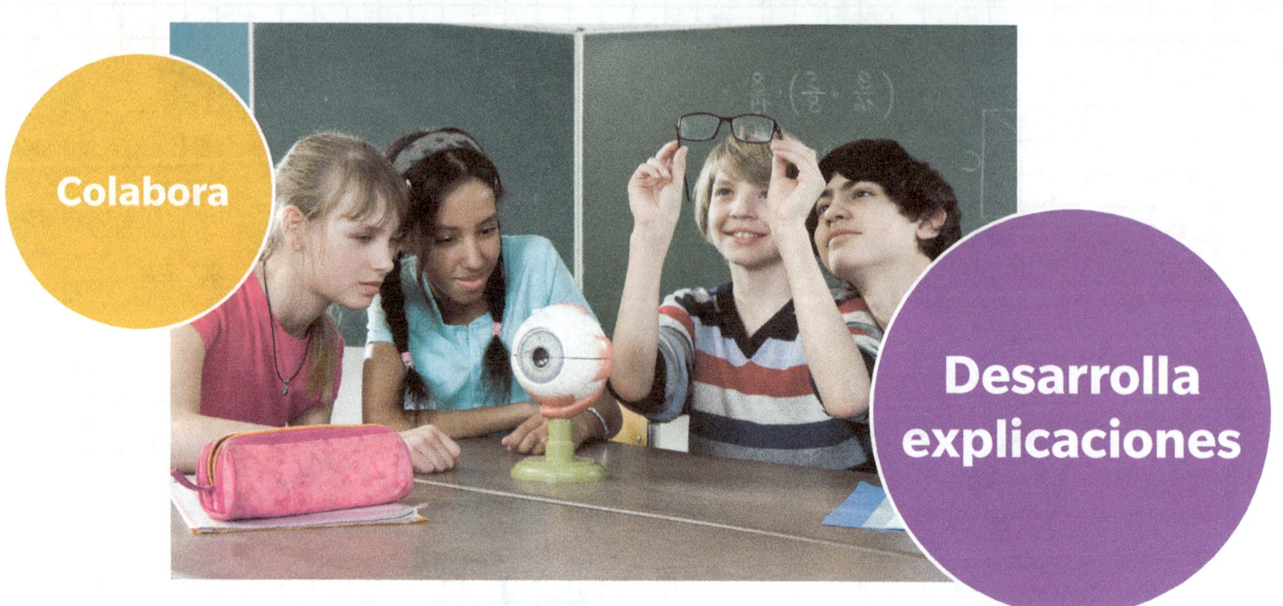

Hay más de una manera de hallar la respuesta. ¿Cuál es TU MANERA?

Elabora argumentos

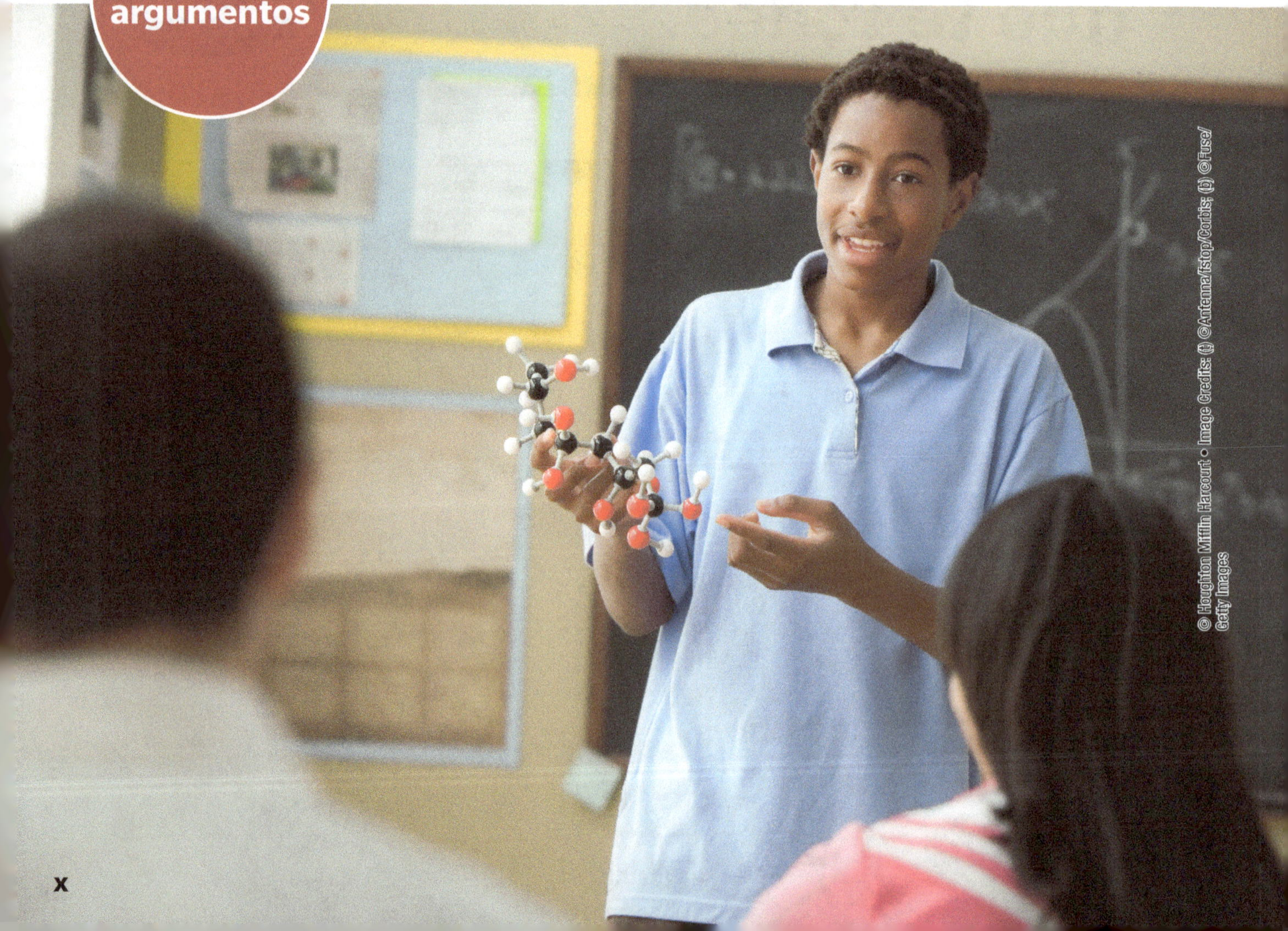

© Houghton Mifflin Harcourt • Image Credits: (t) ©Antenna/istop/Corbis; (b) ©Fuse/Getty Images

TU programa

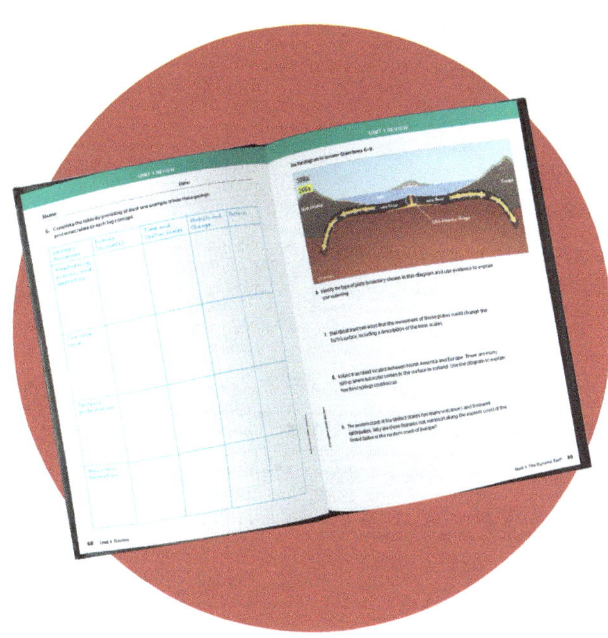

Libro del estudiante para escribir:

- Este libro innovador y completamente nuevo te guiará mientras transitas el currículo para la próxima generación, incluido el programa de actividades prácticas y de laboratorio.

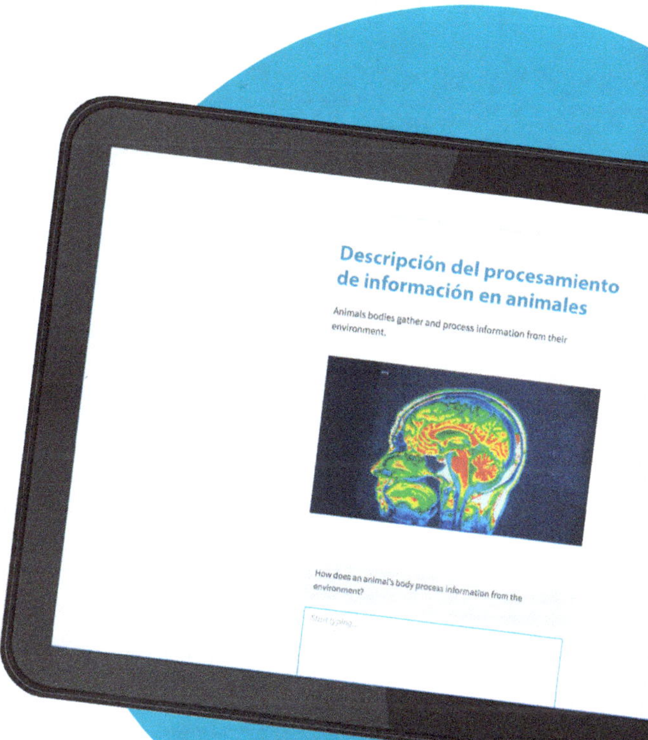

Libro interactivo del estudiante en línea:

- Es una versión completa del libro del estudiante en línea, enriquecida con videos, actividades interactivas, animaciones, simulaciones, lugares para ingresar datos, dibujar y guardar tu trabajo.

Otras herramientas disponibles en línea para que practiques y aprendas sobre ciencias:

- Prácticas de laboratorio
- Manual de prácticas de ciencias y de ingeniería
- Manual de conceptos transversales
- Manual de artes del lenguaje
- Manual de matemáticas

© Houghton Mifflin Harcourt • Image Credits: (t) ©Roman Sigaev/Shutterstock; (b) ©Anatoliy Babiy/Pressureua/Dreamstime

UNIDAD 1

Las células

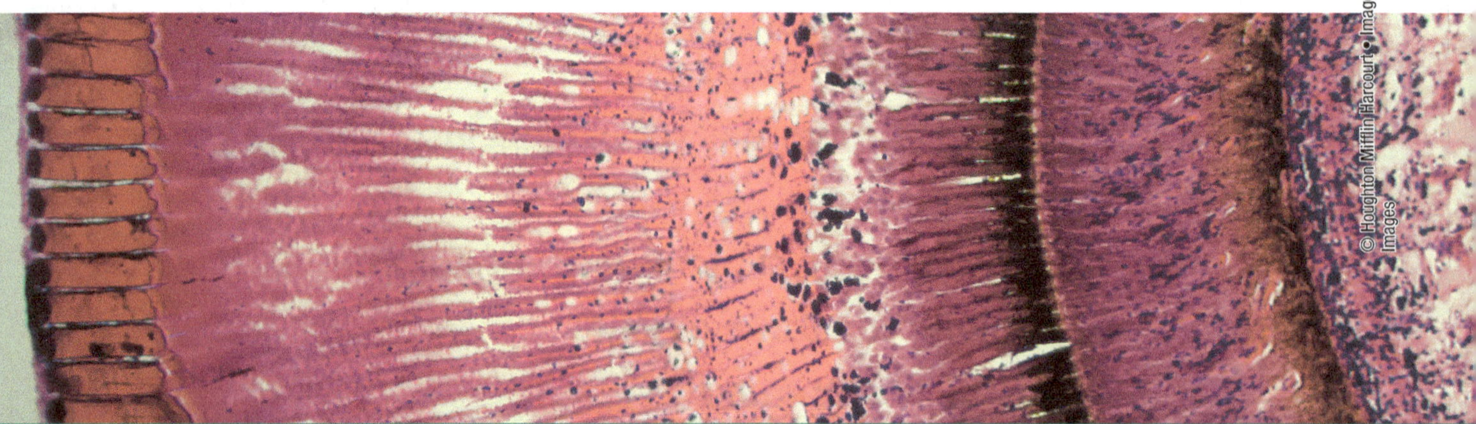

Cuando miras un objeto en un microscopio, puedes darte cuenta por su aspecto de si se trata o no de un organismo vivo.

UNIDAD 2

Los organismos son sistemas

© Houghton Mifflin Harcourt • Image Credits: ©Christina L. Evans/Rainbow/RGB Ventures/SuperStock/Alamy

La chinche espinosa tiene un cascarón duro que le sirve para camuflarse en la planta donde vive y que también usa como escudo protector.

UNIDAD 3 121

Reproducción, herencia y crecimiento

© Houghton Mifflin Harcourt • Image Credits: ©blickwinkel/Alamy

Los mellizos, como estas crías de tití de cara blanca, se gestan en dos óvulos fertilizados diferentes, de modo que no son idénticos genéticamente.

Siempre que estés en el laboratorio o haciendo trabajo de campo, eres responsable de tu propia seguridad y de la seguridad de los demás. Para asumir esta responsabilidad y evitar accidentes, debes pensar en tu seguridad y en la de tus compañeros en todo momento. Tómate el trabajo en el laboratorio y en el campo seriamente y compórtate de manera adecuada. Los elementos de seguridad que debes tener en cuenta se muestran a continuación y en las páginas siguientes.

Seguridad en el laboratorio

- ☐ Asegúrate de conocer bien los materiales, el procedimiento y las reglas de seguridad antes de comenzar una investigación.
- ☐ Debes saber dónde encontrar y cómo usar los extintores, las estaciones para lavarse los ojos, las duchas y los interruptores de emergencia.
- ☐ Usa el equipo de seguridad adecuado. Siempre debes usar el equipo de seguridad personal, como los elementos para proteger los ojos y los guantes, cuando preparas una actividad de laboratorio, durante la actividad y cuando limpias y ordenas.
- ☐ No comiences a trabajar hasta que el maestro te lo indique. Sigue las instrucciones.
- ☐ Mantén el laboratorio limpio y ordenado. Limpia todo cuando termines. Si se produce un derrame, avísale inmediatamente al maestro. Fíjate si hay riesgo de resbalones, tropiezos o caídas.
- ☐ Si te lastimas o ves que otro estudiante se lastima, avísale inmediatamente al maestro, incluso si la lesión no parece importante.
- ☐ No ingreses al laboratorio con alimentos ni bebidas. Nunca saques sustancias químicas del laboratorio.

Seguridad en el campo

- ☐ Asegúrate de entender el objetivo del trabajo de campo y la manera apropiada de llevar a cabo la investigación antes de comenzar a trabajar.
- ☐ Usa el equipo de seguridad y el equipo de seguridad personal, como los elementos para proteger los ojos, que sean adecuados para el terreno y el estado del tiempo.
- ☐ Sigue las instrucciones del maestro, incluidos los procedimientos de seguridad.
- ☐ No te acerques a los animales silvestres ni los toques. No toques ninguna planta, a menos que el maestro te lo indique. Cuando te vas, el área natural que visitaste debe quedar igual a como la encontraste.
- ☐ No te alejes del grupo.
- ☐ Sigue los procedimientos adecuados en caso de accidente. Si detectas un riesgo en el lugar o se produce un accidente, avísale inmediatamente al maestro, incluso si el riesgo o el accidente no parecen importantes.

© Houghton Mifflin Harcourt • Image Credits: (l) ©Houghton Mifflin Harcourt (r) ©Alistair Berg/DigitalVision/Getty Images

Símbolos de seguridad

Los siguientes símbolos se usan para señalar las medidas de precaución específicas que debes tomar durante las actividades de laboratorio. Recuerda que, además de los símbolos de seguridad que aparezcan en cada actividad, debes respetar todas las reglas de seguridad en todo momento.

Vestimenta

- Usa gafas protectoras (o lentes protectores, según lo que sea adecuado para la actividad) en todo momento en el laboratorio, tal como se te indique. Si te entra una sustancia química en el ojo, enjuágate los ojos de inmediato, durante al menos 15 minutos.
- No uses lentes de contacto en el laboratorio.
- No mires directamente el sol, fuentes de luz intensa ni láseres.
- Usa guantes protectores sin látex cuando te lo indiquen.
- Usa un delantal o bata de laboratorio en todo momento cuando te lo indiquen.
- Si tienes pelo largo, átatelo; asegura la ropa suelta y quítate la bisutería que se mueva. Si tienes uñas de acrílico, quítatelas si vas a trabajar con llamas activas.
- No uses zapatos de punta abierta, sandalias ni alpargatas en el laboratorio.

Seguridad en el manejo de objetos de vidrio y filosos

- No uses objetos de vidrio astillados o rajados.
- Usa recipientes de vidrio resistentes al calor para calentar materiales o guardar materiales calientes.
- Avísale inmediatamente al maestro si se rompe un objeto de vidrio.
- Manipula con muchísimo cuidado los instrumentos filosos o con punta.
- Cuando cortes un objeto, no lo sostengas con la mano. Coloca el objeto sobre una superficie adecuada para cortar y siempre corta en una dirección contraria a la posición de tu cuerpo.

Seguridad en el manejo de sustancias químicas

- Si una sustancia química entra en contacto con tu piel, tu ropa o tus ojos, enjuágala inmediatamente, durante al menos 15 minutos (usa la ducha, el grifo o la estación para el lavado de ojos) y avísale al maestro.
- No limpies sustancias químicas que se hayan derramado a menos que te lo indique el maestro.
- No inhales ningún gas o vapor a menos que te lo indique el maestro. Si te indican que tomes nota del olor de una sustancia, agita suavemente la mano para acercar los vapores a la nariz. Nunca acerques la nariz al recipiente.
- Manipula los materiales que emiten vapores o gases en un área bien ventilada.
- No te toques la cara cuando estés trabajando en cualquier actividad.

© Houghton Mifflin Harcourt

Símbolos de seguridad (continuación)

Seguridad en el manejo de la electricidad

- No uses aparatos que tengan cables desgastados o enchufes sueltos.
- No uses aparatos eléctricos cerca del agua o si tienes la ropa o las manos húmedas.
- Sostén el enchufe cuando conectes o desconectes los aparatos. Nunca tires del cable.
- Usa únicamente receptáculos con descarga a tierra.

Seguridad en el manejo de objetos calientes y fuego

- Localiza las fuentes de llamas, chispas o calor (como el fuego, espirales calentadoras u hornillas) antes de comenzar a trabajar con sustancias inflamables.
- Debes saber dónde se encuentra el extintor del laboratorio y las mantas antiincendios.
- Debes conocer el plan de evacuación de la escuela en caso de incendio.
- Si se prende fuego tu ropa, camina hasta la ducha para apagarlo. No corras.
- Nunca dejes de prestar atención a las hornillas cuando estén encendidas o mientras se estén enfriando.
- Usa pinzas o instrumentos aislantes cuando manipules objetos calientes.
- Espera que el equipo se enfríe antes de guardarlo.

Seguridad en el manejo de plantas y animales

- No comas ninguna parte de una planta.
- No recojas ninguna planta silvestre a menos que el maestro te indique que lo hagas.
- Interactúa con los animales únicamente como te lo indique el maestro.
- Trata a los animales con cuidado y respeto.
- Lávate bien las manos con agua y jabón después de tocar plantas o animales.

Limpieza

- Limpia todas las superficies de trabajo y el equipo de protección como te lo indique el maestro.
- Desecha los materiales peligrosos y los objetos filosos únicamente como te indique el maestro.
- Lávate bien las manos con agua y jabón antes de irte del laboratorio y después de cualquier actividad.

© Houghton Mifflin Harcourt

Nombre: Fecha:

Examen breve de seguridad

Encierra en un círculo la letra de la respuesta CORRECTA.

1. Antes de comenzar una investigación o un procedimiento en el laboratorio, debes

A. hacer un experimento por tu cuenta.

B. abrir todos los recipientes y paquetes.

C. leer todas las instrucciones y asegurarte de entenderlas.

D. manipular todos los objetos para familiarizarte con ellos.

2. Al final de cualquier actividad, debes

A. lavarte bien las manos con agua y jabón antes de irte del laboratorio.

B. taparte la cara con las manos.

C. ponerte las gafas protectoras.

D. dejar las hornillas encendidas.

3. Si te lastimas o te haces daño, debes

A. decírselo inmediatamente a tu maestro.

B. buscar vendas o un kit de primeros auxilios.

C. ir a la oficina del director.

D. pedir ayuda después de terminar la actividad.

4. Si un objeto de vidrio está astillado o rajado, debes

A. usarlo solo con materiales sólidos.

B. dárselo a tu maestro para que lo recicle o lo deseche.

C. volver a colocarlo en el armario.

D. romperlo más para que se note bien.

5. Si quedaron sustancias químicas sin usar al finalizar el procedimiento, debes

A. verterlas en un fregadero o drenaje.

B. mezclarlas en un balde.

C. ponerlas en su recipiente original.

D. desecharlas como lo indique el maestro.

6. Si un aparato tiene un cable desgastado, debes

A. desenchufar el aparato tirando del cable.

B. dejar el cable colgando de un lado de un mostrador o de una mesa.

C. informar al maestro sobre el problema.

D. poner cinta adhesiva alrededor del cable para repararlo.

7. Si necesitas determinar el olor de una sustancia química o una solución, debes

A. mover la mano suavemente para acercar los vapores del recipiente a la nariz.

B. acercar el recipiente a la nariz e inhalar profundamente.

C. decírselo inmediatamente a tu maestro.

D. usar equipos sensibles a los olores.

8. Si trabajas con materiales que puedan dispersarse en el aire y lastimar los ojos de alguien, debes usar

A. gafas protectoras.

B. un delantal.

C. guantes.

D. un gorro.

9. Antes de hacer un experimento en el que se use una fuente de calor, debes saber dónde está

A. la puerta.

B. la ventana.

C. el extintor.

D. la luz.

10. Si te entra una sustancia química en el ojo, debes

A. lavarte las manos inmediatamente.

B. ponerle la tapa al recipiente de la sustancia.

C. esperar y fijarte si se te irrita el ojo.

D. ir de inmediato a la estación de lavado de ojos y lavarte al menos durante 15 min.

Conéctate y lee el Manual de seguridad en el laboratorio para obtener más información.

© Houghton Mifflin Harcourt

Las células

Con un microscopio, se pueden ver los organismos pequeños que nadan en esta muestra de agua de una laguna.

© Houghton Mifflin Harcourt • Image Credits: ©Laguna Design/Oxford Scientific/Getty Images

Cuando observamos un organismo como un pez, se ve el organismo completo. En un pez, vemos escamas, aletas y ojos. Sin embargo, si observamos con mayor atención con un microscopio, se revela la verdad: todos los seres vivos están formados por estructuras muy pequeñas llamadas células. Algunos seres vivos, como el plancton microscópico que se encuentra en el agua de las lagunas, están formados por una o varias células. Otros seres vivos, como los peces y las personas, ¡tienen millones de células! En esta unidad, investigarás cómo las células forman sistemas y cómo las partes de las células contribuyen a la función celular.

Por qué es importante

Aquí tienes algunas preguntas para ir pensando a lo largo de la unidad. ¿Puedes responder alguna de estas preguntas ahora? Vuelve a leer las preguntas al final de la unidad para aplicar lo que aprendiste.

Preguntas	Notas
¿Puedes ver todos los organismos que viven en una muestra de agua?	
¿Qué tecnología puedes usar para ver los organismos que viven en una muestra de agua de una fuente de agua local?	
¿En qué se parecen los distintos tipos de microorganismos? ¿En qué se diferencian?	
¿Cómo puedes distinguir entre los organismos vivos y los componentes no vivos de una muestra de agua?	
¿Cómo se pueden usar los microorganismos de una muestra de agua para evaluar la salubridad de una fuente de agua local?	

© Houghton Mifflin Harcourt

Para comenzar: Observar las diferencias en una escala

Cuando observas un organismo vivo con un microscopio, puedes ver las células y sus estructuras, que no son visibles a simple vista. En la foto de abajo se muestra un gato. En las imágenes más pequeñas se muestra el pelaje del gato con distintos aumentos: 100 veces más grande que el tamaño real y 400 veces más grande que el tamaño real. Compara cómo cambia el aspecto según los distintos aumentos.

100x

400x

1. Encierra en un círculo las palabras que completan las oraciones.

Cuando no hay aumento, se puede ver el organismo completo, pero se ven más / menos detalles del pelaje del gato. Con un aumento de 400x, se pueden ver más / menos detalles del pelaje, pero se ve más / menos del cuerpo del organismo.

© Houghton Mifflin Harcourt • Image Credits: (l) ©SJ Allen/Shutterstock; (tr) ©Edward Kinsman/Getty Images; (br) ©Eye of Science/Science Source

Para planear el proyecto de esta unidad, conéctate y descarga la Planilla de proyectos.

Proyecto de la unidad

Analizar los bioindicadores para evaluar la calidad del agua

Elige una fuente de agua local, recoge muestras del agua y observa las muestras bajo un microscopio. Usa la información de la Lección 1 como ayuda para distinguir entre seres vivos y componentes no vivos de las muestras y usa la información de la Lección 2 para identificar organismos específicos según las estructuras celulares. Junto con las autoridades locales, determina la calidad del agua. Usa los organismos y materiales que hay en la fuente de agua para sacar conclusiones. Comparte tus datos y análisis con las autoridades locales según sus necesidades.

LECCIÓN 1

Características de las células

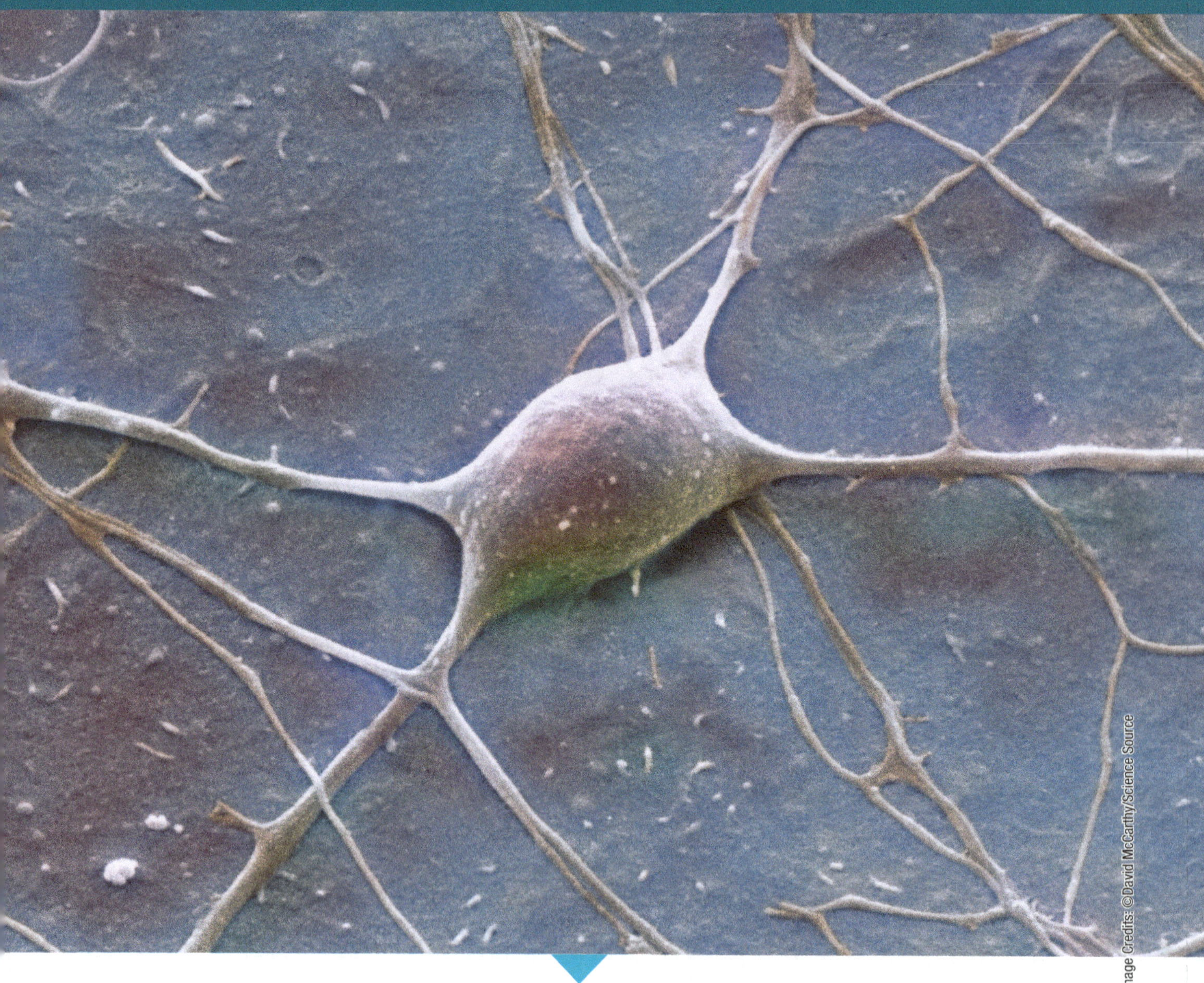

© Houghton Mifflin Harcourt • Image Credits: ©David McCarthy/Science Source

El cerebro humano está compuesto por muchos bloques pequeños. Los bloques básicos con los que se construye el cerebro están formados por células llamadas *neuronas*.

Al final de esta lección...

podrás explicar cómo los seres vivos están formados por estructuras pequeñas llamadas *células*.

Conéctate para ver la versión digital de la Práctica de laboratorio de esta lección y descargar recursos adicionales.

¿PUEDES EXPLICARLO?

¿Qué relación tienen estas estructuras pequeñas con la cebolla?

En la foto de la izquierda se muestra una imagen con aumento de una capa de la piel de una cebolla morada.

1. Anota lo que observaste en la imagen con aumento y en la cebolla.

2. ¿Qué piensas que se necesita para observar las estructuras pequeñas?

© Houghton Mifflin Harcourt • Image Credits: (l) ©claudiodivizia/iStock/Getty Images Plus/Getty Images; (r) ©bajinda/iStock/Getty Images Plus/Getty Images

CUADERNO DE EVIDENCIAS Mientras trabajas con la lección, reúne evidencias para explicar cómo los organismos están formados por bloques, o células.

Identificar las células

De muy niño, tal vez jugaste con bloques de madera o ladrillos de plástico. Con esos bloques o ladrillos, podías construir casi todo: desde un insecto hasta un árbol, o incluso una persona. Pero ¿sabías que la naturaleza tiene sus propios bloques? Todos los seres vivos están formados por esos "bloques".

Los seres vivos están formados por células

Los seres vivos, como las bacterias, las setas y los musgos, se llaman **organismos.** ¿Qué diferencia a los organismos de los componentes no vivos? Una diferencia es que todos los organismos están formados por una o más células. Una **célula** es la unidad más pequeña que tiene vida. Las células son las unidades fundamentales de todos los organismos vivos. ¡Una persona está formada por más de 30 billones de células!

La planta acuática *Elodea* de la izquierda se muestra sin aumento. Las imágenes de la derecha muestran la misma *Elodea* con aumento.

3. ¿Qué ves cuando observas esta planta a simple vista? ¿Qué ves cuando miras la planta con aumento?

© Houghton Mifflin Harcourt • Image Credits: (bkgd) ©Martin Shields/Alamy; (t inset) ©De Agostini Picture Library/Science Source; (b inset) ©Ed Reschke/Photolibrary/Getty Images

Observar objetos con aumento

En las fotos se muestran tres objetos como se ven cuando se observan con un microscopio. Mientras trabajas con las imágenes, establece relaciones entre las células y los objetos.

Paramecio Un paramecio es un organismo formado por una sola célula. Unas estructuras pequeñas y muy finas, llamadas *cilios*, rodean la célula. El movimiento de vaivén de los cilios le permite al paramecio desplazarse por el agua, que es su hábitat.

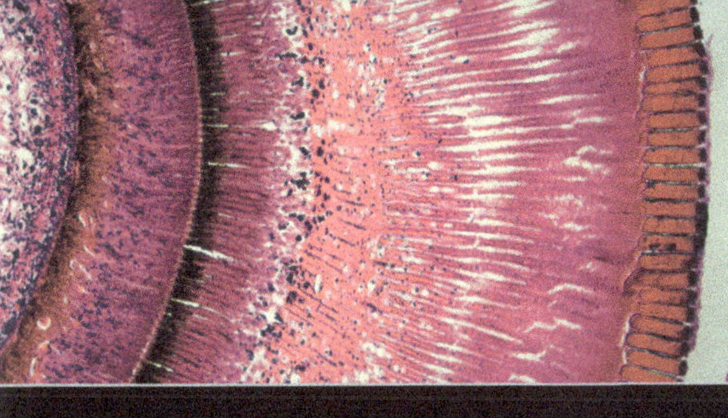

Ojo de camarón En esta foto se muestran miles de células que forman el ojo de un camarón. Los camarones pueden detectar movimientos muy rápidos gracias a la disposición de células especializadas en los ojos.

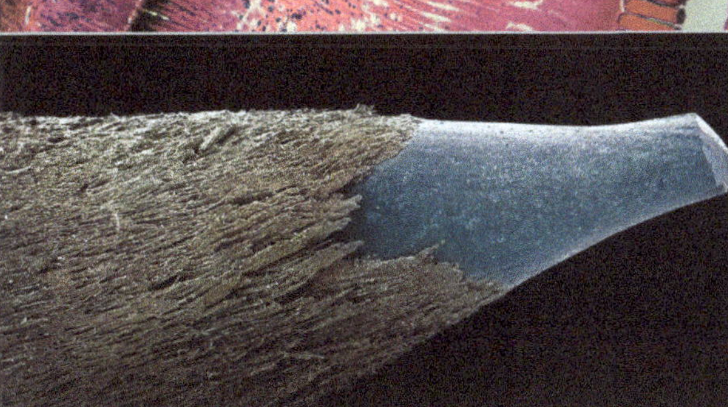

Punta de lápiz La punta de este lápiz está formada por grafito, una forma de carbono, mezclado con arcilla. Esta mezcla de materiales deja una marca gris sobre el papel que se borra con facilidad.

4. **Comenta** ¿En qué se diferencian los objetos?

5. El paramecio es un ejemplo de ser vivo / componente no vivo. El camarón es un ejemplo de ser vivo / componente no vivo. El lápiz es un ejemplo de ser vivo / componente no vivo. El paramecio y el camarón tienen / no tienen células. El lápiz tiene / no tiene células.

CUADERNO DE EVIDENCIAS

6. ¿La cebolla que se muestra al principio de la lección es un ejemplo de ser vivo o de componente no vivo? Anota las evidencias.

© Houghton Mifflin Harcourt • Image Credits: (t) ©micro_photo/iStock/Getty Images Plus/Getty Images; (c) ©Garry DeLong/Oxford Scientific/Getty Images; (b) ©Cultura Science/Albert Lleal Moya/Cultura Exclusive/Getty Images

Las células son los bloques básicos de la vida

Ahora sabes que los seres vivos están formados por una o más células y los componentes no vivos no están formados por células. Cuando observes un objeto bajo un microscopio, podrás determinar a partir de su apariencia si es un ser vivo o no. Aunque todos los organismos están formados por células, estas células pueden tener distintas formas y funciones.

Los organismos vivos que están compuestos por una sola célula se llaman **organismos unicelulares**. Algunos ejemplos de organismos unicelulares son las bacterias, los paramecios y las levaduras. Otros organismos vivos formados por más de una célula se llaman **organismos multicelulares**. Todos los animales y la mayoría de las plantas son ejemplos de organismos multicelulares.

Analizar objetos con aumento

7. Rotula las fotos como *organismo unicelular*, *organismo multicelular* o *componente no vivo*. Luego, anota las evidencias.

	La glucosa es un azúcar simple producido por las plantas durante la fotosíntesis. En la imagen se muestran cristales de glucosa con aumento.	
	En la foto se muestra un corte transversal con aumento de la glándula salina de la lengua de un cocodrilo.	
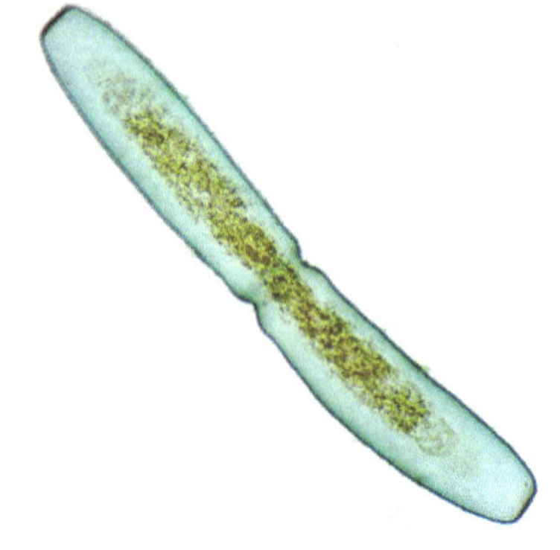	Las desmidiales son un tipo de alga que vive principalmente en agua dulce. La célula única suele estar dividida en dos mitades simétricas.	

© Houghton Mifflin Harcourt • Image Credits: (t) ©Sydney Moulds/Science Source (c) ©AMMRF, University of Sydney/Science Source (b) ©Science Stock Photography/Science Source

Las células provienen de células ya existentes

Solo las células que ya existen pueden producir nuevas células. Las células de un organismo vivo se dividen para producir células nuevas de manera que el organismo pueda crecer y llevar a cabo procesos vitales. Las células se dividen y producen dos células idénticas. Las células nuevas ayudan al organismo a crecer y reemplazan las células viejas, debilitadas o muertas.

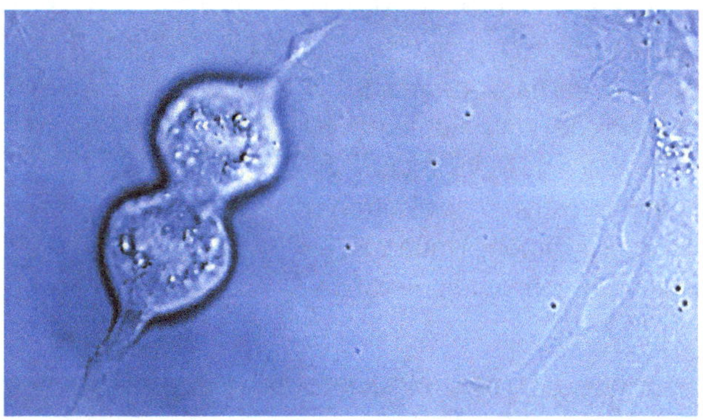

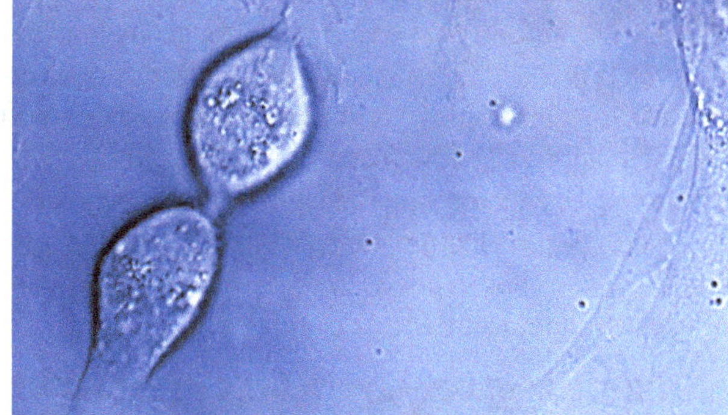

En estas dos imágenes se muestra el proceso de división celular de una célula.

8. ¿En qué se diferencian las células de la foto de la izquierda de las células de la foto de la derecha?

Artes del lenguaje

Resumir partes de una teoría

El descubrimiento de que las células se dividen para crear células nuevas e idénticas es parte de la teoría celular, desarrollada por muchos científicos a lo largo de más de cien años. La teoría celular afirma que:

- Todos los organismos vivos están formados por una o más células.
- Las células son los bloques básicos de la vida.
- Todas las células provienen solo de células ya existentes.

9. Resume las tres partes de la teoría celular con tus propias palabras. Usa ejemplos de organismos que conozcas.

© Houghton Mifflin Harcourt • Image Credits: (l, r) ©Heiti Paves/SPL/Science Source

Investigar la escala de las células

La mayoría de las células son demasiado pequeñas para verlas a simple vista. Por su tamaño extremadamente pequeño, la mayoría de las células solo se pueden observar mediante la tecnología, como un microscopio. Con un microscopio, las células y sus partes, que no son visibles para las personas a cierta escala, se muestran a una escala visible.

En la actualidad, los científicos usan varios tipos de microscopios para observar las células. Por ejemplo, los microscopios ópticos dirigen la luz a través de una o más lentes para formar imágenes. Los microscopios ópticos pueden usarse para observar especímenes vivos o muertos. Los microscopios electrónicos forman imágenes mediante un haz de electrones. Los microscopios electrónicos solo pueden usarse para observar especímenes muertos. Sin embargo, con ellos se puede obtener un aumento mucho mayor que con los microscopios ópticos y ver detalles dentro de una célula.

El ala de una mariposa está formada por miles de escamas, cada una proveniente de una sola célula. En las imágenes, las escamas de las alas se muestran 10 veces más grandes que el tamaño real y 100 veces más grandes que el tamaño real.

© Houghton Mifflin Harcourt • Image Credits: (bkgd) ©Onfokus/iStock/Getty Images Plus/Getty Images; (t inset) ©Raul Gonzalez/Science Source; (b inset) ©Eye of Science/Science Source

10. El ala de la mariposa parece diferente en las distintas fotos porque

A. las fotos se tomaron a escalas diferentes.

B. en la última foto el ala se dobló para revelar su estructura interior.

C. una foto muestra el borde del ala y la otra foto muestra el centro del ala.

11. Las fotos con aumento muestran un mayor / menor detalle de las partes más pequeñas / más grandes del ala de la mariposa.

Práctica de laboratorio

Observa las células en un microscopio

¿Si observas las células puedes diferenciar entre seres vivos y componentes no vivos? Usa un microscopio para observar seres vivos y componentes no vivos a diferentes escalas.

Los microscopios usan lentes para aumentar el tamaño de los objetos. La manera en la que las lentes curvan la luz hacia tus ojos hace que los objetos parezcan más grandes. La escala de un microscopio a la que observas un objeto se llama *aumento*.

MATERIALES

- tallo de apio
- hoja de apio
- trozo delgado de corcho
- cuentagotas
- cabello humano
- microscopio óptico
- portaobjetos con cubreobjetos
- sal
- arena
- pañuelo de papel
- agua

Procedimiento y análisis

PASO 1 Describe una investigación que podrías realizar con los materiales provistos para demostrar que los seres vivos están formados por células y que los componentes no vivos no están formados por células. ¿Qué datos se pueden reunir y qué evidencia pueden brindar los datos acerca de los seres vivos y las células?

PASO 2 En una hoja aparte, prepara una tabla de datos para reunir los datos de tu investigación. Incluye campos para anotar los datos de las observaciones sin microscopio, con un aumento de 10x y con un aumento de 40x.

PASO 3 Observa la muestra de corcho sin microscopio y anota tus observaciones.

PASO 4 Coloca la muestra de corcho en un portaobjetos y agrega una gota de agua. Con cuidado, coloca el cubreobjetos en el portaobjetos de manera que la muestra de corcho quede en el centro.

PASO 5 Asegúrate de que la lente de 10x del microscopio esté en su lugar. Coloca el portaobjetos preparado en la platina del microscopio.

PASO 6 Mira a través de los oculares del microscopio. Ajusta la posición de las lentes hasta que la imagen del corcho sea nítida.

PASO 7 Observa el corcho. Anota tus observaciones en la columna 10x de la tabla.

PASO 8 Ahora, coloca la lente de 40x. Usa solo el foco fino (nunca el foco grueso) para ajustar la imagen. Mira la muestra de corcho y anota tus observaciones en la columna 40x de la tabla.

PASO 9 Repite los pasos 3 a 8 con las muestras restantes.

PASO 10 Evalúa los datos que reuniste. Compara los seres vivos con los componentes no vivos. ¿Existe evidencia de que las células sean una característica distintiva de los seres vivos? Compara el tallo de apio con la hoja de apio. ¿De qué manera se puede usar esto como evidencia de que son seres vivos multicelulares?

© Houghton Mifflin Harcourt

PASO 11 **Práctica matemática** Piensa en lo que observaste con las lentes de 10x y 40x. ¿Cuál de los aumentos te permite ver con mayor detalle? ¿Pudiste observar células en alguno de los objetos con esos aumentos?

PASO 12 **Ingeniería** Identifica las necesidades que satisface el microscopio en esta actividad. ¿Cuáles son las limitaciones del microscopio que estás usando?

CUADERNO DE EVIDENCIAS

12. ¿Qué te indica la observación a distintas escalas de la piel de la cebolla sobre su composición? Anota las evidencias.

Relacionar las escalas con las observaciones

Los microscopios tienen distintas lentes que aumentan el tamaño de los objetos a escalas de 10x, 100x o incluso escalas mayores. La escala que un científico elige para observar un objeto depende de la meta del científico.

13. En las fotografías se muestran imágenes observadas a tres escalas diferentes. Para cada foto, identifica qué profesional de las ciencias usaría la escala que se muestra para hacer observaciones.

Profesional	Descripción
Genetista	estudia los organelos del interior de las células, en particular los que portan instrucciones genéticas
Primatólogo	estudia el comportamiento de los gorilas
Hematólogo	estudia la sangre, las enfermedades de la sangre y cómo el cuerpo produce la sangre

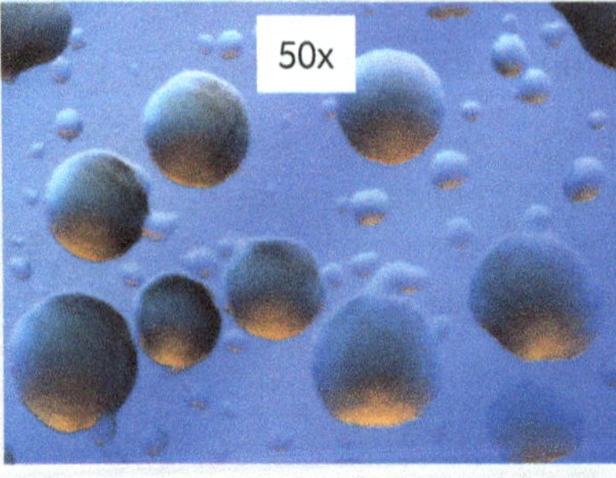

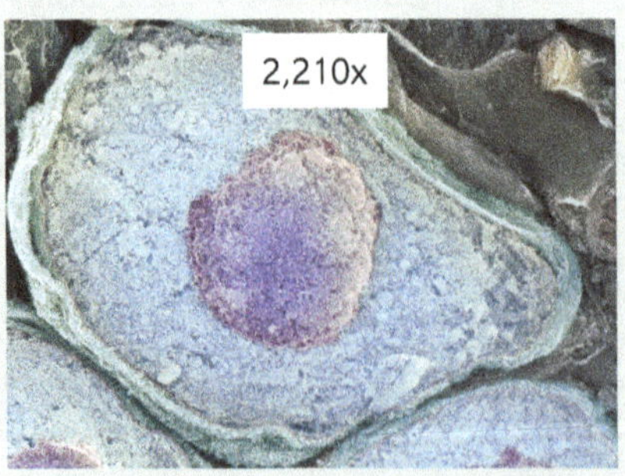

A. ______________ **B.** ______________ **C.** ______________

© Houghton Mifflin Harcourt • Image Credits: (l) ©Brand X Pictures/Getty Images; (c) ©Robert Markus/Science Source; (r) ©Dr. David Furness,Keele University/Science Source

Sigue explorando

Nombre: **Fecha:**

Fíjate en esta opción o conéctate y elige alguna de estas opciones.

La historia de los microscopios

- **Prácticas de laboratorio**
- **Construir un microscopio**
- **Busca una opción para ti**

Conéctate y elige alguna de estas opciones.

Aunque las lentes de vidrio se usaron para aumentar el tamaño de las imágenes durante muchos años, las primeras lentes no eran lo suficientemente potentes para identificar células individuales. La invención del microscopio compuesto a fines del siglo XVI fue un primer paso hacia este descubrimiento. Desde entonces, los microscopios han avanzado mucho. En la actualidad, los microscopios nos permiten estudiar el mundo a escalas muy pequeñas.

Existen muchas clases de microscopios. Un microscopio compuesto tiene dos o más lentes. El aumento total es el producto de la potencia de aumento de cada lente. Por lo general, la potencia de aumento de un microscopio compuesto es mucho mayor que la potencia de una lente individual.

Robert Hooke (1635–1703) fue un científico inglés que construyó un microscopio compuesto y lo usó para examinar organismos como insectos y esponjas. Cuando examinó trozos finos de corcho, que es la corteza exterior de una especie de roble, observó compartimentos huecos pequeños. Hooke acuñó el término *célula* cuando describió las propiedades parecidas a un panal de los compartimentos huecos, que le recordaban a las celdas o habitaciones donde vivían los monjes. Lo que en realidad observó Hooke fueron las paredes celulares de las células de roble muertas.

Los científicos siguieron innovando y modificaron el microscopio a lo largo de los siguientes 150 años. Aparecieron diseños más resistentes, más livianos y más fáciles de usar. Con el tiempo, también aumentó la capacidad de aumento de los microscopios. Esta evolución en la tecnología permitió que los científicos se hicieran más y más preguntas interesantes sobre las características de las células.

Hooke usó este microscopio para identificar las células por primera vez.

© Houghton Mifflin Harcourt • Image Credits: ©SSPL/Getty Images

Sigue explorando

Cuando se desarrolla una nueva tecnología, los científicos suelen obtener información nueva. Las células no se descubrieron hasta que se inventó el microscopio óptico compuesto. Hoy en día, un microscopio electrónico puede formar imágenes de átomos individuales.

Para objetos muy pequeños, se pueden usar microscopios ópticos compuestos o microscopios electrónicos. Los microscopios ópticos compuestos usan una serie de lentes y una fuente de luz para aumentar el tamaño de los objetos. Los microscopios electrónicos usan partículas muy pequeñas llamadas electrones para producir imágenes más claras y detalladas que los microscopios ópticos compuestos. El microscopio electrónico de barrido y el microscopio electrónico de transmisión son dos tipos de microscopios electrónicos.

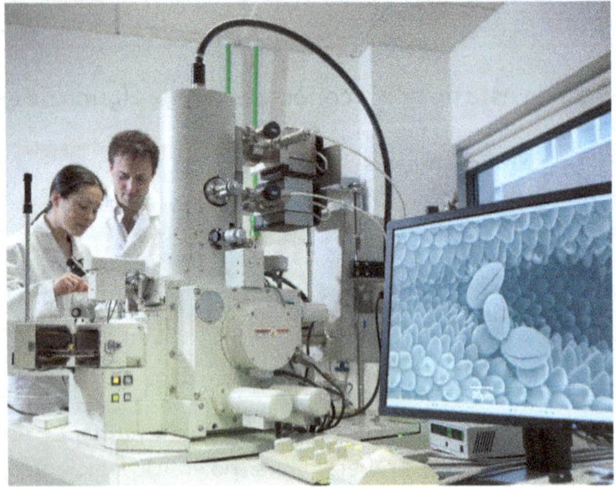

Un microscopio electrónico de barrido concentra un haz de electrones sobre la superficie de un objeto para formar una imagen. Los electrones del haz interactúan con el objeto y producen señales que se pueden usar para obtener información acerca de la superficie y la composición del objeto.

1. ¿En qué se diferencian un microscopio óptico compuesto y un microscopio electrónico?

2. ¿Qué contribución hizo la tecnología al descubrimiento de las células?

3. **Conexión con las profesiones** Como científico, ¿qué preguntas podrías responder con un microscopio que no podrías responder observando a simple vista?

4. **Colaborar** Realiza una investigación para comparar las distintas clases de microscopios. Concéntrate en lo siguiente: la historia y el diseño de los microscopios ópticos compuestos, los microscopios electrónicos de transmisión y los microscopios electrónicos de barrido. Elige uno y haz un diagrama para mostrar cómo funciona. Presenta el diagrama al resto de la clase. Después de las presentaciones, anota otras preguntas que tengas acerca de los microscopios.

© Houghton Mifflin Harcourt • Image Credits: ©Monty Rakusen/Cultura Creative (RF)/Alamy

¿Puedes explicarlo?

Nombre: **Fecha:**

¿Qué relación tienen estas estructuras pequeñas con la cebolla?

CUADERNO DE EVIDENCIAS

Consulta las anotaciones de tu Cuaderno de evidencias para explicar por qué la cebolla está formada por capas de células.

1. Haz una afirmación. Asegúrate de que esa afirmación explique bien cómo se relacionan las capas de células y la cebolla.

2. Resume las evidencias que reuniste para justificar tu afirmación y explicar tu razonamiento.

© Houghton Mifflin Harcourt • Image Credits: (l) ©claudiodivizia/iStock/Getty Images Plus/Getty Images; (r) ©bajinda/iStock/Getty Images Plus/Getty Images

Ejercicios de revisión

Responde las siguientes preguntas para comprobar si entendiste bien la lección.

Usa la fotografía para responder las preguntas 3 y 4.

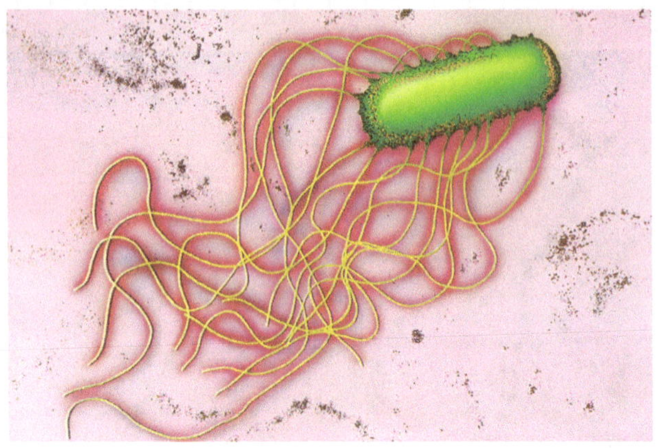

3. En esta foto se muestra un organismo con un aumento de 100 veces. Este organismo es unicelular / multicelular.

4. Cuando observas una piedra con un aumento similar, puedes / no puedes ver células.

Usa la fotografía para responder las Preguntas 5 a 7.

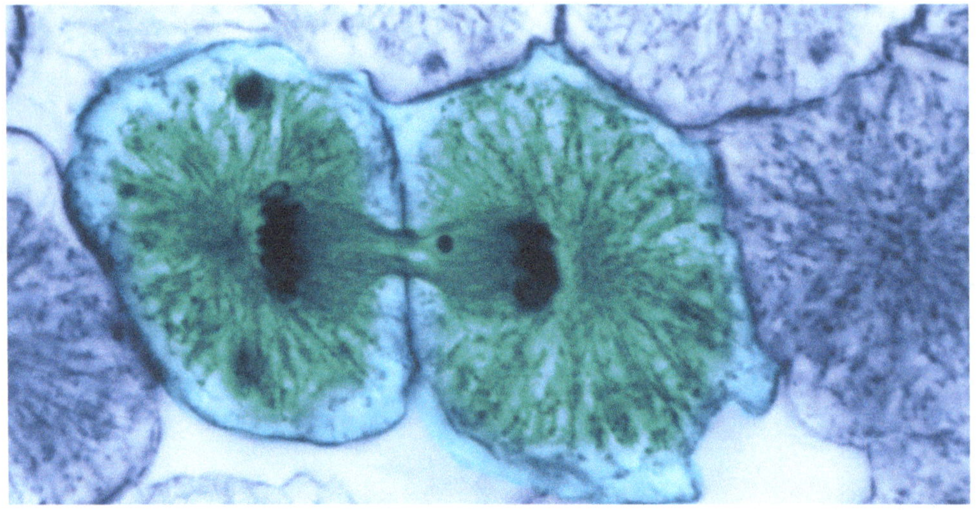

5. El proceso que se muestra en esta foto brinda beneficios al organismo en el que ocurre. ¿Cuáles son esos beneficios? Elige todas las respuestas correctas.
   A. Contribuye a la reproducción del organismo.
   B. Contribuye al crecimiento del cuerpo del organismo.
   C. Contribuye a la diversidad genética del organismo.
   D. Contribuye a la reparación del cuerpo del organismo.

6. El proceso que se muestra en la foto se llama fusión celular / división celular / escala celular.

7. El proceso que se muestra en la foto es un ejemplo de que
   A. todas las células de un organismo provienen solo de células ya existentes.
   B. los organismos nacen o germinan con todas las células que tendrán a lo largo de su vida.
   C. los organismos adquieren células nuevas del exterior de sus cuerpos.

© Houghton Mifflin Harcourt • Image Credits: (t) ©Chris Bjornberg/Science Source; (b) ©Jerome Pickett-Heaps/Science Source. Enhancement by: Mary Martin

Repaso interactivo

Completa esta sección para repasar los conceptos principales de la lección.

Todos los seres vivos están formados por una o más células. Los seres vivos pueden ser unicelulares (formados por una célula) o multicelulares (formados por más de una célula). Todas las células provienen solo de células ya existentes. Las células son los bloques básicos de la vida.

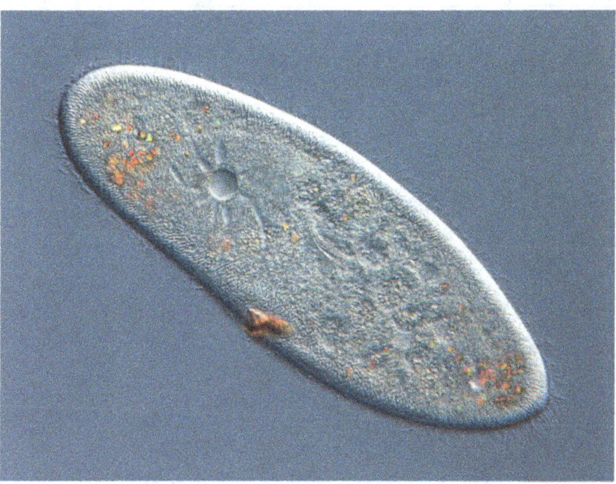

A. Diseñarás un modelo que demostrará las tres partes de la teoría celular. Explica cómo puedes demostrar las tres partes.

Los microscopios y otras tecnologías han permitido que los científicos descubrieran la relación entre las células y los organismos. La escala es pertinente en el estudio de las células.

B. Explica la escala de las células y la tecnología que nos ayuda a observarlas.

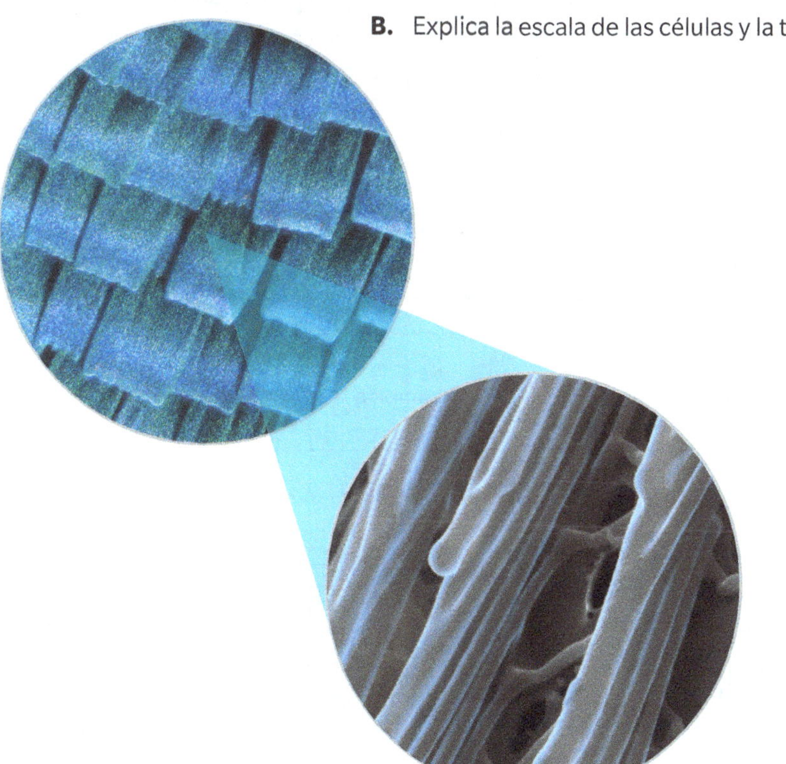

© Houghton Mifflin Harcourt • Image Credits: (t) ©micro_photo/iStock/Getty Images Plus/ Getty Images; (c) ©Raul Gonzalez/Science Source; (b) ©Eye of Science/Science Source

LECCIÓN 2

Estructura y función de las células

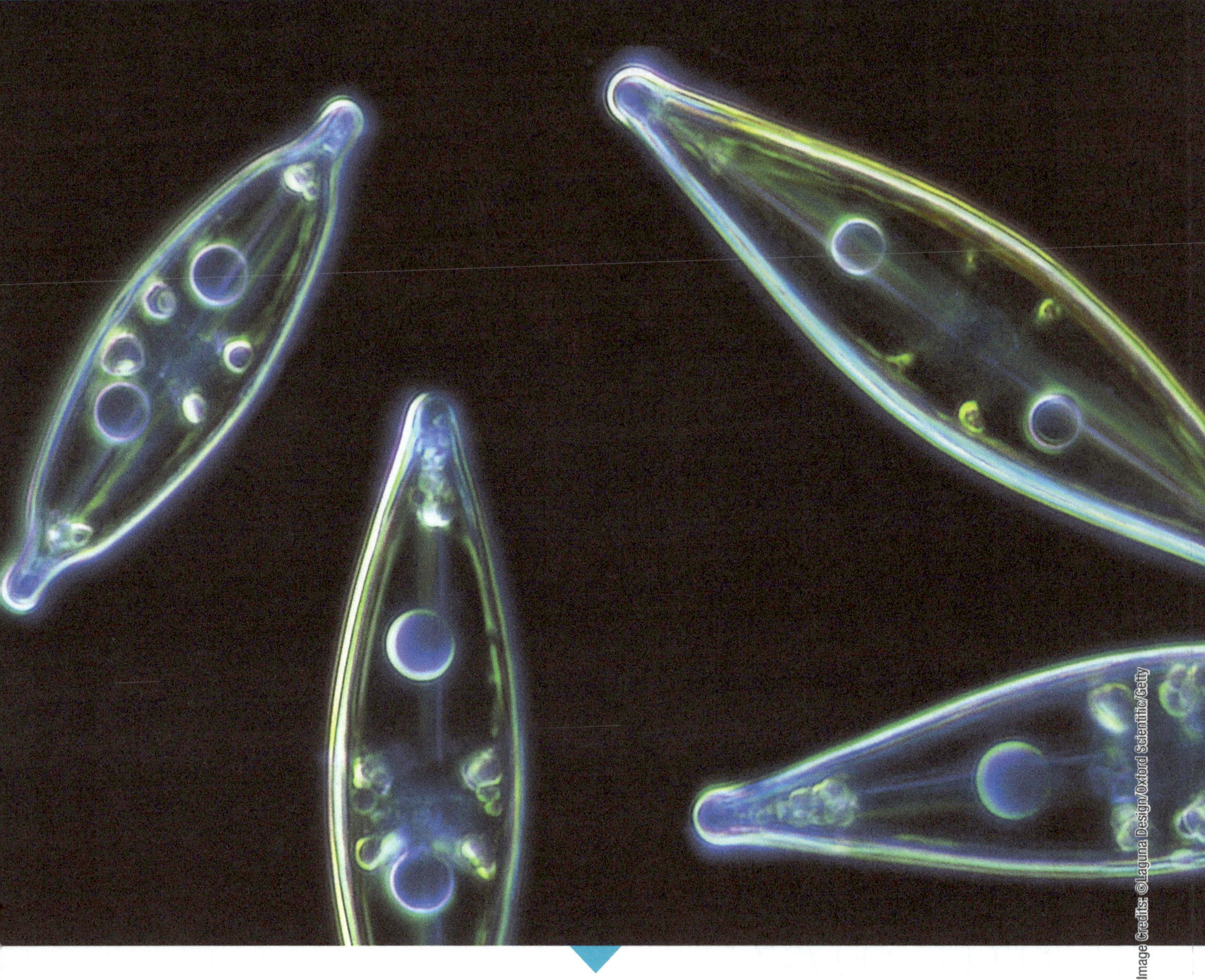

© Houghton Mifflin Harcourt • Image Credits: ©Laguna Design/Oxford Scientific/Getty Images

Las estructuras dentro de estas células de alga cumplen funciones específicas para su supervivencia.

Al final de esta lección...

podrás describir cómo las estructuras específicas de una célula cumplen sus funciones.

Conéctate para ver la versión digital de la Práctica de laboratorio de esta lección y descargar recursos adicionales.

¿PUEDES EXPLICARLO?

¿En qué se parecen una célula y un estadio deportivo?

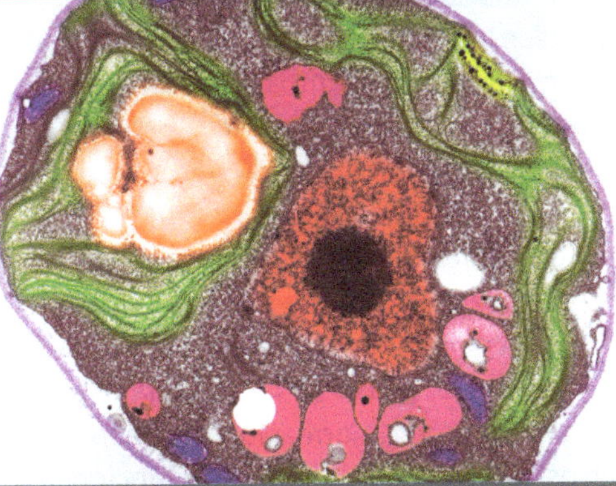

Un estadio es un sistema complejo con necesidades específicas. Una célula también es un sistema que tiene necesidades. Al igual que un estadio, una célula debe permitir la entrada y salida de sustancias a través de sus paredes. ¿Qué otras necesidades tiene una célula?

¡Es día de partido! En todo el país, las personas se reúnen en estadios para mirar sus deportes favoritos y alentar a su equipo. Cada estadio puede verse como un sistema con necesidades que deben ser satisfechas para que funcione correctamente. Las paredes contienen las distintas partes del estadio, pero los objetos deben tener la capacidad de entrar y salir según lo necesiten. Algunos objetos que entran al estadio, como los alimentos, deben ingresar a través de las paredes. La basura que sale del estadio también debe salir por las paredes. Las puertas en las paredes del estadio permiten que los objetos entren y salgan. De estas dos formas se satisfacen las necesidades del sistema del estadio.

1. ¿Alguna vez pensaste en un estadio como un sistema completo? ¿Qué partes de su sistema realizan las funciones necesarias?

2. ¿Qué funciones tienen en común una célula y un estadio deportivo?

© Houghton Mifflin Harcourt • Image Credits: (l) ©David Sucsy/E+/Getty Images; (r) ©Callista Images/Science Source

CUADERNO DE EVIDENCIAS Mientras trabajas con la lección, reúne evidencias para explicar cómo las estructuras específicas de una célula ejecutan sus funciones.

Comparar estructuras celulares

Una célula es un sistema vivo

Cada célula que conforma un organismo es un sistema de partes que interactúan. En un organismo unicelular, la célula debe realizar todas las funciones que necesita para sobrevivir. En un organismo multicelular, distintos tipos de células interactúan para cumplir funciones específicas necesarias para que el organismo sobreviva. Por ejemplo, distintos tipos de células de la piel interactúan para generar una barrera protectora para tu sistema corporal. Estas células de la piel interactúan con otros grupos de células, tales como las células nerviosas, para generar respuestas a la presión y la temperatura.

Sin embargo, independientemente de su función o del tipo de organismo que componen, todas las células tienen funciones básicas similares que tienen que realizar para sobrevivir. Estas funciones no las ejecuta la célula en sí, sino partes específicas de ella. Las células almacenan y procesan información. También acumulan energía y materia del medio ambiente. Usan esta energía para cumplir sus funciones. Las células eliminan los desechos.

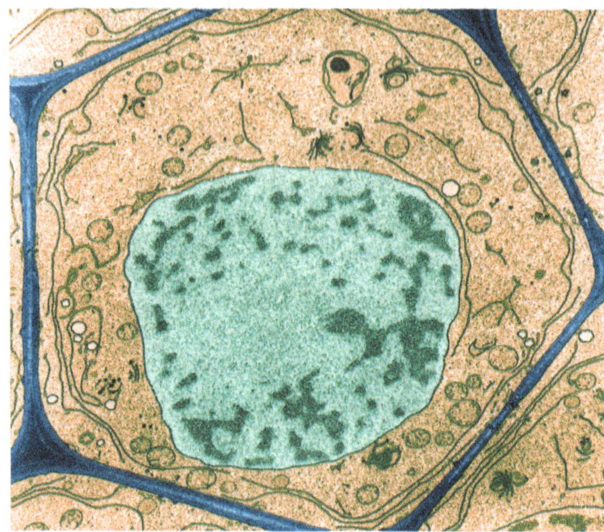

Este es un tipo de célula que se encuentra en la raíz de una planta. El sistema de la raíz absorbe el agua y los nutrientes del suelo que el resto de las células de la planta necesitan.

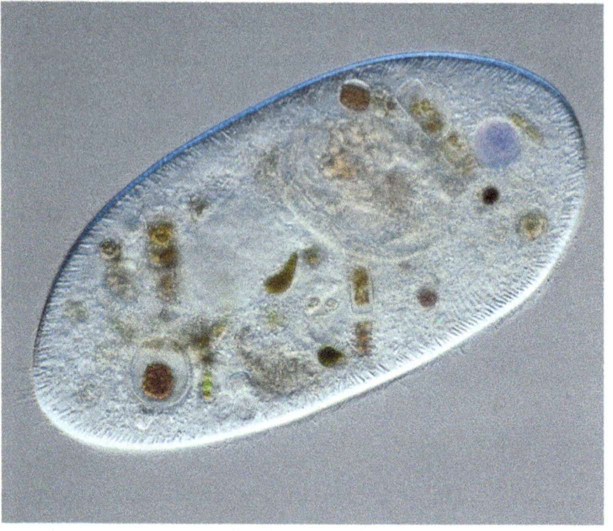

Esta célula única es un organismo unicelular llamado *protozoario*. Un protozoario es capaz de desplazarse, ingerir alimento y reproducirse.

© Houghton Mifflin Harcourt • Image Credits: (l) ©Science Source/Colorization by Mary Martin; (r) ©Frank Fox/Science Source

3. **Comenta** Observa los dos tipos de células en las imágenes. Describe cómo funciona cada célula para cumplir las funciones que necesita todo el organismo.

Tipos de células y sus estructuras

Todas las células tienen tres estructuras que llevan a cabo funciones vitales indispensables. La **membrana celular** rodea y protege la célula. Esta membrana permite que solo ciertas sustancias, como los nutrientes, entren a la célula y que otras, como los desechos, salgan de ella. El *citoplasma* es una sustancia líquida que rellena el interior de una célula y sostiene sus estructuras. El material genético contiene toda la información que una célula necesita para funcionar.

Muchas células también contienen **organelos,** pequeñas estructuras cubiertas por una membrana en el citoplasma que se especializan en una función específica. Las mitocondrias, los cloroplastos y los ribosomas son ejemplos de organelos. No todas las células contienen todos los tipos de organelos, y distintos tipos de células pueden tener organelos adicionales. Aunque existen muchos tipos de células, todas se pueden separar en dos categorías: procariotas y eucariotas.

Células procariotas

Una célula procariota contiene su material genético en el citoplasma. La mayoría de las células procariotas no tienen organelos cubiertos por membranas, aunque tienen estructuras llamadas ribosomas que fabrican proteínas. Las células procariotas son organismos unicelulares. Las bacterias son el grupo más grande de procariotas.

Célula procariota

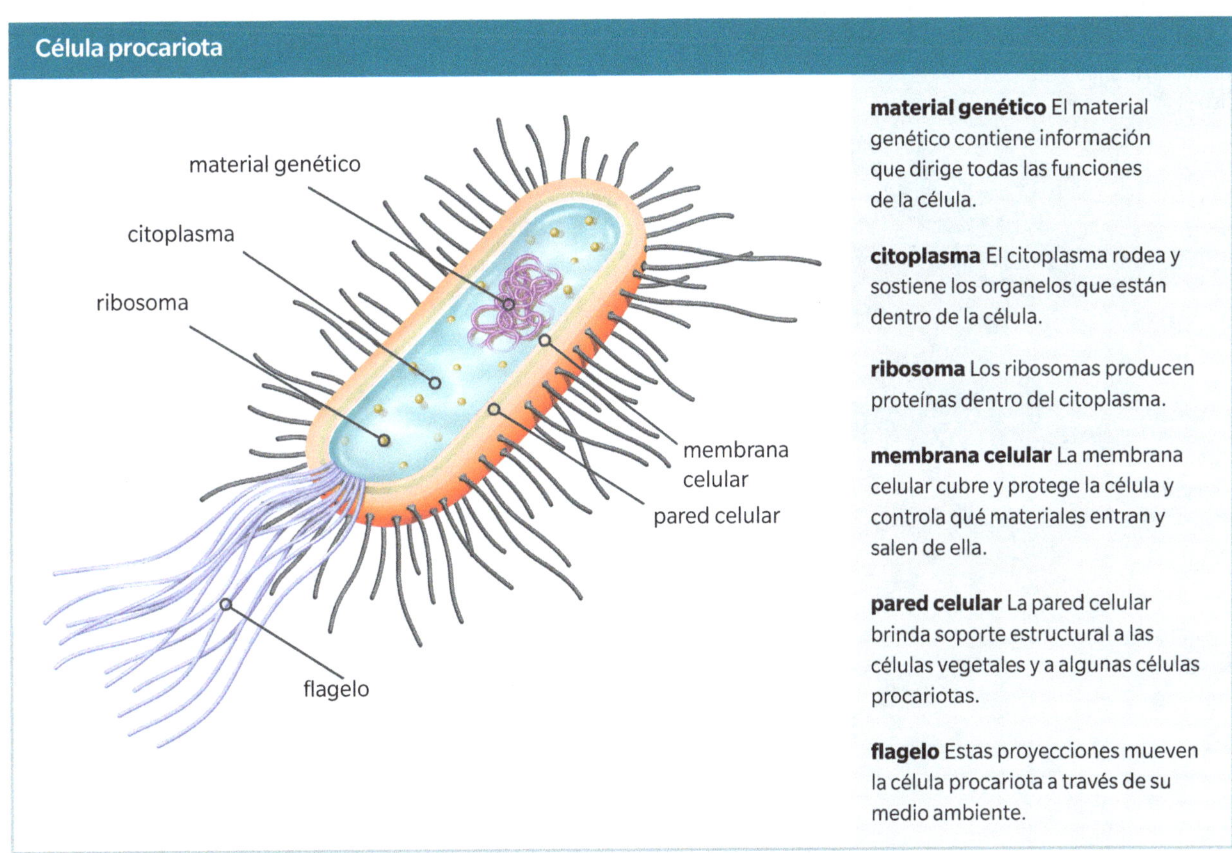

material genético El material genético contiene información que dirige todas las funciones de la célula.

citoplasma El citoplasma rodea y sostiene los organelos que están dentro de la célula.

ribosoma Los ribosomas producen proteínas dentro del citoplasma.

membrana celular La membrana celular cubre y protege la célula y controla qué materiales entran y salen de ella.

pared celular La pared celular brinda soporte estructural a las células vegetales y a algunas células procariotas.

flagelo Estas proyecciones mueven la célula procariota a través de su medio ambiente.

© Houghton Mifflin Harcourt

4. ¿Qué estructura controla lo que entra y sale de la célula? Explica con tus propias palabras por qué esta función es importante para el funcionamiento integral de la célula.

Células eucarióticas

Generalmente, las células eucarióticas son más grandes y complejas que las células procariotas. En una célula eucariótica, el material genético se almacena en un organelo cubierto por una membrana llamado **núcleo**. Las células eucarióticas también tienen otros organelos cubiertos por una membrana.

Los animales y las plantas están formados por células eucarióticas. Ambos tienen organelos llamados **mitocondrias**, que convierten la energía de los alimentos en una forma de energía que las células pueden usar. Además, las células vegetales y animales tienen algunas estructuras diferentes. Por ejemplo, las plantas fabrican su propio alimento a través de un proceso llamado *fotosíntesis*. Por lo tanto, las células vegetales tienen organelos llamados **cloroplastos**, donde ocurre la fotosíntesis. Los animales no producen su propio alimento, por lo que las células animales no tienen cloroplastos. Las células vegetales también tienen una **pared celular** rígida que da soporte a la célula. El soporte extra que ofrece una pared celular no es necesario en las células animales porque la mayoría de los animales tiene un tipo de esqueleto que brinda soporte al cuerpo.

Célula animal

Una célula animal tiene algunas estructuras iguales a las de una célula procariota, como la membrana celular y el citoplasma, y otras diferentes.

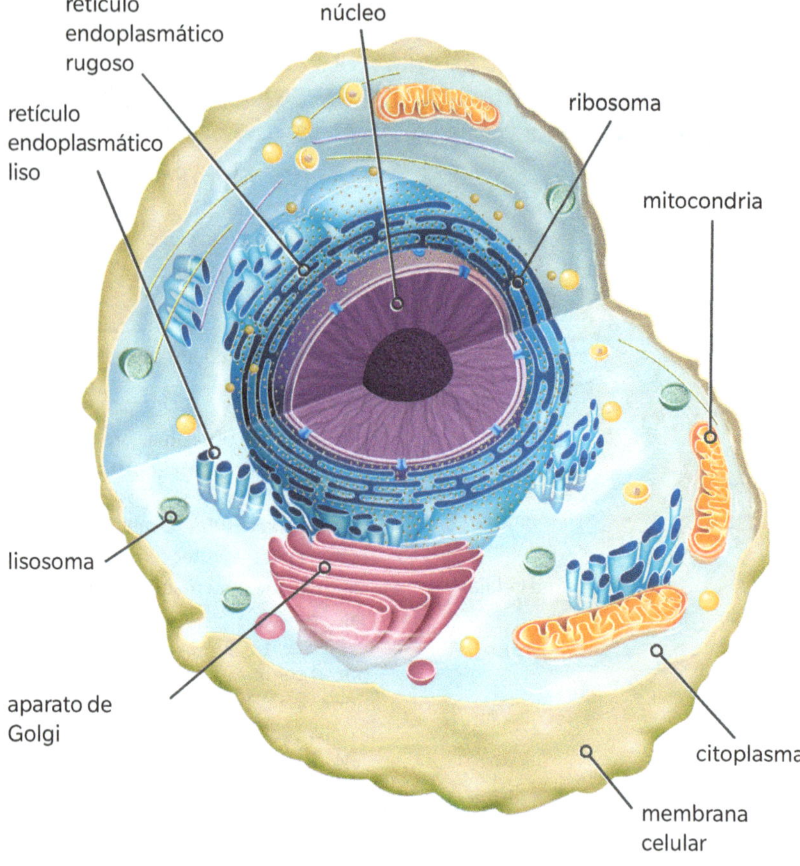

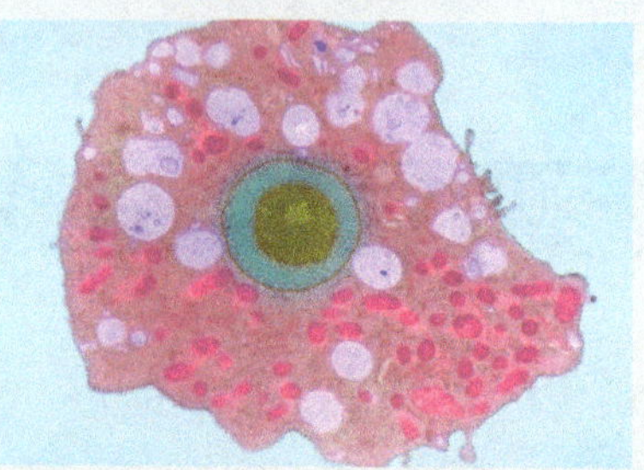

Núcleo El núcleo de la célula contiene información genética que provee instrucciones para la producción de proteínas y otros materiales que la célula necesita.

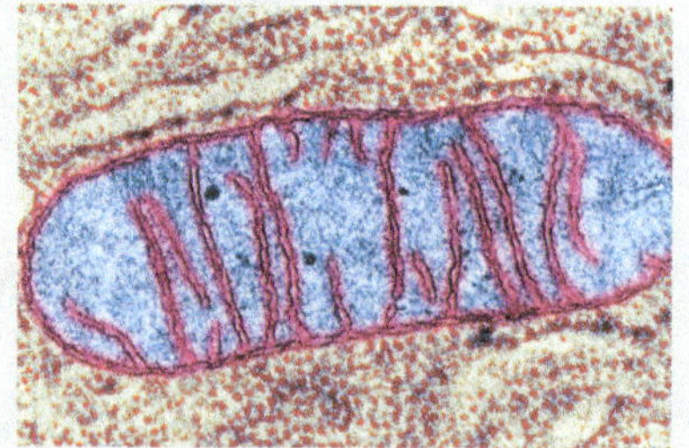

Mitocondria Estos organelos convierten la energía del alimento en energía que la célula puede usar. Las células que necesitan mucha energía, como las células musculares, tienen más mitocondrias que las que necesitan menos energía, como las células nerviosas.

RE rugoso El RE rugoso está ubicado cerca del núcleo y contiene ribosomas en la superficie. Participa en la producción y el procesamiento de las proteínas.

RE liso El RE liso no contiene ribosomas. Produce moléculas grasas llamadas lípidos que se usan para fabricar membranas.

Aparato de Golgi El aparato de Golgi toma proteínas del RE y las traslada a distintas partes de la célula.

Lisosoma Estas estructuras contienen sustancias químicas potentes, conocidas como enzimas, que desintegran el alimento.

© Houghton Mifflin Harcourt • Image Credits: (t)©London School of Hygiene & Tropical Medicine/Science Source; (b)©CNRI/Science Photo Library/Getty Images

Célula vegetal

Además de tener una membrana celular, un citoplasma, un núcleo y mitocondrias, la célula vegetal tiene una pared celular y cloroplastos.

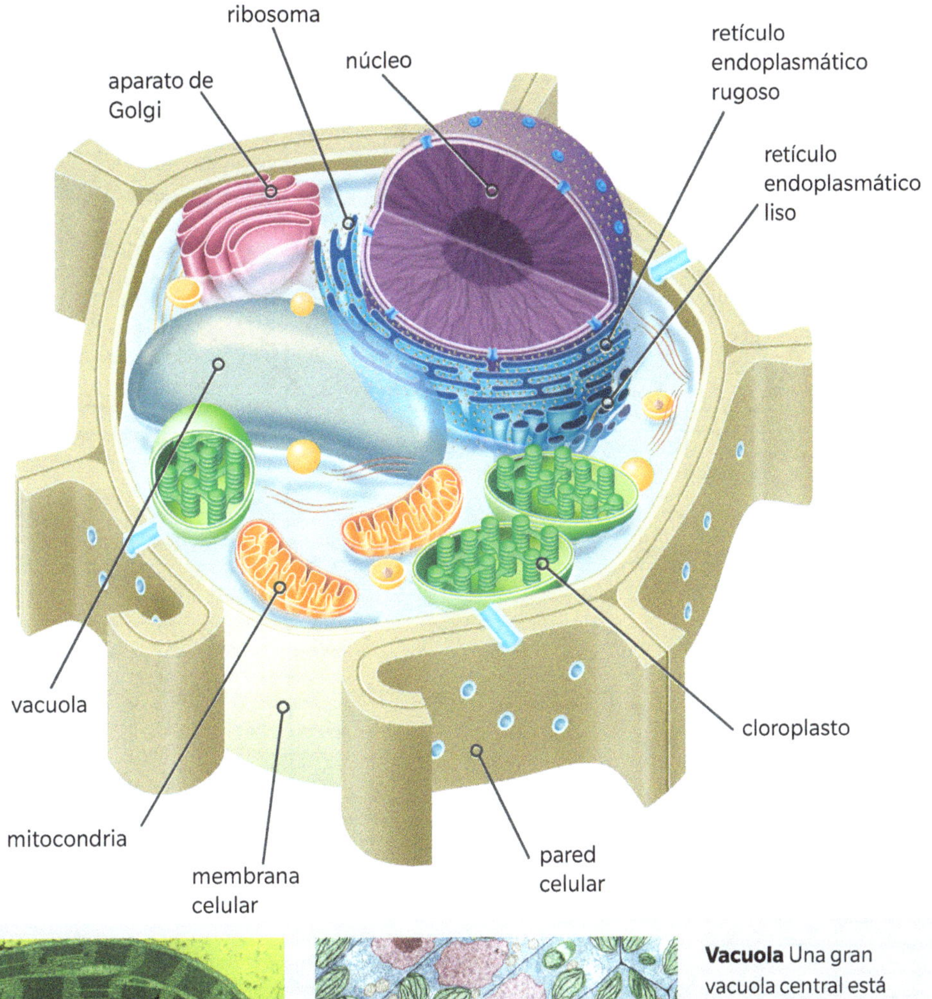

Cloroplasto En las células vegetales y en algunos otros tipos de organismos, los cloroplastos captan energía de la luz solar y la convierten en un alimento que almacena energía que la célula puede usar.

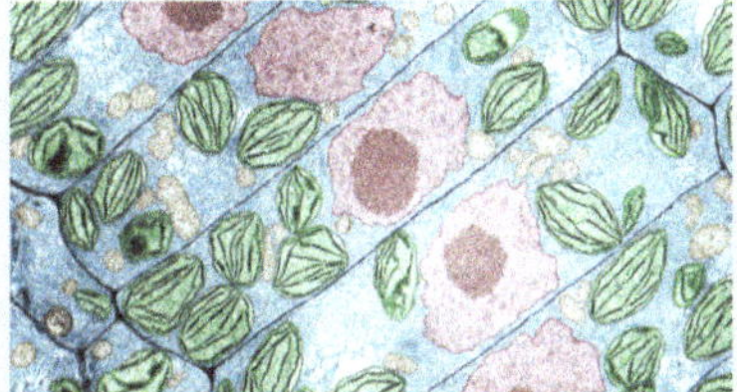

Pared celular Una pared celular rodea la célula vegetal completamente, incluida la membrana celular, y le da soporte. La mayoría de las células bacterianas, que son procariotas, también tienen paredes celulares.

Vacuola Una gran vacuola central está cubierta por una membrana y contiene materiales y desechos. También mantiene la presión adecuada dentro de la célula vegetal.

© Houghton Mifflin Harcourt • Image Credits: (l) ©Science Source; (r) ©Biophoto Associates/Science Source

5. Lee estas observaciones sobre las células. En los espacios al lado de las opciones de respuesta, escribe si la descripción corresponde a *células procariotas*, *células animales*, *células vegetales*, o si *no hay suficiente información* para determinarlo.

   A. La célula tiene una membrana y ribosomas. ____________________

   B. La célula tiene muchos cloroplastos. ____________________

   C. La célula tiene una membrana celular y mitocondrias, pero no tiene pared celular. ____________

   D. La célula tiene un núcleo. ____________________

   E. La célula tiene un núcleo y una pared celular. ____________________

Identifica las diferencias entre las células

6. Completa la tabla para indicar qué estructuras celulares corresponden a cada célula. ¿Qué función principal tiene cada estructura?

membrana celular pared celular cloroplastos	mitocondria núcleo

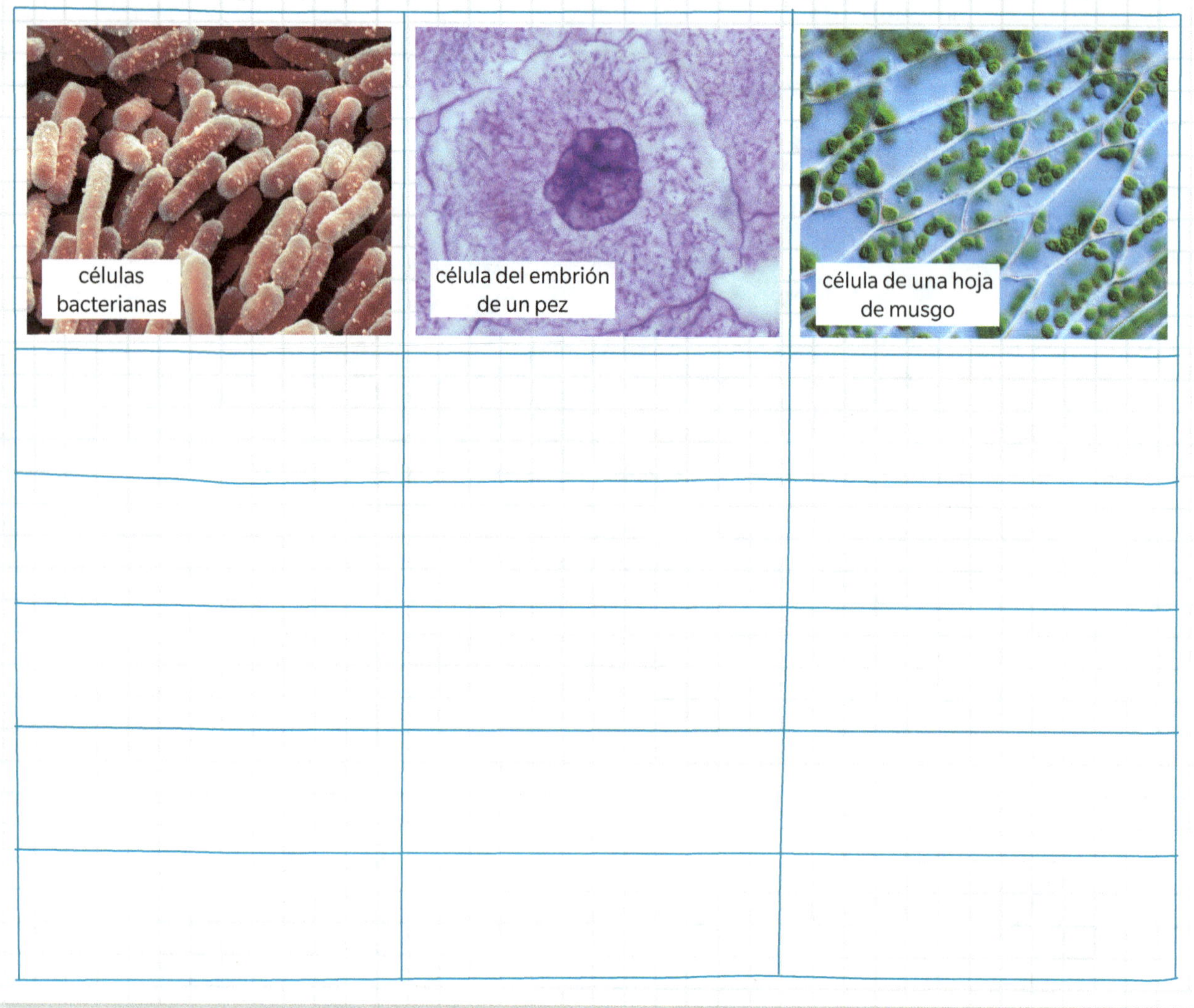

7. ¿En qué se diferencian las hojas de musgo y el pez? ¿En qué se parecen?

© Houghton Mifflin Harcourt • Image Credits: (l) ©Steve Gschmeissner/Science Photo Library/Getty Images; (c) ©Ed Reschke/Oxford Scientific/Getty Images; (r) ©Alan John Lander Phillips/E+/Getty Images

Usar modelos de células

Imagina que un amigo te pregunta cómo se comparan entre sí los tamaños de los planetas del sistema solar. Un mapa del sistema solar te mostraría los planetas y las formas de sus órbitas, pero sería difícil comparar los tamaños. Sin embargo, si construyeras un modelo del sistema solar, podrías mostrarle a tu amigo muchas cosas. Podrías mostrarle los tamaños de los planetas con respecto al resto de ellos, al sol, y qué tan lejos están entre sí.

En este ejemplo, un modelo tridimensional (3D) sirvió para explicar las relaciones entre los planetas. Puedes usar modelos 3D para ver una estructura o sistema, para determinar las relaciones entre sus partes y para analizar cómo funciona.

Los científicos usan modelos por muchas razones. Por ejemplo, pueden mostrar objetos o procesos que son demasiado pequeños o que ocurren de forma demasiado lenta o rápida para ver a simple vista. Los científicos usan modelos bidimensionales (2D) y 3D para estudiar las células. Las ilustraciones o fotografías son ejemplos de modelos 2D de células. Los ejemplos de un modelo de célula 3D pueden ser modelos físicos, que pueden tocarse y moverse, o digitales, que incluyen las dimensiones de ancho, altura y profundidad. Los modelos 3D son útiles para explorar y entender las relaciones entre las partes de una célula.

BANCO DE PALABRAS
núcleo
membrana celular
mitocondrias
cloroplastos

8. Una analogía es un modelo de una relación. Observa cada organelo y lee la analogía de su función. Luego usa el banco de palabras para rotular cada organelo.

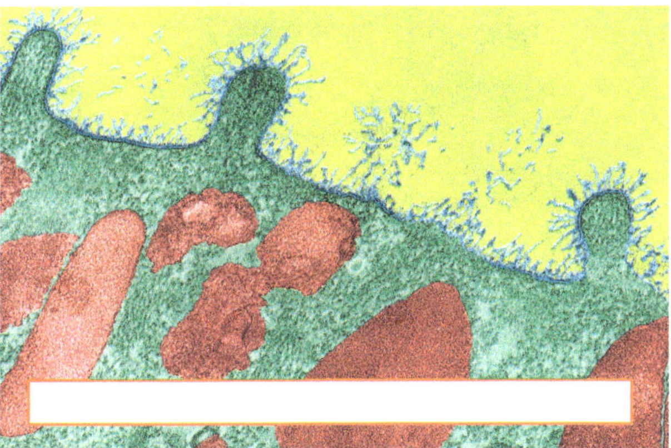

Analogía: frontera entre dos países

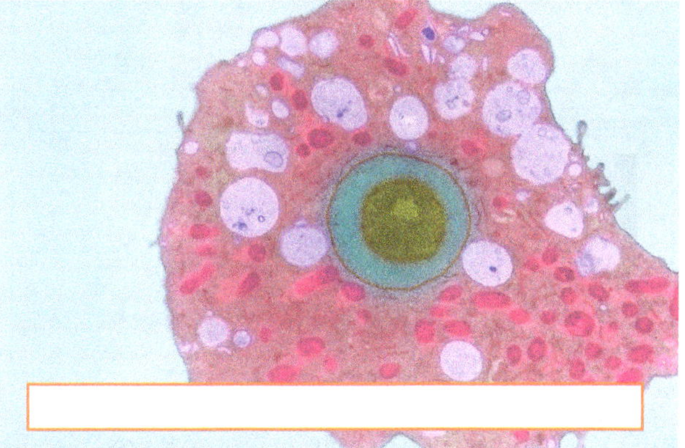

Analogía: centro de control

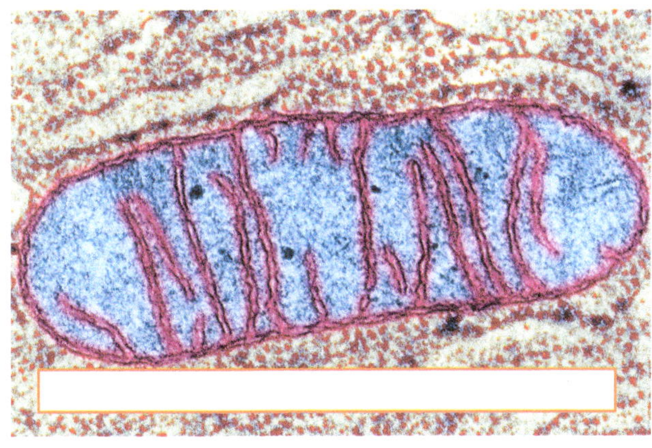

Analogía: central eléctrica

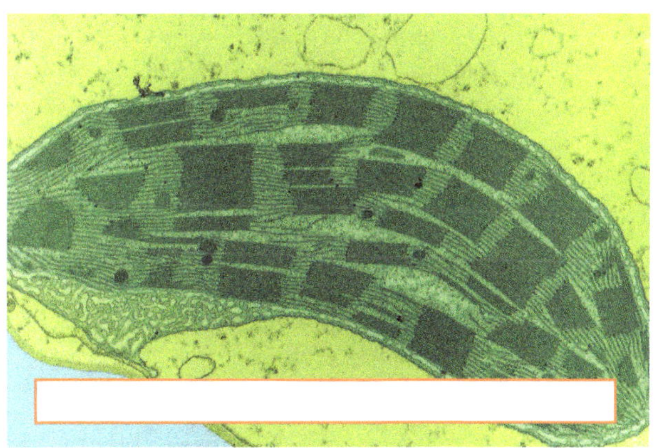

Analogía: panel solar

© Houghton Mifflin Harcourt • Image Credits: (tl)©Joseph F. Gennaro, Jr./Science Source; (tr) ©London School of Hygiene & Tropical Medicine/Science Source; (bl)©CNRI/Science Photo Library/Getty Images; (br)©Science Source

Práctica de laboratorio

Usa el modelo de una célula para investigar el tamaño de las células

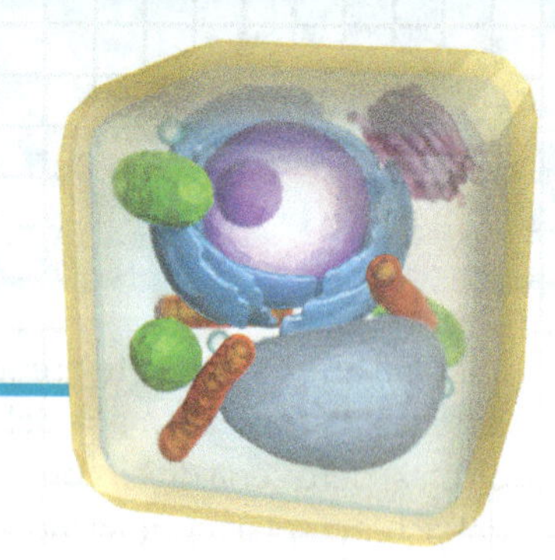

¿Cómo puedes predecir el impacto del tamaño de una célula en su función? Usa cubos grandes y pequeños de gelatina para hacer un modelo de las funciones de las células de distintos tamaños. Justifica con evidencias tu explicación de cómo el tamaño de una célula afecta su función.

Los cubos de gelatina con los que trabajarás representan el modelo de una célula. Un cubo te permite calcular fácilmente sus dimensiones, como el área de la superficie y el volumen. La razón del área de la superficie al volumen de una célula es un factor muy importante para su funcionamiento.

MATERIALES

- vaso de precipitados, 250 mL (2)
- calculadora (opcional)
- recipiente de plástico, 473 mL (2)
- cubos de gelatina, preparados (1 grande y 27 pequeños)
- regla en centímetros
- cronómetro o reloj con segundero
- agua tibia

Procedimiento y análisis

PASO 1 Trabaja con un compañero. Mide la longitud de cada lado del cubo de gelatina grande y de uno de los cubos más pequeños. (Todos los cubos pequeños son del mismo tamaño). Anota las medidas en la tabla de datos.

	Lados de los cubos (cm)	Área de la superficie (cm^2)	Volumen (cm^3)	Razón AS:V	Tiempo para disolverse
Cubo grande					
Cubos pequeños					

PASO 2 Pon el cubo grande en uno de los recipientes de plástico. Pon los 27 cubos pequeños en otro recipiente.

PASO 3 Pide a tu maestro que llene tus vasos de precipitados con agua tibia al mismo nivel. Luego echa el agua de los vasos de precipitados en ambos recipientes de plástico al mismo tiempo. Asegúrate de que todos los cubos de gelatina estén sumergidos en el agua. Inicia el cronómetro. Si se derramó agua, límpiala inmediatamente para evitar accidentes.

© Houghton Mifflin Harcourt

PASO 4  **Práctica matemática** Mientras esperas que los cubos se disuelvan, calcula el área de la superficie, el volumen y la razón del área de la superficie al volumen del cubo más grande y de los más pequeños. Anota esta información en la tabla de datos.

Para calcular el área de la superficie (AS) de un cubo, primero multiplica su longitud (L) por su ancho (A). Luego multiplica el resultado por 6 (por los 6 lados del cubo).

Fórmula: AS = L × A × 6

Para calcular el volumen (V) del cubo, multiplica la longitud (L) por el ancho (A) y por la altura (H).

Fórmula: V = L × A × H

Una razón es la comparación entre dos cantidades. Una forma de representar la razón del área de la superficie al volumen es con dos puntos entre el área de la superficie (AS) y el volumen (V).

Razón del AS al V = AS : V

PASO 5 Anota cuánto tiempo tardaron los cubos de gelatina en disolverse completamente.

PASO 6 ¿Cuál de los cubos tiene la mayor área de la superficie total y el mayor volumen total? ¿Cuál tiene la razón del área de la superficie al volumen más alta?

PASO 7 Describe la relación entre la razón del área de la superficie al volumen y el tiempo que tardaron los cubos en disolverse.

PASO 8 Recuerda que todas las células deben recibir materiales y deshacerse de los desechos a través de la membrana celular. Piensa en cómo la razón del área de la superficie al volumen afectó el tiempo que tardaron los distintos cubos en disolverse. ¿Qué puedes inferir de la relación entre la razón del área de la superficie al volumen y el movimiento de los materiales que entran y salen de la célula?

© Houghton Mifflin Harcourt

Evalúa los modelos de células

9. Cada modelo tiene ventajas y desventajas. Examina los dos modelos, anota los tipos de información que cada uno brinda y haz una lista de las ventajas y desventajas de cada modelo.

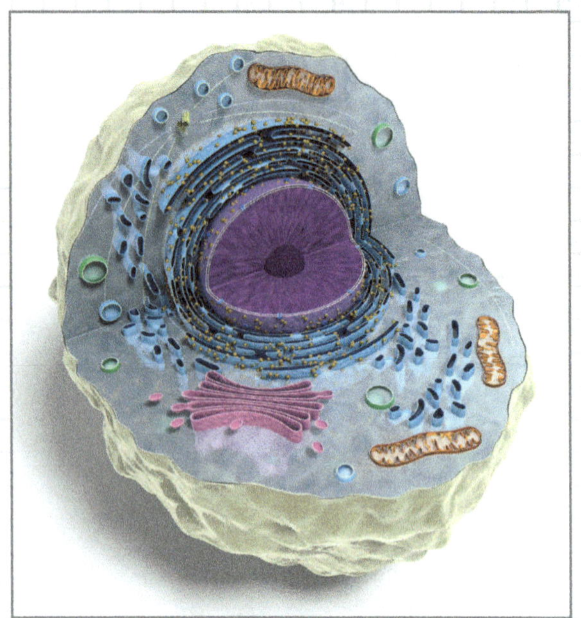

Esta ilustración usa la perspectiva para representar las tres dimensiones de una célula.

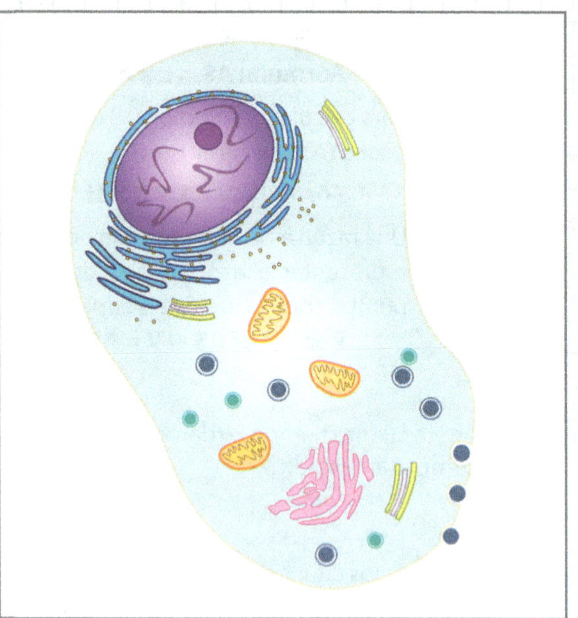

Esta ilustración es plana y representa dos dimensiones de una célula.

Ventajas
Desventajas

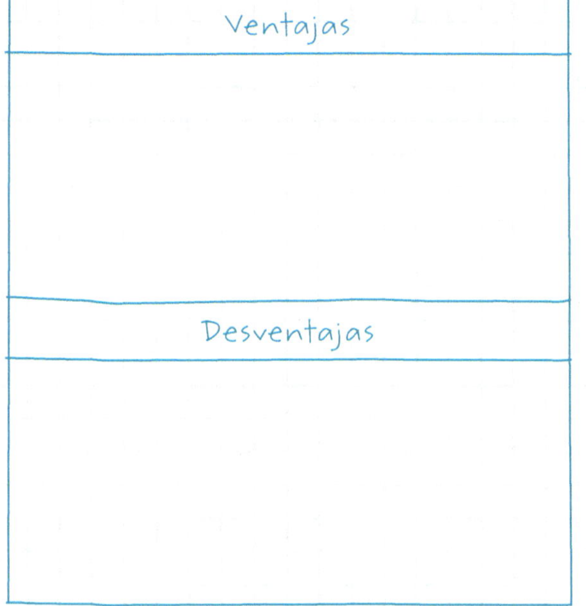

© Houghton Mifflin Harcourt • Image Credits: (r) ©Spencer Sutton/Science Source

CUADERNO DE EVIDENCIAS

10. Piensa en el modelo que estás desarrollando que compara un estadio deportivo con una célula. Describe la función principal que cada organelo realiza en una célula e identifica una función similar que se realice en un estadio. ¿De qué manera estos componentes contribuyen al funcionamiento del sistema de una célula y de un estadio? Anota las evidencias.

Explicar el límite del tamaño de las células

Imagina que estás observando un ratón pequeño. Sabes que tanto el cuerpo del ratón como el tuyo están formados por células, que son los bloques básicos que componen la vida. Los tamaños de las células pueden variar con respecto a su función. Por ejemplo, los glóbulos rojos que transportan sangre a todo el cuerpo son pequeños, pero las células musculares de las piernas son mucho más grandes. Un ser humano tiene más de 37 billones de células. Dado que eres mucho más grande que un ratón, ¿cómo se comparan tus células en cuanto al tamaño? ¿Esperarías que el ratón tenga células más pequeñas, o menor cantidad?

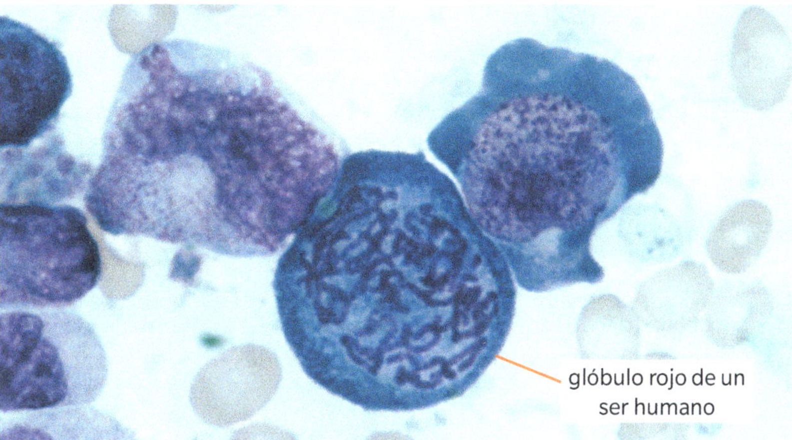

Este glóbulo rojo humano morado tiene aproximadamente 6-8 µm. Un micrón, o 1 µm, es 1/1,000 del tamaño de 1mm.

11. Los seres humanos deben tener células más grandes / más células que los ratones.

12. De acuerdo con tu respuesta, explica tu razonamiento con respecto a la diferencia en tamaño o en cantidad entre los seres humanos y los ratones.

© Houghton Mifflin Harcourt • Image Credits: ©Biophoto Associates/Science Source

Relación entre el área de la superficie y el volumen

Los científicos han observado que los mismos tipos de células en los seres humanos y en los ratones tienen aproximadamente el mismo tamaño. Aunque algunas células pueden crecer más que otras, su crecimiento tiene un límite. Esto tiene que ver con la razón del área de la superficie al volumen de la célula. El área de la superficie de una célula es el área total de su superficie externa. Su volumen es el espacio total dentro de la célula. Recuerda que todos los materiales que entran y salen de la célula deben pasar por la membrana celular. A medida que una célula se hace más grande, mayor es su volumen en relación al área de la superficie. Ya que una célula es pequeña y tiene volumen interno bajo en relación al área de la superficie, los materiales pueden moverse rápidamente a través de la membrana celular. Pero la rapidez con que estos materiales pueden pasar a través de la membrana celular tiene un límite. Si una célula es demasiado grande, los desechos no pueden salir correctamente y los nutrientes no pueden entrar con suficiente rapidez para alimentar los procesos de la célula.

CUADERNO DE EVIDENCIAS

13. Aunque un estadio deportivo es un sistema muy parecido al de una célula, no tiene las mismas limitaciones en cuanto al tamaño. ¿Por qué las partes de la célula dependen de la función de la membrana celular? ¿En qué se diferencia esta relación de la que tienen los componentes de un estadio? Anota las evidencias.

Relaciona la estructura de la membrana celular con el tamaño de la célula

14. ¿Qué problemas puede provocar una célula que crece demasiado? Encierra en un círculo todas las opciones correctas.

A. Los desechos no podrán salir de la célula con suficiente rapidez.

B. Los nutrientes no podrán llegar rápidamente a todas las partes de la célula.

C. Los nutrientes se moverán tan rápido dentro de la célula que no podrán ser aprovechados.

D. Los desechos saldrán rápidamente de la célula y se llevarán nutrientes necesarios con ellos.

15. Artes del lenguaje Con la evidencia del texto y de tus cálculos, explica por que las células no pueden realizar funciones importantes si se vuelven demasiado grandes.

16. Ingeniería Estás diseñando un edificio que debe minimizar la pérdida de calor. Describe la forma de un edificio que creas que pueda minimizar la pérdida de calor por su superficie y explica cómo esta forma se relaciona con la razón del área de la superficie al volumen.

© Houghton Mifflin Harcourt

Sigue explorando

Nombre: Fecha:

Fíjate en esta opción o conéctate y elige alguna de estas opciones.

Personajes de las ciencias

- **Prácticas de laboratorio**
- **Entender el metabolismo de las células**
- **Busca una opción para ti.**

Conéctate y elige alguna de estas opciones.

Lynn Margulis, bióloga

Lynn Margulis (1938–2011) fue una bióloga que hizo aportes muy importantes a la ciencia. Su aporte más reconocido fue cuando en 1966 propuso que las células eucarióticas evolucionaron a partir del proceso de endosimbiosis. Propuso que hace miles de millones de años, células procariotas más pequeñas se desarrollaron dentro de células procariotas más grandes. En algunos casos, procariotas más pequeñas entraron como parásitos en células más grandes. En otros casos, células más pequeñas fueron absorbidas por otras más grandes. Margulis propuso que las mitocondrias y los cloroplastos de las células eucarióticas de hoy descienden de bacterias que vivían de forma independiente.

Finalmente, Margulis explicó sus ideas en su libro de 1970, *El origen de las células eucarióticas*. Muchos científicos de ese momento eran escépticos con respecto a sus ideas porque creían que los organelos de las células eucarióticas habían evolucionado a partir de materiales encontrados en el interior de las células.

Hoy en día, la mayoría de los científicos acepta la hipótesis de Margulis. Ella y otros científicos demostraron que, al igual que el núcleo de la célula, las mitocondrias y los cloroplastos contienen ADN. Además, el ADN de las mitocondrias y los cloroplastos es diferente al del núcleo de la célula. Su ADN se parece más bien al de las bacterias.

La bióloga estadounidense Lynn Margulis trabajando en un invernadero, alrededor de 1990.

© Houghton Mifflin Harcourt • Image Credits: ©Nancy R. Schiff/Archive Photos/Getty Images

Sigue explorando

1. ¿Qué enunciados aportan evidencias para justificar la hipótesis de endosimbiosis de Lynn Margulis? Pon los siguientes enunciados en orden de manera que muestren correctamente la secuencia de sucesos que Margulis describió en su hipótesis. Escribe el número 1, 2, 3 o 4 al lado de cada enunciado.

   _______ Las procariotas que estaban dentro de otras procariotas evolucionaron para convertirse en organelos.

   _______ Las procariotas vivían dentro de otras procariotas en una relación de simbiosis.

   _______ Las procariotas que habían absorbido otras procariotas evolucionaron para convertirse en eucariotas.

   _______ Las procariotas independientes absorbieron a otras procariotas independientes.

2. ¿De qué manera los descubrimientos de Margulis y otros científicos, como por ejemplo, que la mitocondria y los cloroplastos tienen su propio ADN al igual que el núcleo de la célula, justifican la hipótesis de la endosimbiosis?

3. Explica cómo la hipótesis de Lynn Margulis cambió las ideas científicas con respecto al desarrollo celular.

© Houghton Mifflin Harcourt

4. **Colaborar** Investiga el organismo procariota con más probabilidades de haber evolucionado para convertirse en un cloroplasto. Desarrolla un modelo de un cloroplasto y de la procariota, y describe las similitudes y diferencias de la estructura y función de los componentes individuales y del sistema completo.

¿Puedes explicarlo?

Nombre: **Fecha:**

CUADERNO DE EVIDENCIAS

Consulta las anotaciones de tu Cuaderno de evidencias para explicar en qué se parecen una célula y un estadio deportivo.

1. Haz una afirmación. Asegúrate de que esa afirmación explique en detalle en qué se parecen la célula y el estadio.

2. Resume las evidencias que reuniste para justificar tu afirmación y explicar tu razonamiento.

© Houghton Mifflin Harcourt • Image Credits: (l)©David Sucsy/E+/Getty Images; (r)©Callista Images/Science Source

Ejercicios de revisión

Responde las siguientes preguntas para comprobar si entendiste bien la lección.

Observa la fotografía y responde la Pregunta 3.

3. Observa la fotografía con atención. ¿Cuál de las siguientes opciones describe estas células? Elige todas las respuestas correctas.
   - **A.** células animales
   - **B.** células vegetales
   - **C.** procariotas
   - **D.** eucarióticas

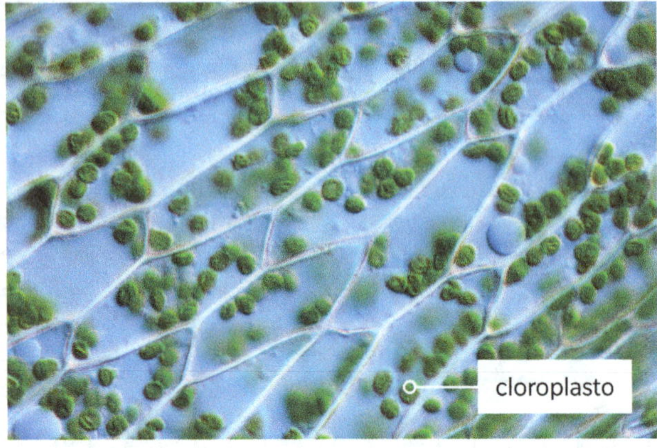

4. Si la razón del área de la superficie al volumen de una célula aumentara de 3:1 a 4:1, ¿cómo afectaría el traslado de materiales a través de la membrana celular?
   - **A.** no cambiaría
   - **B.** el traslado aumentaría
   - **C.** el traslado disminuiría
   - **D.** ninguna de las anteriores

Observa la ilustración y responde las Preguntas 5 y 6.

5. ¿Cuál es la función de la estructura nombrada A en la ilustración?
   - **A.** procesar nutrientes
   - **B.** producir proteínas
   - **C.** almacenar desechos
   - **D.** guardar información genética

6. En base a lo que sabes de la función de la estructura A, elige la mejor analogía de esa función.
   - **A.** permitir que el sistema funcione correctamente
   - **B.** construir la estructura del sistema
   - **C.** eliminar los desechos del sistema
   - **D.** consumir alimento

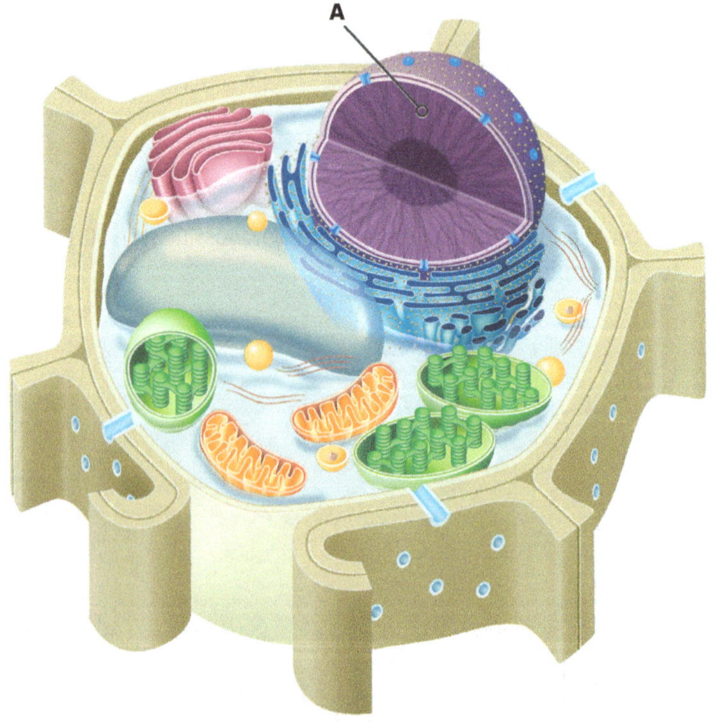

© Houghton Mifflin Harcourt • Image Credits: ©Alan John Lander Phillips/E+/Getty Images

Repaso interactivo

Completa esta sección para repasar los conceptos principales de la lección.

Todas las células contienen estructuras especializadas que cumplen funciones necesarias en la célula.

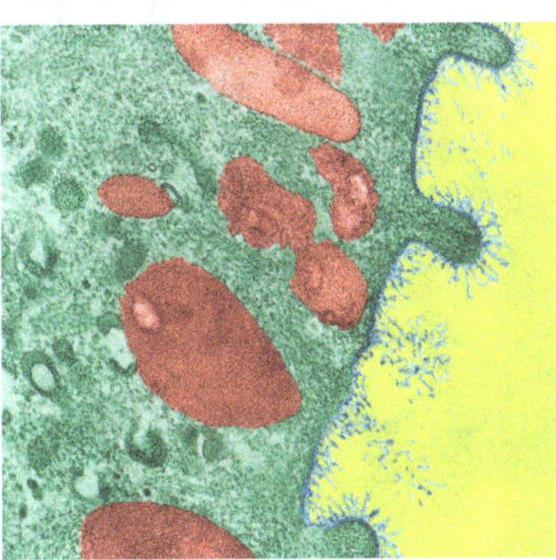

A. Relaciona las siguientes estructuras dentro de una célula con sus funciones: núcleo, cloroplasto, mitocondrias, membrana celular y pared celular.

Examinar modelos 3D de células puede mejorar la comprensión de cómo las estructuras celulares trabajan juntas para maximizar su funcionamiento.

B. Explica cómo el uso de modelos de células 3D puede ayudar a los científicos a comprender mejor las estructuras y funciones celulares.

La razón del área de la superficie al volumen de una célula determina qué tan grande puede ser sin dejar de cumplir las funciones necesarias.

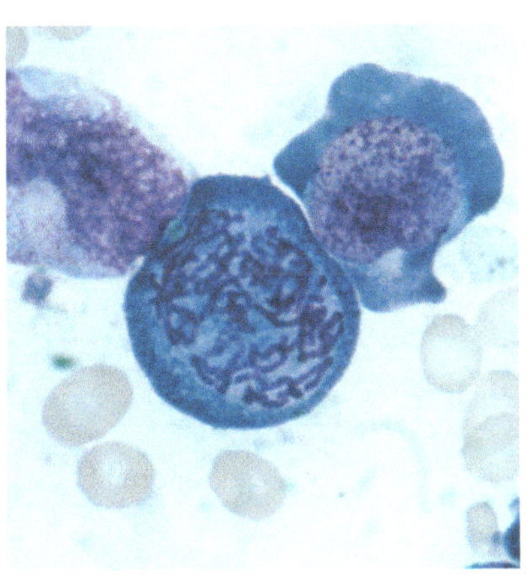

C. Describe la relación entre la razón del área de la superficie al volumen de una célula y el traslado de desechos desde el interior de una célula hasta el ambiente exterior.

© Houghton Mifflin Harcourt • Image Credits: (t) ©Joseph F. Gennaro, Jr./Science Source; (b) ©Biophoto Associates/Science Source

Elige una de las actividades para explorar cómo esta unidad se conecta con otros temas.

☐ Conexión con las ciencias físicas

Microscopios electrónicos de transmisión y de barrido Para poder examinar en detalle las partes más pequeñas de las células, los científicos pueden usar un microscopio electrónico de barrido o de transmisión. Este tipo de microscopios usan haces de electrones en lugar de luz.

Busca recursos en la biblioteca o en Internet para investigar cómo funcionan los microscopios electrónicos de barrido (MEB) y los microscopios electrónicos de transmisión (MET). Investiga las ventajas y desventajas de los dos tipos de microscopios. Compara cómo se ve una célula con un microscopio óptico y cómo se ve con un MEB o un MET. Prepara una presentación multimedia con lo que descubriste para compartir con la clase.

MEB a color de un glóbulo blanco

☐ Conexión con el arte

Hacer arte del mundo invisible Los microscopios ópticos compuestos nos permiten ver las células en una escala que no es posible a simple vista. Algunos artistas observan con microscopios para hacer modelos de dibujos, esculturas y otros tipos de obras de arte.

Observa una célula a través de un microscopio óptico y usa la imagen como un modelo para crear una obra de arte, como un dibujo, una pintura, un collage o una escultura. Si no puedes mirar una célula a través de un microscopio, busca en línea imágenes de células vistas con microscopios para usar como modelo para tu obra de arte. Presenta tu obra de arte a la clase y explica el tipo de célula y sus partes.

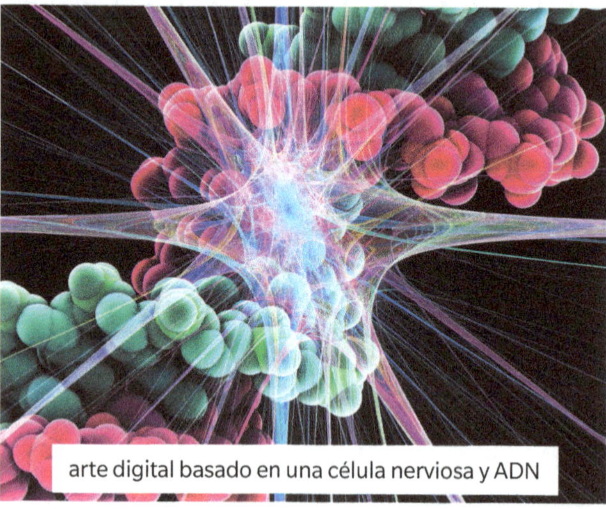
arte digital basado en una célula nerviosa y ADN

☐ Conexión con la salud

La contaminación, el cáncer y la célula Los contaminantes ambientales en el aire, el agua y el suelo pueden causar cáncer en los organismos vivos. El cáncer es un tipo de enfermedad que se caracteriza por el crecimiento y la división celular descontrolada. Las células cancerosas suelen tener mecanismos para resistir la destrucción por parte del sistema inmunológico.

Busca recursos en la biblioteca o en Internet para investigar un contaminante que esté asociado a un tipo de cáncer. Investiga cómo ese tipo de cáncer afecta las células vivas y cómo los científicos y los médicos trabajan para contrarrestar el cáncer. Comparte tu investigación con la clase en una presentación multimedia.

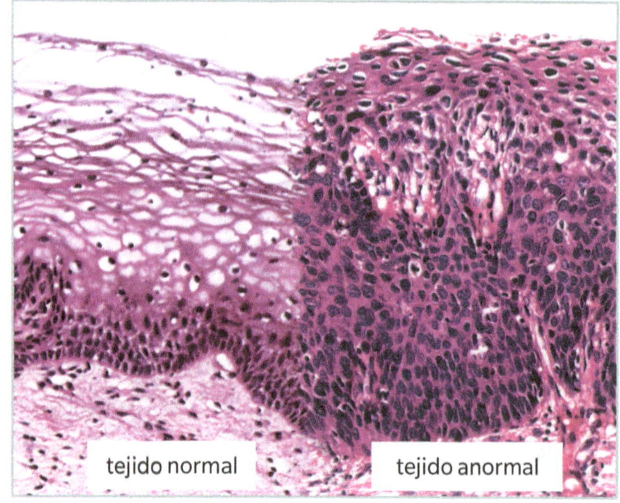
tejido normal
tejido anormal

© Houghton Mifflin Harcourt • Image Credits: (t) ©SPL/Science Source; (c) ©Laguna Design/Science Source; (b) ©Eric Cohen/Biophoto Associates/Science Source

Nombre: **Fecha:**

Completa el repaso para comprobar que entendiste el contenido de la unidad.

Observa la fotografía y responde las Preguntas 1 y 2.

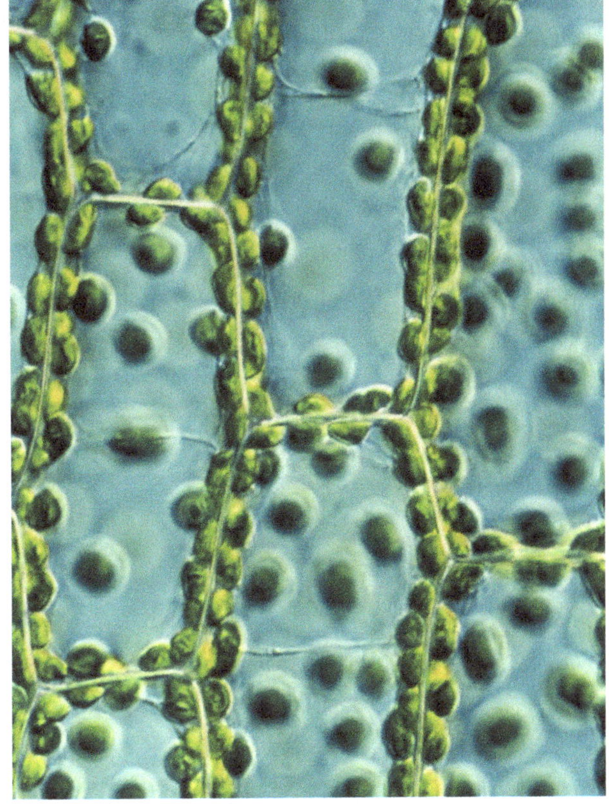

1. ¿Qué puedes decir del objeto que aparece en la foto? Elige todas las respuestas correctas.

A. Es un organismo vivo.

B. Es un componente no vivo.

C. Es unicelular.

D. Es multicelular.

E. Es una planta.

F. Es un animal.

2. ¿Cuáles de los siguientes enunciados justifican tu respuesta a la pregunta 1? Elige todas las respuestas correctas.

A. Las células son visibles.

B. Las células no son visibles.

C. Solo una célula es visible.

D. Más de una célula es visible.

E. Las paredes celulares son visibles.

F. Los cloroplastos son visibles.

Observa el diagrama de la célula y responde las Preguntas 3 y 4.

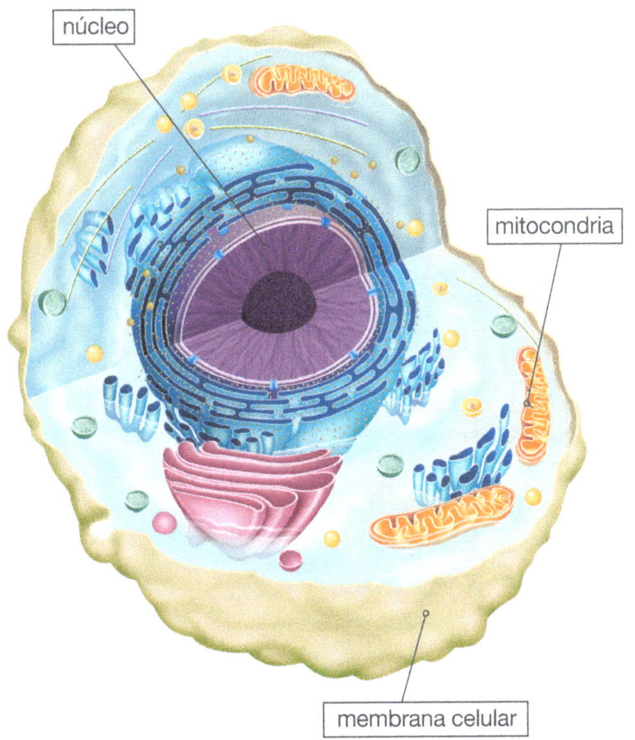

3. ¿Cuáles de los siguientes enunciados ofrecen evidencias de que la célula del diagrama es eucariota? Elige todas las respuestas correctas.

A. La célula tiene un núcleo.

B. La célula no tiene un núcleo.

C. La célula tiene organelos cubiertos por una membrana.

D. La célula no tiene organelos cubiertos por una membrana.

4. Esta célula es vegetal / animal porque no tiene cloroplastos / mitocondrias o una membrana / pared celular.

© Houghton Mifflin Harcourt • Image Credits: ©Biophoto Associates/Photo Researchers, Inc.

5. Completa la tabla con información para cada una de las estructuras celulares nombradas. Describe qué tipo(s) de células tiene cada estructura, qué cantidad de cada estructura hay en una célula y qué función cumple cada una.

Estructura celular	Tipo de célula	Cantidad	Función
Núcleo			
Membrana celular			
Cloroplasto			
Mitocondria			

© Houghton Mifflin Harcourt

Nombre: **Fecha:**

Usa la fotografía para responder las Preguntas 6 a 10.

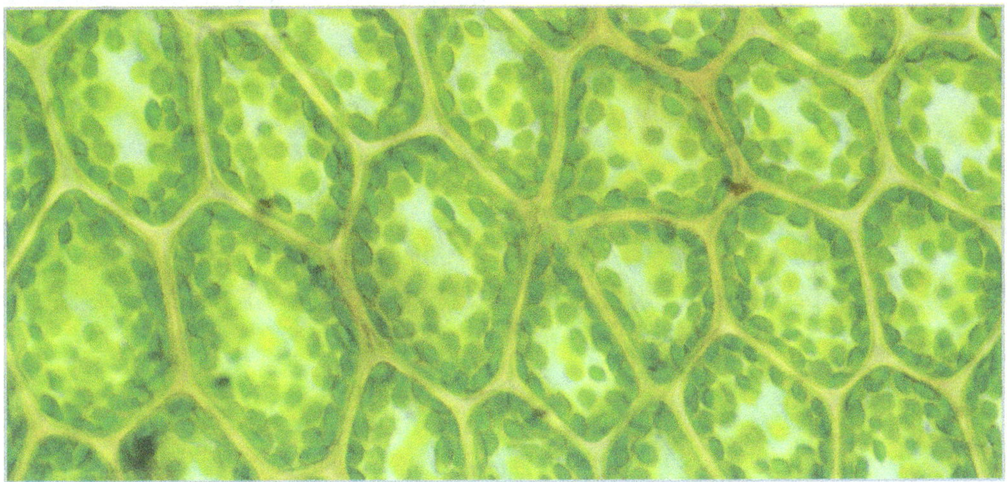

6. Analiza la foto que muestra células de un organismo vivo. ¿Son células vegetales o animales? ¿Qué estructuras celulares están presentes que justifiquen tu afirmación?

7. Si estuvieras examinando este organismo sin aumento, a simple vista, explica cómo afectaría tu visión de la célula.

8. ¿Cómo se verían estas células a través de un microscopio con mayor aumento? ¿Qué partes de las células serían visibles?

9. ¿Cómo se verían estas células con menor aumento? ¿Qué partes de las células serían visibles?

10. ¿Cómo ayuda a los científicos mirar un organismo con distintos aumentos?

© Houghton Mifflin Harcourt • Image Credits: ©John Durham/Science Source

Observa la imagen y responde las Preguntas 11 a 13.

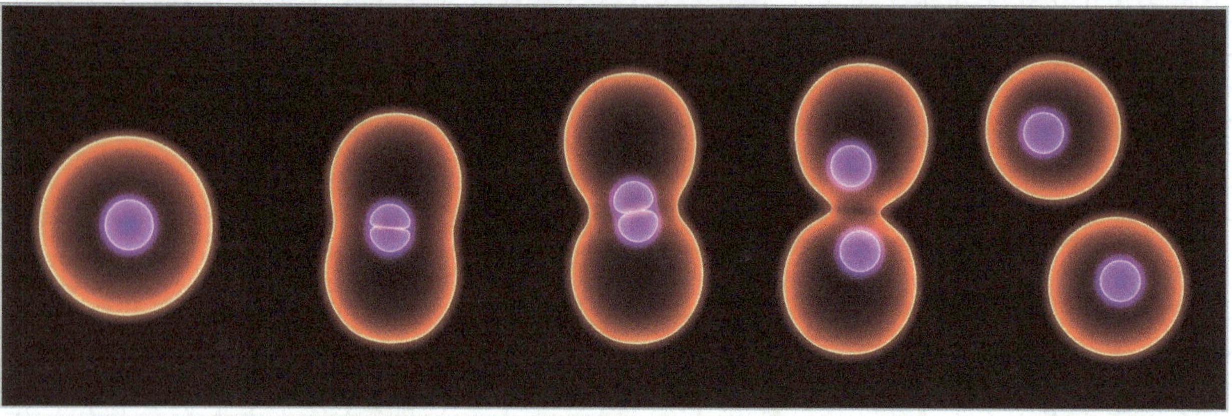

11. ¿Qué parte de la teoría celular representa esta imagen?

12. Antes de la invención de los microscopios, ¿habría sido posible que los científicos observaran el fenómeno que aparece en la imagen? ¿Por qué? ¿Por qué no?

13. Los científicos suelen usar modelos para estudiar las células. ¿Cuáles son las ventajas y desventajas de usar un modelo 3D, en lugar de uno 2D, para estudiar el fenómeno que aparece en la imagen?

© Houghton Mifflin Harcourt • Image Credits: ©Ramona Kaulitzki/Panther Media/age fotostock

Nombre: **Fecha:**

¿Cómo pueden los médicos explicarles a los niños afectados qué es la anemia de células falciformes?

Los médicos de un hospital local notaron que sus pacientes más jóvenes con anemia de células falciformes tienen dificultad para entender su diagnóstico. Tu tarea es crear una campaña educativa dirigida a los niños de 10 años o menos. Primero debes explicarles qué son las células. Después debes describir los glóbulos rojos y su importancia. Luego necesitas explicar qué es la anemia de células falciformes usando modelos 2D o 3D. Los modelos deben mostrar un glóbulo rojo normal y uno de una persona con esta enfermedad. Usa la siguiente imagen para construir los modelos.

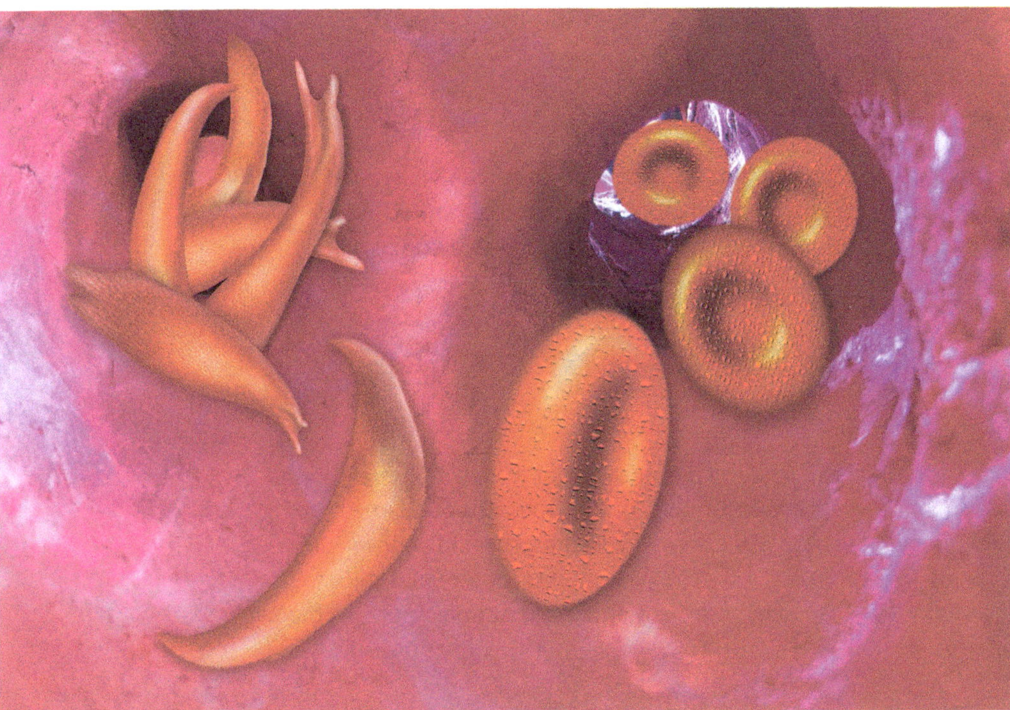

Los siguientes pasos te servirán como guía para tu investigación y para escribir tu recomendación.

1. **Define el problema** Escribe un enunciado que defina el problema que debes resolver. ¿Cuáles son los criterios y las restricciones del desarrollo de esta campaña educativa?

© Houghton Mifflin Harcourt • Image Credits: ©Chris Bjornberg/Science Source

2. **Elabora una explicación** Teniendo en cuenta lo que aprendiste en esta unidad, explica qué son las células. Asegúrate de que los niños de 10 años o menos puedan comprender la explicación.

3. **Realiza una investigación** Investiga la sangre de los seres humanos, como su función y estructura, además de la función de los distintos componentes de la sangre.

4. **Realiza una investigación** Investiga la anemia de células falciformes. Averigua sobre sus factores de riesgo, causas, síntomas, estudios para diagnosticarla y tratamientos.

5. **Construye modelos** Con lo que aprendiste sobre glóbulos rojos y anemia de células falciformes, construye dos modelos: uno de un glóbulo rojo normal y otro de un glóbulo rojo falciforme. Los modelos pueden ser 2D o 3D, según los materiales que estén disponibles.

6. **Diseña y comunica una solución** Arma una presentación dirigida a niños de 10 años o menos que tienen anemia de células falciformes y que los médicos puedan usar para educar a pacientes jóvenes sobre su diagnóstico. La presentación debe incluir tu explicación sobre qué son las células, tu investigación sobre los glóbulos rojos y la anemia de células falciformes y tus modelos de un glóbulo rojo normal y uno afectado. Da la presentación a tu clase.

✓ Autorrevisión

	Definí el problema de crear una campaña educativa sobre la anemia de células falciformes para niños de 10 años o menos que tienen esta enfermedad.
	Expliqué qué son las células de forma que los niños pequeños puedan comprender e investigué la importancia de los distintos componentes de la sangre humana, incluidos los glóbulos rojos.
	Investigué los factores de riesgo, las causas, los síntomas, los estudios para diagnosticarla y los tratamientos de la enfermedad.
	Hice dos modelos: uno de un glóbulo rojo normal y otro de un glóbulo rojo afectado.
	Preparé una presentación sobre anemia de células falciformes para pacientes jóvenes.

© Houghton Mifflin Harcourt

Los organismos son sistemas

© Houghton Mifflin Harcourt • Image Credits: ©Francesco Tomasinelli/Science Source

Esta Venus atrapamoscas tiene pequeños pelos que cubren la parte interna de las hojas. Cuando una mosca choca contra los pelos, las hojas se cierran. Luego, la planta libera enzimas para digerir la mosca.

Los organismos responden de muchas maneras al medio ambiente. Estas respuestas son posibles gracias a los sistemas corporales. Los científicos estudian los sistemas corporales y otros niveles de organización para entender cómo funcionan y cómo permiten que los organismos perciban el medio ambiente. En esta unidad, investigarás la relación entre la estructura y la función en todos los niveles de organización, y cómo las necesidades de supervivencia de los organismos se satisfacen cuando los sistemas trabajan en conjunto.

Por qué es importante

Aquí tienes algunas preguntas para ir pensando a lo largo de la unidad. ¿Puedes responder alguna de estas preguntas ahora? Vuelve a leer las preguntas al final de la unidad para aplicar lo que aprendiste.

Preguntas	Notas
¿Qué le ocurre a un organismo si un órgano o un sistema de órganos no funciona correctamente?	
¿Por qué los organismos olvidan algunas cosas y recuerdan otras?	
¿Cómo es posible que sobrevivan los organismos de una sola célula, mientras que otros tipos de organismos tienen varios sistemas corporales formados por muchas células?	
¿Por qué algunos animales tienen un sentido agudizado, como la vista o el olfato?	
¿Los animales saben cómo responder al medio ambiente por instinto o deben aprender a hacerlo?	

© Houghton Mifflin Harcourt

Para comenzar: Comprender el análisis de los sistemas

La célula es el nivel de organización más simple en un organismo. Al igual que el organismo en su totalidad, la célula es un sistema. La siguiente imagen representa una célula vegetal y sus partes. Observa la imagen para obtener más información sobre la célula como un sistema.

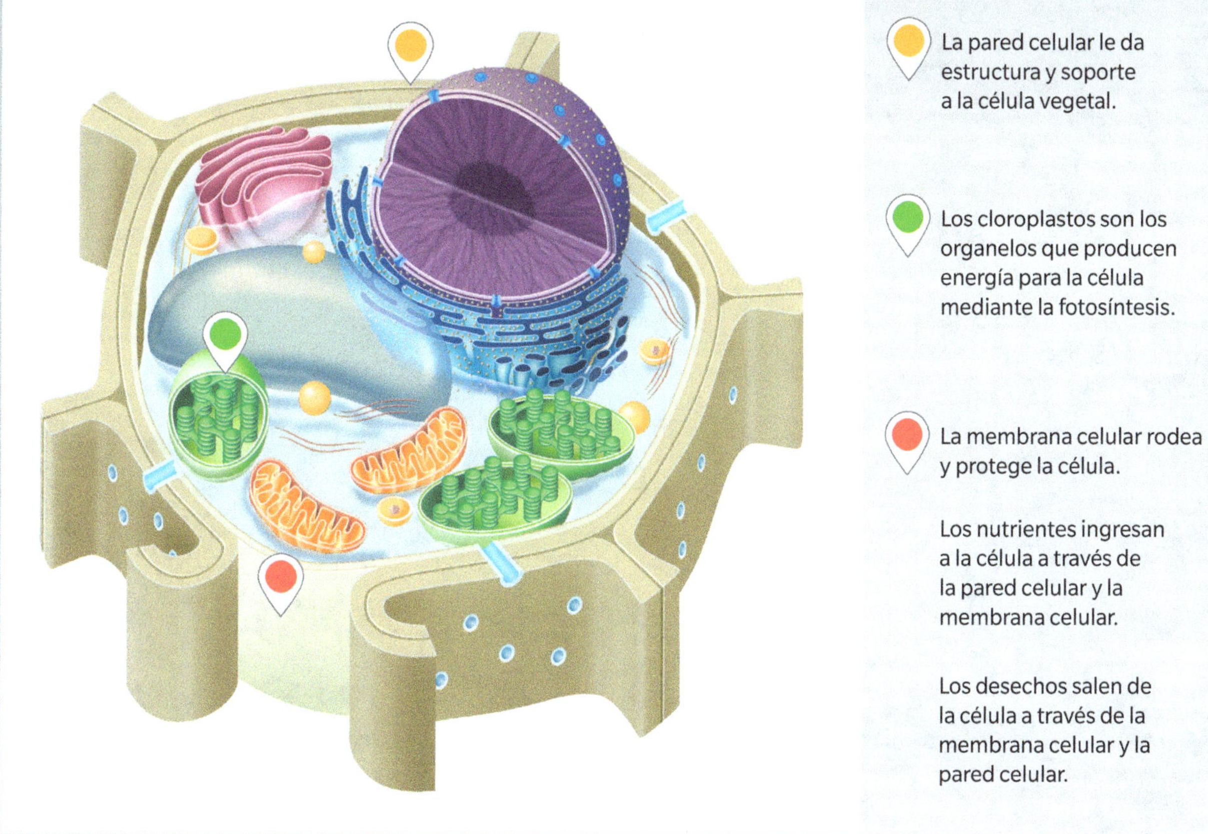

1. En esta célula vegetal, el límite del sistema es la pared celular / membrana celular. Lo que ingresa al sistema son nutrientes / desechos y lo que sale son nutrientes / desechos. Un ejemplo de un proceso del sistema es el cloroplasto / la fotosíntesis.

© Houghton Mifflin Harcourt

Proyecto de la unidad

Para planear el proyecto de esta unidad, conéctate y descarga la Planilla de proyectos.

Investigar la conducta de un animal

¿Por qué los organismos se comportan de determinada manera? Planea una investigación sobre una conducta inusual de un organismo y los sistemas corporales involucrados para explicar cómo responde el organismo a los estímulos.

LECCIÓN 1

Niveles de organización en los organismos

La chinche espinosa tiene un cascarón duro que le sirve para camuflarse en la planta donde vive y que también usa como escudo protector.

© Houghton Mifflin Harcourt • Image Credits: ©Christina L. Evans/Rainbow/RGB Ventures/SuperStock/Alamy

Al final de esta lección...

podrás relacionar la estructura y la función en los distintos niveles de un organismo.

Conéctate para ver la versión digital de la Práctica de laboratorio de esta lección y descargar recursos adicionales.

¿PUEDES EXPLICARLO?

¿Cómo hacen los sistemas con estructuras tan diferentes para desempeñar la misma función?

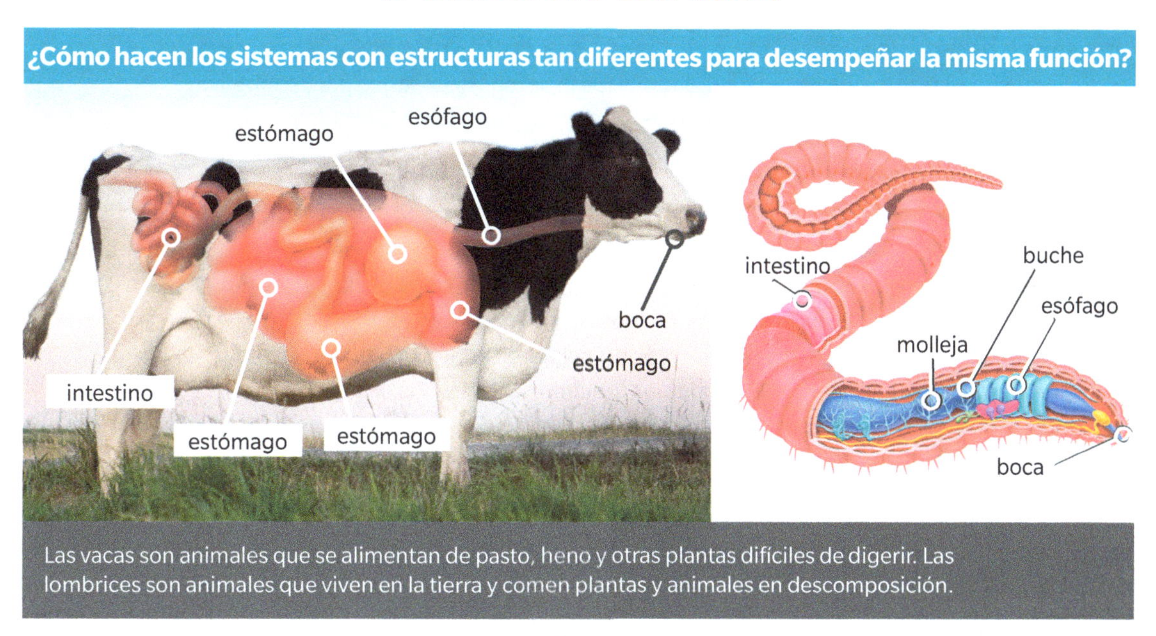

Las vacas son animales que se alimentan de pasto, heno y otras plantas difíciles de digerir. Las lombrices son animales que viven en la tierra y comen plantas y animales en descomposición.

1. Tanto el aparato digestivo de la vaca como el de la lombriz cumplen la función de digerir alimentos, pero no son iguales. Compara y contrasta los dos sistemas. ¿Cómo podrías explicar las semejanzas y las diferencias entre los dos aparatos digestivos?

© Houghton Mifflin Harcourt • Image Credits: ©Cindy Singleton/iStockPhoto.com

CUADERNO DE EVIDENCIAS Mientras trabajas en la lección, reúne evidencias para explicar las estructuras de los dos aparatos digestivos.

Explorar los niveles de organización en los organismos

Los seres vivos están organizados

Los seres vivos son sistemas que llevan a cabo todos los procesos necesarios para sobrevivir. Algunos están formados por muchos subsistemas. Otros son un sistema formado por una sola célula.

Las células

Un **organismo** es un ser vivo conformado por una o más células que puede llevar a cabo todos los procesos vitales necesarios. Los organismos conformados por una sola célula se llaman organismos *unicelulares*. Los organismos unicelulares tienen un solo nivel de organización. Una sola célula lleva a cabo todas las funciones vitales. Los organismos *multicelulares* están conformados por más de una célula. Las células que componen un organismo multicelular están especializadas y organizadas para llevar a cabo funciones específicas. Los organismos multicelulares tienen más de un nivel de organización.

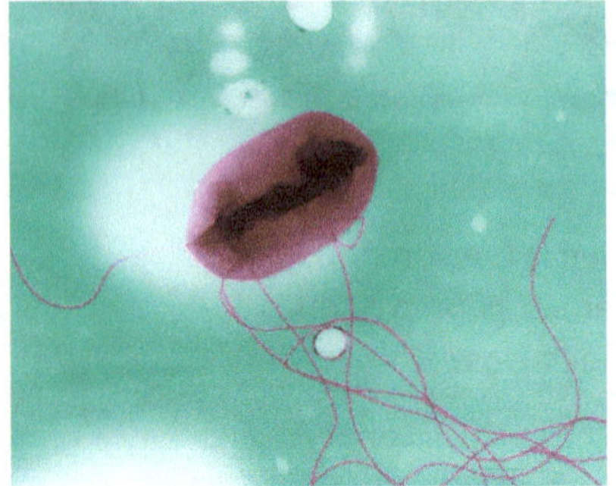

Las bacterias *E. coli* son unicelulares. Tienen estructuras con forma de látigo que les sirven para moverse y unirse a las células huésped.

Los robles son multicelulares. Tienen muchas hojas para captar la luz solar y un tallo especializado llamado *tronco*.

La musaraña acuática euroasiática es multicelular. Usa los sensibles bigotes para cazar bajo el agua.

© Houghton Mifflin Harcourt • Image Credits: (tl) ©BSIP/UIG/Universal Images Group/Getty Images; (tc) ©Raimund Linke/Photodisc/Getty Images; (tr) ©CreativeNature_nl/istock/Getty Images Plus/Getty Images

2. **Comenta** Los organismos multicelulares pueden estar formados por miles de millones de células. ¿Por qué crees que tener células especializadas es una ventaja para un organismo multicelular?

Los tejidos

En los organismos, como las plantas y los animales, las células especializadas están agrupadas en tejidos. Un **tejido** es un grupo de células similares que están organizadas para llevar a cabo una función específica. Por ejemplo, algunas células especializadas del roble son pequeñas y huecas. Estas células están conectadas y forman un tejido, llamado *tejido vascular*, que transporta el agua a través del árbol.

Los órganos

Los distintos tipos de tejidos que funcionan en conjunto forman un **órgano**. Por ejemplo, el tallo del roble es un órgano compuesto por el tejido vascular que transporta agua, el tejido fundamental que provee soporte y el tejido epidérmico que protege la parte externa del tallo. En la musaraña, los vasos sanguíneos son órganos compuestos por el tejido epitelial que controla el paso de los glóbulos, las capas del tejido muscular liso que controlan el diámetro del vaso y una pared gruesa del tejido conjuntivo.

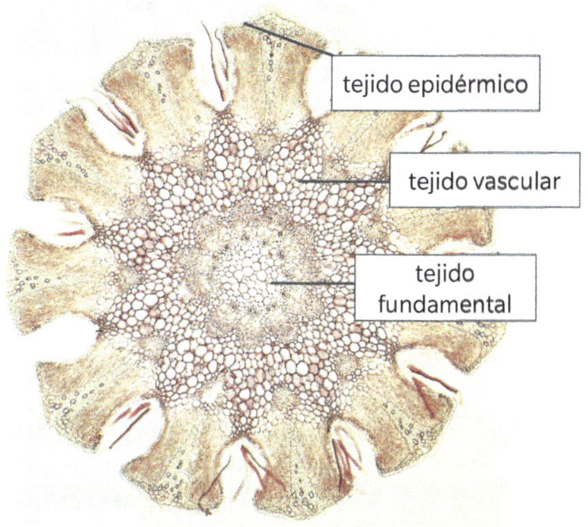

Los tallos son órganos vegetales que transportan materiales y proveen soporte a la planta.

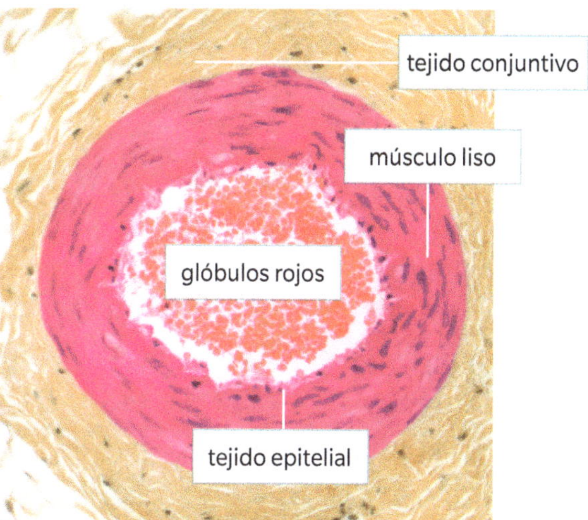

Los vasos sanguíneos transportan sangre y nutrientes, y eliminan los desechos del cuerpo.

3. Usa el tallo del roble como evidencia para justificar que los tejidos especializados trabajan en conjunto para formar órganos que desempeñan funciones necesarias.

Sistemas de órganos

Un **sistema de órganos** es un grupo de órganos que trabajan en conjunto para desempeñar funciones corporales. Las hojas, los tallos y las flores son órganos del sistema de vástago del roble. En la musaraña, el músculo del corazón y los vasos sanguíneos son órganos del sistema circulatorio que lleva sangre a todas las células del cuerpo. Un organismo puede tener muchos sistemas de órganos que trabajan en conjunto para llevar a cabo todas las funciones vitales.

4. Dibuja un diagrama que muestre la relación entre las células, los tejidos, los órganos y los sistemas de órganos.

© Houghton Mifflin Harcourt • Image Credits: (tr) ©Steve Gschmeissner/Science Photo Library/Getty Images; (tl) ©Biophoto Associates/Science Source

Analizar los niveles de organización en un lagarto

Cuando este lagarto de gorguera se ve amenazado, su ritmo cardíaco aumenta y lo prepara para luchar o huir. El lagarto se para sobre las patas traseras, emite un silbido y expande la gran capa de piel que tiene alrededor del cuello.

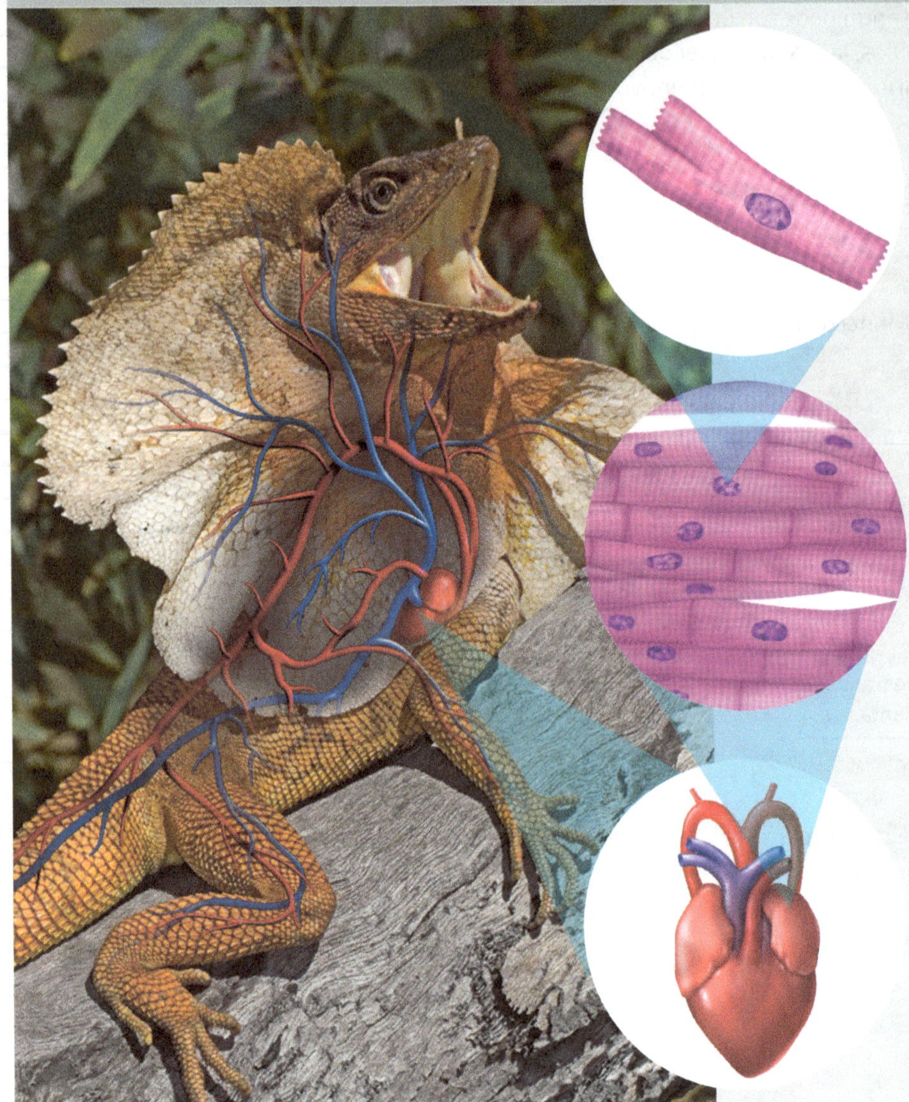

Las células musculares cardíacas están especializadas en la contracción.
La estructura de las fibras proteicas de la célula le permite a esta estirarse y contraerse.

Las células musculares cardíacas se ramifican y conectan entre sí para formar el tejido muscular cardíaco. Las uniones especiales donde se conectan las células hacen que todas las células del tejido se contraigan a la vez.

El corazón es un órgano del sistema circulatorio. Hay muchas células que se estiran y contraen juntas y hacen que el corazón se estire, se contraiga y bombee sangre mientras cambia de forma.

5. ¿El lagarto de gorguera es unicelular o multicelular? Presenta evidencias para explicar tu respuesta.

6. Usa el lagarto de gorguera como evidencia para justificar esta afirmación: los órganos trabajan en conjunto y forman sistemas de órganos que llevan a cabo funciones necesarias.

© Houghton Mifflin Harcourt • Image Credits: ©Auscape/Universal Images Group/Getty Images

Práctica de laboratorio

Haz un modelo de la estructura y la función de los tejidos

Harás el modelo de dos tipos de tejidos y relacionarás la estructura con la función.

MATERIALES

- masilla adhesiva
- cuentas
- cartón
- cartulina
- trocitos de poliestireno para embalaje
- pegamento
- marcadores
- arcilla o plastilina
- pompones
- arroz
- ligas
- tijeras
- esponjas
- cinta adhesiva

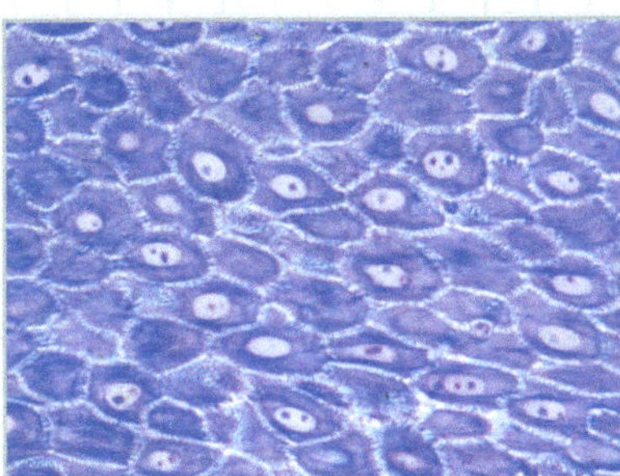

Este tejido protege la piel de la abrasión. Puede ser especialmente grueso en los talones de los pies.

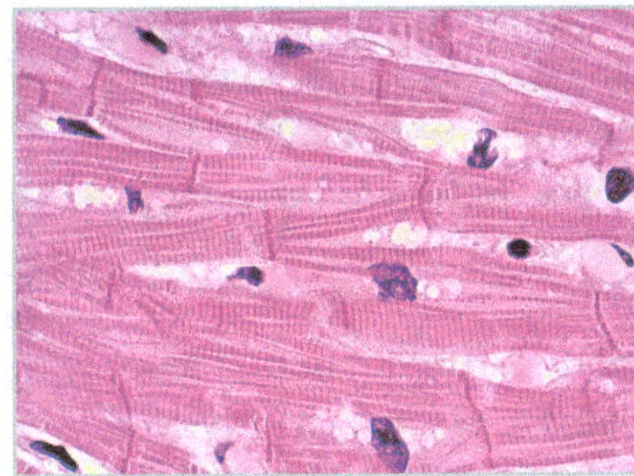

Este tejido se encuentra en el corazón. Se estira y se contrae para que el corazón bombee sangre.

Procedimiento y análisis

PASO 1 Observa los tejidos de las fotos. Anota tus observaciones sobre la estructura y la forma de las células.

PASO 2 Elige los materiales que crees que serán mejores para hacer el modelo de las células y su conexión para formar tejidos. Elabora un modelo de cada tejido.

PASO 3 Describe cómo los modelos representan los grupos de células que trabajan en conjunto para formar tejidos.

PASO 4 Usa los modelos para hacer una afirmación sobre cómo la función que desempeñan los distintos tipos de tejidos dentro de un órgano depende de la estructura de sus células.

© Houghton Mifflin Harcourt • Image Credits: (l) ©Biophoto Associates/Science Source; (r) ©Ed Reschke/Photolibrary/Getty Images

CUADERNO DE EVIDENCIAS

7. La molleja de la lombriz de tierra contiene piedras pequeñas que sirven para triturar trozos de alimento. ¿Por qué la lombriz tiene una molleja, pero la vaca no? Anota las evidencias.

Práctica matemática | Analiza el tamaño y la escala de los organismos ¿Te has preguntado cuántas células tienes en el cuerpo? Los biólogos usan una unidad de medida llamada *nanogramo* (ng) para medir la masa de las células y otras estructuras microscópicas. Hay mil millones, o 10^9, nanogramos en 1 gramo.

A este erizo se lo pesa antes de la hibernación.

8. Si la masa promedio de una célula es de 1 nanogramo, ¿aproximadamente cuántas células hay en el cuerpo de un erizo que pesa 400 gramos?

PASO 1 Convierte 400 gramos a nanogramos.

$$400\text{ g} \times \frac{10^9\text{ ng}}{1\text{g}} = \boxed{}\text{ ng}$$

PASO 2 Usa la razón $\frac{1\text{ célula}}{1\text{ ng}}$ para calcular la cantidad de células que hay en el cuerpo del erizo.

$$\boxed{}\text{ ng} \times \frac{1\text{ célula}}{1\text{ ng}} = \boxed{}\text{ células}$$

9. El páncreas es un órgano que forma parte del aparato digestivo. El páncreas del erizo tiene una masa de 4 gramos. ¿Qué porcentaje de la masa total del erizo pertenece al páncreas?

PASO 1 Escribe la razón entre la masa del páncreas y la masa total del erizo.

$$\frac{4\text{g (páncreas)}}{400\text{g (masa total)}} = \boxed{}$$

PASO 2 Multiplica por 100 para convertirlo en porcentaje.

$$\boxed{} \times 100 = \boxed{}\ \%$$

Clasifica un nivel de organización

10. Comenta La sangre está formada por glóbulos suspendidos en una matriz líquida llamada *plasma*. La sangre contiene glóbulos rojos, glóbulos blancos y plaquetas. La sangre transporta oxígeno a todas las células del cuerpo y participa en la regulación de la temperatura corporal y en el combate de las infecciones. Con un compañero, comenta si crees que la sangre es un tejido, un fluido o ambos. Presenta evidencias para justificar tu argumento.

© Houghton Mifflin Harcourt • Image Credits: ©Philartphace/E+/Getty Images

Relacionar la estructura y la función en los seres vivos

Piensa en un objeto o instrumento que uses todos los días, como un lápiz o una botella de agua. Existe una relación entre la estructura y la función de estos objetos. El lápiz es largo y delgado para que sea fácil de sostener. La botella de agua tiene un espacio vacío para contener el líquido y un borde liso para beber. En los organismos también existen relaciones entre la estructura y la función en todos sus niveles de organización.

Estructura y función de las células y los tejidos

Todos los organismos están formados por células, pero no todas las células son iguales. Las células son aptas para la función que cumplen. Por ejemplo, las células que envuelven partículas dañinas en el cuerpo son flexibles y pueden adoptar cualquier forma. Pero las células que forman una barrera protectora, como las que cubren el tallo de una planta, son rígidas y tienen una forma definida. El tejido tiene características similares a las células que lo conforman.

Estructura y función de los tejidos animales

Analiza la fotografía de los tejidos de la rata para ver cómo se relaciona la estructura con la función.

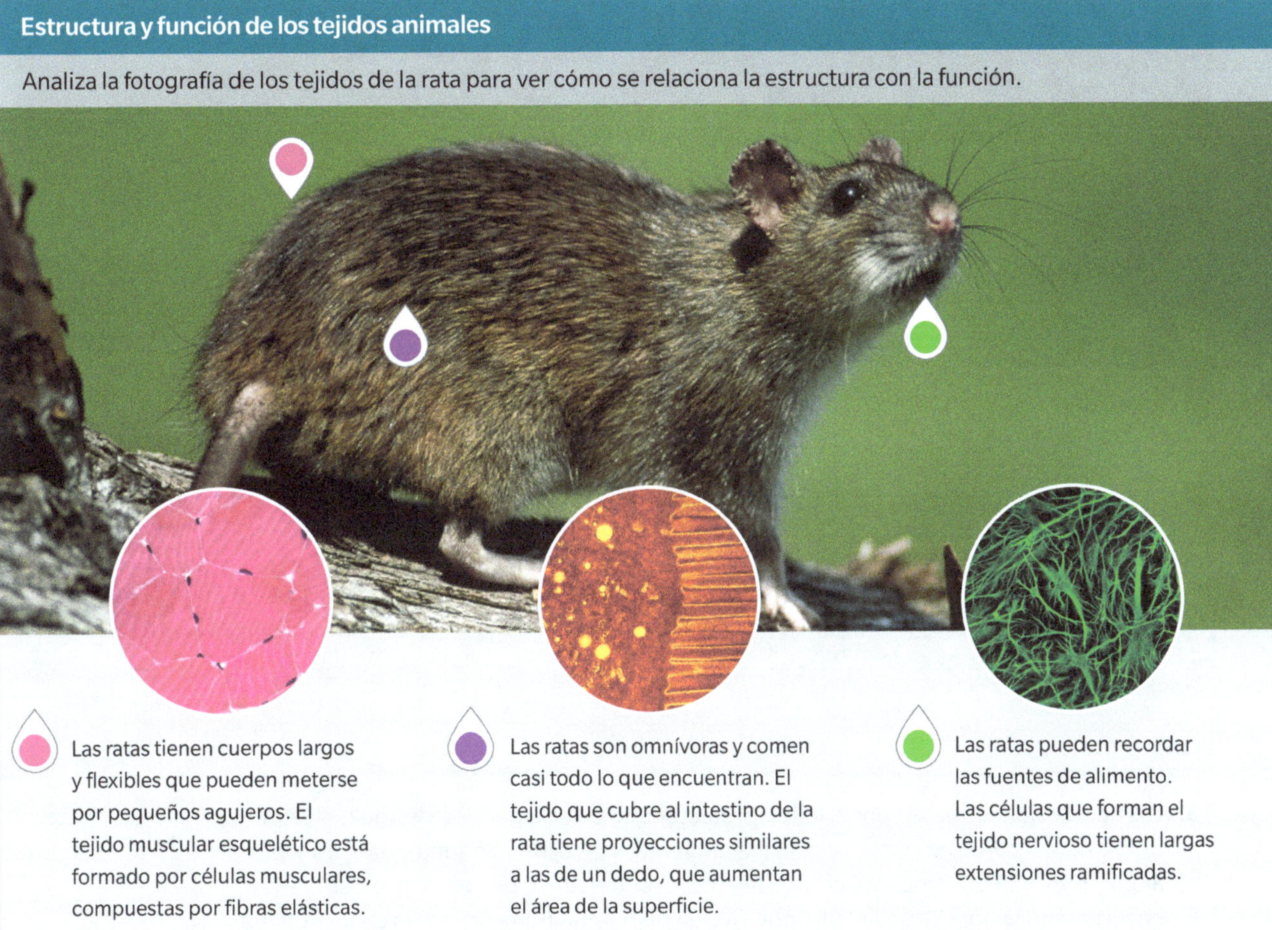

Las ratas tienen cuerpos largos y flexibles que pueden meterse por pequeños agujeros. El tejido muscular esquelético está formado por células musculares, compuestas por fibras elásticas.

Las ratas son omnívoras y comen casi todo lo que encuentran. El tejido que cubre al intestino de la rata tiene proyecciones similares a las de un dedo, que aumentan el área de la superficie.

Las ratas pueden recordar las fuentes de alimento. Las células que forman el tejido nervioso tienen largas extensiones ramificadas.

11. El tejido que cubre al intestino sirve para liberar / absorber / descomponer nutrientes al aumentar el área de la superficie intestinal. Las largas extensiones de tejido nervioso conectan / absorben / destruyen las células del cerebro y otras partes del cuerpo. Las células musculares están compuestas por fibras flexibles porque el tejido muscular se estira y se absorbe / protege / contrae.

© Houghton Mifflin Harcourt • Image Credits: (t) ©Geoff du Feu/Photodisc/Getty Images; (bl) ©Innerspace Imaging/Science Source; (bc) ©Science Source; (br) ©Silvia Riccardi/Science Source

Estructura y función de los órganos

Al igual que la estructura de una célula o un tejido se relaciona con su función, la estructura de un órgano se relaciona con la función que desempeña. Por ejemplo, algunos órganos tienen forma de tubos huecos para transportar materiales, como los vasos que transportan sangre por el cuerpo. Otros tienen forma de saco para contener materiales, como el estómago que almacena alimento y los pulmones que se expanden para contener aire.

Las flores del tulipán son órganos que contienen las estructuras que la planta usa para reproducirse. Tienen muchas formas y colores.

12. Observa la foto del tulipán. Anota tus observaciones sobre las estructuras de los órganos en el sistema de vástago del tulipán.

Órgano	Observaciones de la estructura	Funciones
tallo		transporta nutrientes y almacena agua, provee soporte a la planta
hoja		captura la luz solar para producir nutrientes, regula la pérdida de agua
flor		atrae a los animales polinizadores

13. Las hojas están formadas por el tejido protector que evita la pérdida de agua, el tejido fundamental para el soporte y el almacenamiento, y el tejido conductor para transportar agua y nutrientes. Compara y contrasta el espesor del tejido protector que esperarías encontrar en la hoja de una planta que vive en un hábitat húmedo con la de una planta que vive en un hábitat seco.

© Houghton Mifflin Harcourt • Image Credits: ©leuntje/Moment/Getty Images

Estructura y función de los sistemas de órganos

La mayoría de los organismos tiene sistemas de órganos que desempeñan funciones especializadas. Por ejemplo, el aparato respiratorio es un sistema de órganos, presente en los animales, que toma oxígeno y libera dióxido de carbono. Algunos animales que no tienen aparato respiratorio simplemente realizan este intercambio de gases a través de la piel. Los animales que tienen un aparato respiratorio más complejo pueden intercambiar gases de forma más eficiente porque tienen órganos especializados que trabajan en conjunto.

Los guacamayos escarlata vuelan largas distancias en busca de frutas, nueces e insectos.

14. Las aves tienen sacos aéreos y pulmones. Cuando las aves inspiran / espiran, el aire rico en oxígeno llena los pulmones y sacos aéreos. Cuando las aves inspiran / espiran, el aire pobre en oxígeno sale de los pulmones, y el aire fresco almacenado pasa de los sacos aéreos a los pulmones. Esto significa que las aves siempre tienen una reserva de aire rico / pobre en oxígeno.

15. Describe cómo la estructura del aparato respiratorio le brinda al ave la energía necesaria para volar.

© Houghton Mifflin Harcourt • Image Credits: ©Peter Schoen/Moment/Getty Images

Artes del lenguaje

Relaciona las células con los sistemas de órganos

16. Desarrolla un argumento para explicar cómo un organismo está formado por sistemas corporales que interactúan y que están compuestos por células. En el argumento, explica cómo los niveles de organización están compuestos por un sistema de partes que interactúan.

Analizar las interacciones del sistema corporal

Los sistemas corporales interactúan para desempeñar funciones

Los organismos necesitan procesar nutrientes y tomar oxígeno. Necesitan moverse para encontrar alimento y parejas, evitar a los depredadores y moverse a lugares con temperaturas más cálidas. En los organismos multicelulares, los sistemas corporales trabajan en conjunto para desempeñar funciones. La coordinación de los sistemas le brinda al organismo una mayor variedad de funciones y respuestas posibles.

Los peces vela son los más veloces del océano. Estos tres trabajan en conjunto para cazar un cardumen de sardinas.

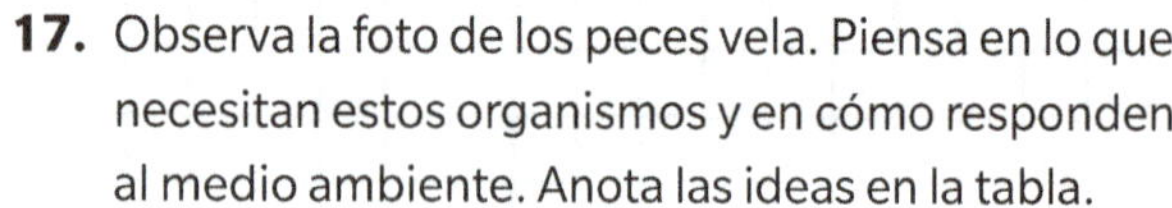

17. Observa la foto de los peces vela. Piensa en lo que necesitan estos organismos y en cómo responden al medio ambiente. Anota las ideas en la tabla.

Necesidad	Respuesta
alimento	
	nadar más rápido
calentarse	
	moverse a otro lugar

CUADERNO DE EVIDENCIAS

18. Dentro de la vaca, el alimento pasa por cuatro compartimentos del estómago para poder descomponerse totalmente. ¿Qué factor crees que contribuye a la estructura del aparato digestivo de la vaca? Anota las evidencias.

© Houghton Mifflin Harcourt • Image Credits: ©by wildestanimal/Moment/Getty Images

Sistemas del cuerpo humano

19. Cuando realizas una actividad, ¿qué sistemas de órganos participan? Observa las fotografías de las personas que realizan diferentes actividades. Decide qué sistemas de órganos trabajan en conjunto para desempeñar las funciones que se muestran.

El **sistema circulatorio** transporta nutrientes y oxígeno a todas las células del cuerpo. Se lleva el dióxido de carbono y otros desechos de las células.

El **aparato respiratorio** toma oxígeno y libera dióxido de carbono cuando respiramos.

El **sistema muscular** mueve los huesos, hace latir el corazón y transporta el alimento a través del aparato digestivo.

El **sistema esquelético** provee soporte al cuerpo, protege los órganos, permite el movimiento y produce glóbulos.

El **sistema nervioso** controla el movimiento del cuerpo y coordina la comunicación entre el cerebro y el ambiente.

El **aparato digestivo** descompone la comida en nutrientes esenciales y expulsa los desechos sólidos del cuerpo.

El **aparato excretor** elimina los desechos líquidos del cuerpo.

A. El sistema muscular / aparato digestivo y el aparato excretor / sistema esquelético permiten que los brazos se muevan y hagan girar las ruedas de esta bicicleta.

B. El aparato respiratorio/excretor y el sistema nervioso/circulatorio le permiten a esta estudiante respirar y leer música.

C. Las funciones corporales se desaceleran cuando duermes, ¡pero no se detienen! Por ejemplo, el aparato digestivo / excretor continúa descomponiendo la comida y el sistema muscular / circulatorio continúa transportando nutrientes a través del cuerpo.

© Houghton Mifflin Harcourt • Image Credits: (t) ©Jim Cummins/The Image Bank/Getty Images; (c) ©Hero Images/Corbis; (b) ©Tetra Images/Getty Images

20. Los colibríes tienen patas pequeñas y débiles, y dependen de sus fuertes alas para moverse de un lugar a otro. Describe cómo una enfermedad que afecta al sistema muscular podría afectar a otros sistemas corporales de los colibríes.

¡Las alas de este colibrí se mueven más de 50 veces por segundo!

Ingeniería

Comparar los sistemas naturales y diseñados

La pasta de pulpa se transformará en papel de periódico.

Los seres humanos usan un proceso industrial para procesar la materia vegetal y usarla en productos, como el papel. El proceso de producción de papel comienza al introducir virutas de madera cortadas de los árboles dentro de una torre alta y cilíndrica con múltiples cámaras de cocción. En el proceso de cocción, se usan compuestos químicos, calor y presión para descomponer las fibras de la madera y producir un material llamado *pulpa*. Después de pasar por todas las cámaras de cocción, se envía la pulpa a una máquina de lavado para eliminar el líquido de la cocción. La pulpa se esparce sobre un tamiz, donde se blanquea y se seca. Luego, se corta y se amontona, y ya está lista para ser transformada en papel.

21. ¿Qué necesidad satisface el digestor de plantas? ¿En qué se parece a la necesidad que satisface el aparato digestivo de un animal?

22. Haz un diagrama que muestre los pasos para fabricar papel a partir de la pulpa. ¿En qué crees que se parece este proceso a la digestión de alimentos de los animales?

© Houghton Mifflin Harcourt • Image Credits: (t) ©Forrest Brown/Creatas Video/Getty Images; (b) ©Tom Hollyman/Science Source

Sigue explorando

Nombre: **Fecha:**

Fíjate en esta opción o conéctate y elige alguna de estas opciones.

Biomímesis

- **Prácticas de laboratorio**
- **Diseño de órganos y tejidos**
- **Busca una opción para ti**

Conéctate y elige alguna de estas opciones.

No importa lo que quieras hacer con una máquina o un proceso, seguramente ya hay un organismo que lo hace naturalmente. La *biomímesis,* o *biomimética,* usa soluciones basadas en la naturaleza para diseñar y resolver problemas de diseño humanos. Por ejemplo, los investigadores siempre buscan formas de crear una fibra fuerte, pero flexible. Uno de los materiales más fuertes es la seda de araña. Los científicos estudian las telarañas para descubrir cómo está compuesta la seda. Si los investigadores pudieran fabricar seda de araña sintética, esta podría usarse para muchas cosas. Suturas quirúrgicas y vendas, ligamentos y tendones artificiales, ropa de protección y redes de pesca son algunos de los posibles usos de la seda de araña sintética.

1. ¿Por qué crees que cada vez más científicos acuden a la naturaleza para resolver problemas de ingeniería y diseño? Elige todas las respuestas correctas.

A. Las soluciones de diseño simples y sustentables podrían resolver problemas ambientales, como la contaminación.

B. Los científicos se quedaron sin ideas para crear soluciones de diseño y de ingeniería.

C. Tener un mayor conocimiento de la naturaleza nos permite descubrir nuevas posibilidades para crear soluciones de diseño.

La seda de araña es increíblemente fuerte, liviana y flexible. Los científicos esperan que la seda reemplace a los materiales creados por el hombre que no son tan fuertes ni flexibles, y que dañan el medio ambiente.

© Houghton Mifflin Harcourt • Image Credits: ©Bjorn Grotting/Alamy

Sigue explorando

Los científicos han descubierto que las ofiuras están cubiertas por miles de lentes microscópicas que sirven para evitar a los depredadores. Estas lentes son mucho mejores para transmitir luz que cualquier lente creada por el hombre.

Las lentes biomiméticas basadas en la estructura de las lentes de las ofiuras son blandas, lo que brinda mayor precisión y complejidad que las lentes rígidas convencionales. Las microlentes que se muestran aquí son parte de un aparato que se usa en las cámaras digitales.

2. Muchas veces, los ingenieros usan diseños que imitan las formas que se encuentran en la naturaleza, como las aletas, las alas y los picos. Elabora un argumento que explique por qué usamos las relaciones entre estructura y función que encontramos en la naturaleza y las aplicamos a la ingeniería y el diseño. Usa los ejemplos como evidencias.

3. Los especialistas en sustentabilidad ayudan a las comunidades, las empresas y los gobiernos a adoptar prácticas operativas que no dañan el medio ambiente. Estas buscan reducir la contaminación y los desechos, y aumentar el reciclaje de recursos. ¿Cómo pueden los especialistas en sustentabilidad aplicar la biomímesis en su campo?

4. **Colaborar** Trabaja con un compañero para pensar qué características de los organismos se podrían usar para resolver problemas de diseño. Elige una idea y prepara un esquema que explique la relación que hay entre la naturaleza y el problema a solucionar. Analiza las ideas de otros grupos. Conserva el escepticismo al evaluar las afirmaciones sobre por qué la solución que proponen puede resolver un problema de diseño.

© Houghton Mifflin Harcourt • Image Credits: (l, inset) ©Lucent Technologies' Bell Labs/ Science Source; (r) ©Paul Wootton/Science Source

¿Puedes explicarlo?

Nombre: **Fecha:**

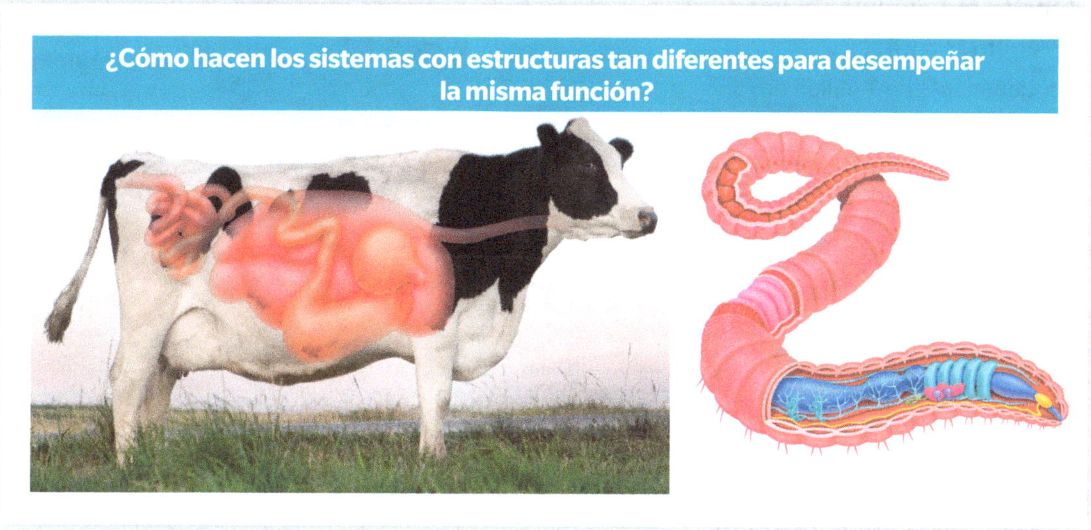

¿Cómo hacen los sistemas con estructuras tan diferentes para desempeñar la misma función?

CUADERNO DE EVIDENCIAS

Consulta tu explicación inicial sobre los sistemas digestivos y las anotaciones de tu Cuaderno de evidencias. Pueden ayudarte a explicar por qué las estructuras de estos sistemas son tan diferentes.

© Houghton Mifflin Harcourt • Image Credits: ©Cindy Singleton/iStockPhoto.com

1. Haz una afirmación. Asegúrate de que esa afirmación incluya todas las semejanzas y las diferencias entre los dos sistemas.

2. Resume las evidencias que reuniste para justificar la afirmación y explicar tu razonamiento.

Ejercicios de revisión

Responde las siguientes preguntas para comprobar si entendiste bien la lección.

Observa con atención el diagrama del riñón y responde las Preguntas 3 y 4.

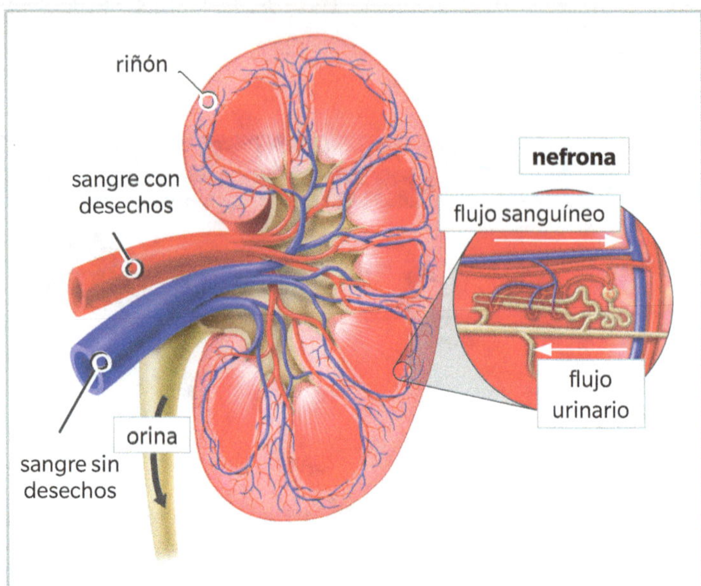

3. Los riñones contienen más de 1 millón de estructuras de filtración llamadas *nefronas*. La nefrona está formada por células que trabajan en conjunto. Según esa información, ¿cuál de los enunciados es verdadero?

A. La nefrona puede definirse como un órgano.

B. El riñón es un sistema de órganos.

C. La nefrona puede definirse como un sistema de órganos.

D. La nefrona puede definirse como un tejido.

4. Los riñones son órganos del sistema urinario que eliminan los desechos de la sangre. El sistema urinario es un subsistema del aparato excretor / digestivo. El sistema urinario trabaja con el sistema circulatorio / aparato digestivo para eliminar desechos líquidos del cuerpo.

Observa la foto de la planta y responde las Preguntas 5 y 6.

5. La parte subterránea de esta planta es el sistema de raíces. Cada raíz es un tejido / órgano que absorbe agua y nutrientes del suelo. Estos materiales son transportados por el tallo, un tejido / órgano que forma parte del sistema de vástago de la planta.

6. ¿A qué nivel de organización pertenece una sola hoja de esta planta?

A. célula

B. tejido

C. órgano

D. sistema de órganos

© Houghton Mifflin Harcourt • Image Credits: ©Stuart Minzey/Photographer's Choice/Getty Images

Repaso interactivo

Completa esta sección para repasar los conceptos principales de la lección.

Las células, los tejidos, los órganos y los sistemas de órganos conforman los niveles de organización de los seres vivos.

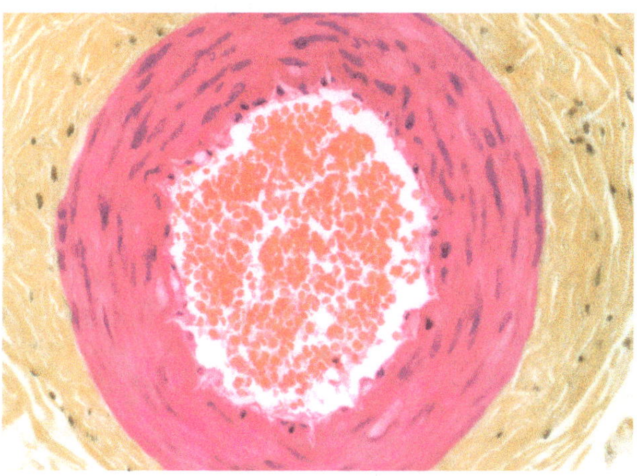

A. ¿Por qué es beneficioso para los organismos multicelulares tener muchos niveles de organización?

Existe una relación entre la estructura y la función.

B. Describe la relación entre la estructura y la función de un organismo.

Los sistemas corporales trabajan en conjunto para desempeñar todas las funciones vitales de un organismo.

C. Explica por qué la falla de un órgano o sistema de órganos puede afectar la función de otros sistemas corporales del organismo.

© Houghton Mifflin Harcourt • Image Credits: (t) ©Auscape/Universal Images Group/Getty Images; (c) ©Peter Schoen/Moment/Getty Images; (b) ©Jim Cummins/The Image Bank/Getty Images

LECCIÓN 2

Los organismos vegetales son sistemas

Los árboles Sangre de Dragón tienen un dosel vegetal denso y amplio que protege al suelo del sol intenso.

© Houghton Mifflin Harcourt • Image Credits: ©Michele Falzone/Alamy

Al final de esta lección...

podrás evaluar cómo los sistemas trabajan en conjunto para satisfacer las necesidades de supervivencia de las plantas.

Conéctate para ver la versión digital de la Práctica de laboratorio de esta lección y descargar recursos adicionales.

¿PUEDES EXPLICARLO?

¿Cómo hace la cebolla del desierto para crecer en las duras condiciones del Desierto de Namib?

La cebolla del desierto crece en el Desierto de Namib, que recibe pocas lluvias, pero suele tener una densa niebla por las noches.

Durante cientos de años, y posiblemente hasta miles de años, esta planta ha crecido donde otras plantas no pueden crecer. Está compuesta por solo dos hojas, que se desgastan y se rompen con el tiempo, el tallo y las raíces. Tal vez no parezca gran cosa, pero puede vivir sin lluvia hasta 5 años. ¡Se calcula que las cebollas del desierto más grandes tienen aproximadamente 2,500 años!

1. ¿Por qué crees que esta planta puede crecer en un medio ambiente en el que muy pocas plantas pueden sobrevivir?

© Houghton Mifflin Harcourt Publishing Company • Image Credits: ©Zdenek Maly/Alamy

CUADERNO DE EVIDENCIAS Mientras trabajas con la lección, reúne evidencias para explicar cómo el organismo de la cebolla del desierto es un sistema que le permite sobrevivir.

Explorar los sistemas de los organismos vegetales

Las plantas viven en todos los continentes de la Tierra. Las podemos encontrar en bosques exuberantes y amplias praderas. También viven en lugares inesperados, como desiertos secos y tundras heladas. Su tamaño varía, desde los árboles secuoyas gigantes, que alcanzan alturas de más de 80 metros, hasta las plantas con flores más pequeñas, que pueden caber en la punta del dedo.

Todas las plantas son multicelulares. También son eucarióticas: sus células tienen organelos delimitados por membranas, que incluyen un núcleo donde se encuentra la información genética de la célula. Todas las plantas tienen paredes celulares y grandes vacuolas. Además, transforman la energía de la luz solar en alimento mediante un proceso llamado *fotosíntesis*.

Este arce tiene un tallo central, llamado *tronco*, que conecta las raíces con las ramas del árbol.

El sistema de raíces del cactus saguaro es poco profundo, pero llega a ser igual de alto que la planta.

Las hojas amplias y planas del nenúfar flotan en el agua para poder captar toda la luz solar posible.

2. **Comenta** Con un compañero, reúne información del texto y de las fotos para comparar las plantas que aparecen arriba. Anota lo que observaste en la tabla.

Semejanzas	Diferencias

© Houghton Mifflin Harcourt • Image Credits: (l) ©David & Micha Sheldon/Radius Images/Getty Images; (c) ©tonda/iStock/Getty Images Plus/Getty Images; (l) ©Emmanuel LATTES/Alamy;

Los sistemas de los organismos vegetales

Las plantas pueden dividirse en dos grandes grupos según la estructura y la función del sistema de su organismo. La mayoría de las plantas terrestres que existen hoy en nuestro planeta tiene un sistema vascular.

El *sistema vascular* transporta materiales y brinda soporte al cuerpo de la planta. Las plantas que tienen un sistema vascular se llaman *plantas vasculares*. Las plantas que no tienen un sistema vascular se llaman *plantas no vasculares*.

Células vegetales

Como todos los seres vivos, las plantas están formadas por células. Las células vegetales tienen paredes rígidas, que sirven para brindar estructura y soporte a la planta.

Tejidos vegetales

Las células de las plantas están organizadas en tres tipos de tejido. El *tejido dérmico* protege a la planta, el *tejido vascular* transporta materiales y el *tejido fundamental* brinda soporte y almacenamiento.

Órganos vegetales

Las hojas, los tallos, las raíces y las flores son órganos vegetales formados por los tres tipos de tejido. Por ejemplo, el tallo está cubierto por tejido dérmico. Dentro del tallo, el tejido vascular que transporta agua y nutrientes está rodeado de tejido fundamental. El tejido fundamental le da soporte al tallo y almacena materiales.

Sistemas de órganos vegetales

Los órganos vegetales están organizados en dos sistemas. El *sistema de vástago* incluye las hojas, los tallos y las flores. El *sistema de raíces* absorbe agua y nutrientes del suelo. Estos dos sistemas trabajan en conjunto para transportar agua y nutrientes a toda la planta.

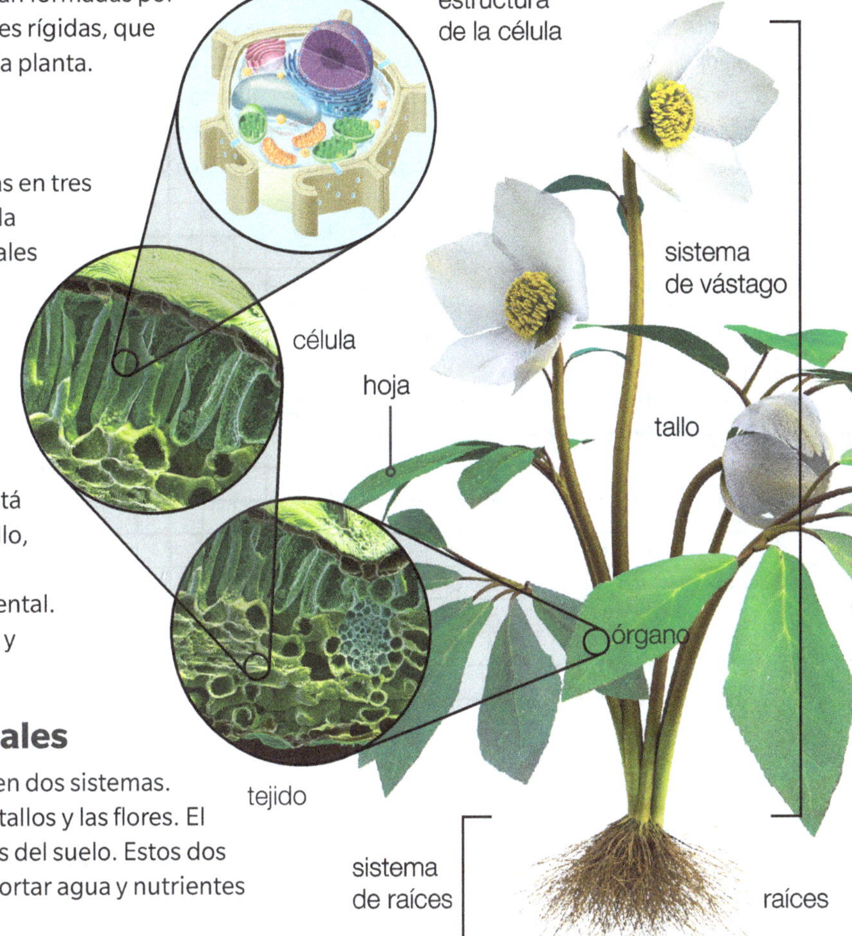

3. Usa el diagrama de la planta como evidencia para justificar la afirmación de que los sistemas de órganos trabajan en conjunto para que los organismos puedan sobrevivir y crecer.

© Houghton Mifflin Harcourt • Image Credits: ©Science Source

CUADERNO DE EVIDENCIAS

4. La cebolla del desierto tiene un sistema de raíces amplio y poco profundo. ¿Cómo hace este tipo de sistema de raíces para permitir que la cebolla del desierto absorba la niebla nocturna? Anota las evidencias.

Análisis del sistema de un organismo vegetal

Las droseras viven en hábitats donde la luz solar y el agua son abundantes, pero el suelo tiene pocos nutrientes. Como la mayoría de las plantas, las droseras producen su propio alimento mediante la energía solar. A diferencia de la mayoría de las plantas, las droseras también capturan y digieren insectos. Las hojas de la drosera están cubiertas de estructuras que parecen tentáculos y que contienen una sustancia dulce y pegajosa. Los insectos se acercan a la planta para disfrutar de una deliciosa comida, pero se quedan atrapados en la hoja y luego son digeridos por la planta.

Cuando un insecto se posa sobre una drosera, queda atrapado en la hoja pegajosa. La hoja envuelve al insecto atrapado y luego la planta lo digiere.

5. ¿Por qué crees que las droseras necesitan capturar insectos?

A. La drosera no puede producir suficiente alimento.

B. Los insectos le proveen agua a la planta.

C. La drosera se está protegiendo de los insectos.

D. Los insectos son la fuente de nutrientes que no se encuentran en el suelo.

6. Las droseras tienen raíces débiles. ¿Por qué crees que no necesitan raíces fuertes?

7. ¿Cómo crees que se relaciona la estructura de la hoja de la drosera con su función?

© Houghton Mifflin Harcourt • Image Credits: ©Timothy Hamish Shepherd/Oxford Scientific Video/Getty Images

Describir cómo los sistemas vegetales procesan nutrientes

Los sistemas de los organismos vegetales realizan todos los procesos necesarios para que la planta pueda vivir. Las plantas necesitan luz solar, agua y dióxido de carbono para generar y transportar el alimento que usan como combustible. También necesitan oxígeno para convertir el alimento en energía, que se usa en todas las partes de la planta. Los nutrientes del suelo, como el nitrógeno y el fósforo, se usan en los procesos celulares y en el crecimiento. Todos estos procesos generan productos no deseados, por lo que las plantas también necesitan eliminar los desechos para estar saludables.

Generación de alimento

Al igual que nosotros, las plantas necesitan alimento para que las células puedan obtener energía. Pero, a diferencia de nosotros, las plantas no comen su alimento. En cambio, las plantas generan su propio alimento mediante el proceso de fotosíntesis. La *fotosíntesis* es el proceso que usa energía de la luz solar para convertir las moléculas de agua y dióxido de carbono en azúcares y oxígeno. La **hoja** es un órgano de la planta y es el lugar principal donde ocurre la fotosíntesis. Los azúcares que se producen en las células de las hojas se transportan a todas las partes del organismo de la planta.

Entradas y salidas de la fotosíntesis

8. Completa el diagrama con las entradas y salidas del proceso de fotosíntesis. Usa evidencias del texto.

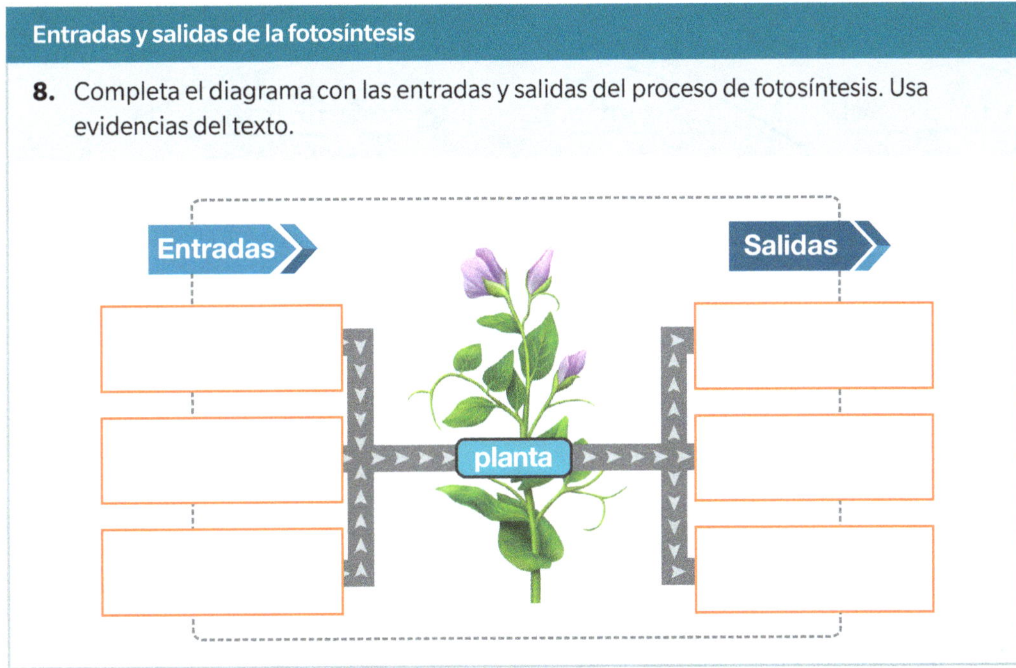

9. Ingeniería Las células solares son aparatos que absorben energía de la luz solar y la convierten en electricidad. ¿Qué estructura vegetal crees que usan los ingenieros al diseñar la ubicación de las células solares? Explica tu razonamiento.

© Houghton Mifflin Harcourt

Movimiento de los materiales

Los materiales se mueven por la planta mediante dos tipos de tejido vascular: xilema y floema. Las **raíces** son órganos que permiten la entrada del agua y los nutrientes disueltos a la planta al absorberlos del suelo. Las raíces también fijan la planta al suelo. Las raíces se conectan con los **tallos**, órganos que transportan nutrientes a todas las partes del organismo vegetal y brindan soporte a la planta. El agua se mueve de las raíces a los tallos mediante células con forma de tubo en el xilema. Los azúcares generados durante la fotosíntesis se mueven por la planta en el floema.

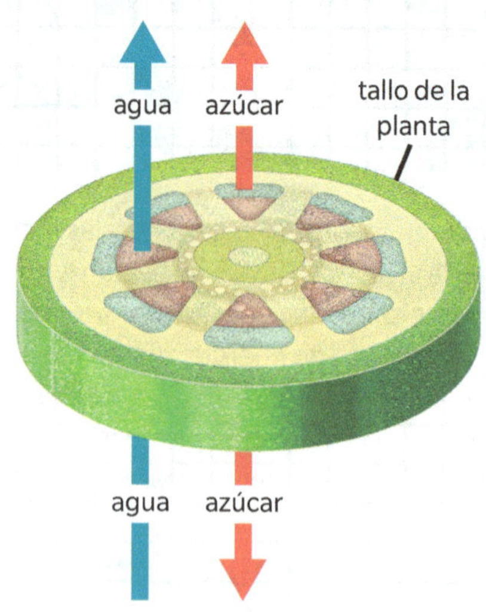

Compara sistemas de raíces

10. Usando el banco de palabras, completa el diagrama de Venn con las funciones que crees que describen mejor el sistema de raíces.

- absorbe nutrientes
- almacena nutrientes
- tolera sequías
- absorbe agua
- fija la planta
- protege el suelo

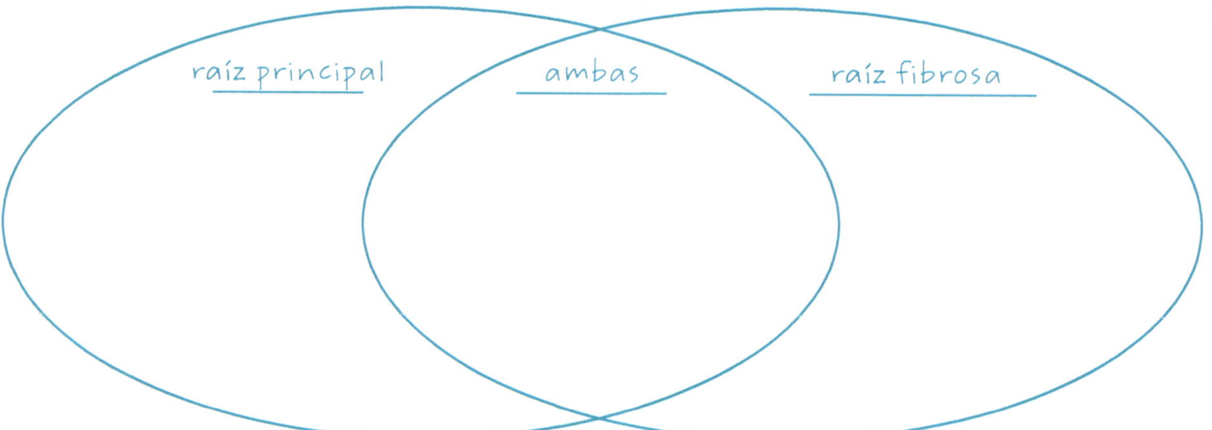

Algunas plantas tienen un sistema de raíces llamado raíz principal. Como puedes ver en la foto, estas plantas tienen una gran raíz principal y muchas raíces más pequeñas ramificadas. Las raíces principales pueden alcanzar grandes profundidades dentro del suelo.

Otras plantas tienen un sistema de raíz fibrosa, en el que muchas raíces ramificadas crecen cerca de la superficie de la tierra. Las raíces fibrosas pueden extenderse mucho y formar redes que fijan la planta muy firmemente al suelo.

© Houghton Mifflin Harcourt • Image Credits: (l) ©Ocean/Corbis; (r) ©Yuji Sakai/DigitalVision/Getty Images

Práctica de laboratorio

Observa cómo se transporta el agua

Vas a comparar y contrastar cómo se mueve el agua por los tallos de dos tipos de plantas.

MATERIALES

- tallos de espárragos
- tallos de brócoli
- vasos de plástico transparente, 16 oz (2)
- cilindro graduado
- cuchillo
- colorante para alimentos rojo
- varilla para revolver

Procedimiento

PASO 1 Llena dos vasos de 16 oz con 100 mL de agua. Agrega entre 10 y 15 gotas de colorante para alimentos rojo y mezcla bien.

PASO 2 Usa el cuchillo para cortar secciones de 8 cm del tallo del brócoli y de los espárragos. Asegúrate de cortar los tallos horizontalmente.

PASO 3 Coloca una o dos piezas del tallo del brócoli en uno de los vasos y una o dos piezas de espárrago en el otro. Asegúrate de que los tallos estén derechos en el agua y que no se caigan.

PASO 4 Deja los tallos en el agua durante 24 horas. Corta los tallos con intervalos de 1 a 2 cm para ver hasta dónde llegó el agua.

PASO 5 Anota lo que observaste en la tabla.

Espárragos	Brócoli

Análisis

PASO 6 ¿Qué evidencias te brindó la actividad acerca de la función del sistema vascular de las plantas?

PASO 7 ¿A través de qué tejido vascular se movió el agua en el tallo del brócoli y del espárrago?

© Houghton Mifflin Harcourt

Eliminación de los desechos

Las plantas producen desechos como consecuencia de los procesos celulares, como la fotosíntesis. El agua, el dióxido de carbono y el oxígeno entran y salen de la planta a través de pequeñísimas aberturas en la superficie de la hoja que se llaman estomas.

Las plantas también necesitan eliminar sustancias no deseadas que pueden llegar a entrar en sus sistemas por medio del agua. Algunas plantas almacenan desechos en células vivas, como las hojas. Estos materiales no deseados se eliminan cuando las hojas caen de la planta.

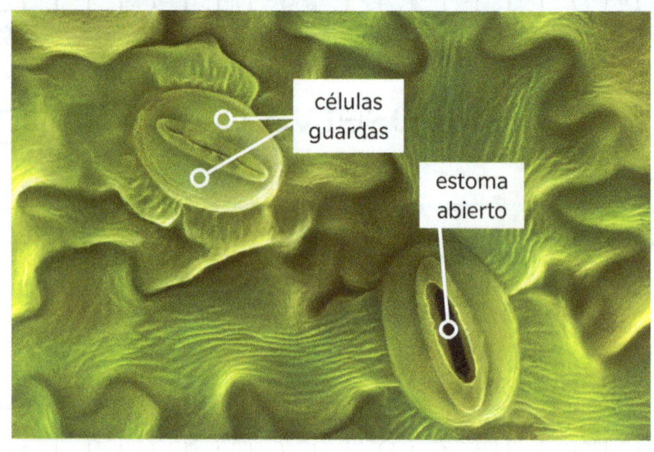

El tamaño, la forma y la ubicación de los estomas hacen que el agua y los gases puedan entrar y salir de la planta con eficiencia.

11. Los sistemas vegetales deben lograr un equilibrio entre su necesidad de agua, de dióxido de carbono y de oxígeno. Si se pierde mucha agua, los estomas se cierran. ¿Cómo afecta esto a la capacidad de la planta para regular los niveles de dióxido de carbono y oxígeno?

12. Comenta ¿Qué ocurriría si se cerrara la mayoría de los estomas de una planta? Explica tu razonamiento.

Artes del lenguaje

Usa tus observaciones para desarrollar un argumento

13. Esta planta tiene raíces poco profundas, tallos cortos y hojas cubiertas de pelusa. ¿En qué condiciones ambientales podría vivir esta planta? Usa tus observaciones como evidencias para justificar tu argumento.

© Houghton Mifflin Harcourt • Image Credits: (t) ©Power and Syred/Science Source; (b) ©Mihail Zhukov/Alamy

Describir cómo los sistemas vegetales responden al medio ambiente

A diferencia de muchos animales, las plantas no pueden ir a otro lugar cuando su medio ambiente cambia. Los organismos vegetales responden a una variedad de factores ambientales. Muchas de esas respuestas suceden muy lentamente. ¡Otras respuestas son muy rápidas! La Venus atrapamoscas responde al contacto con un animal en segundos cerrando su hoja de forma abrupta. Las plantas responden a dos factores: la luz y el agua.

14. ¿Por qué crees que es importante para las plantas poder regular los niveles de agua en su organismo?

Regulación del agua

Las plantas regulan el agua en su organismo según las condiciones del medio ambiente. Para regular el agua, las plantas abren y cierran sus estomas. Dos células guardas controlan la apertura y el cierre de cada estoma. Los estomas se abren para que el aire pueda entrar y salir. Se cierran para impedir la pérdida de agua. Las hojas de algunas plantas también tienen una cubierta cerosa que sirve para impedir la pérdida de agua. Las plantas también pueden almacenar agua en sus tallos, hojas o raíces.

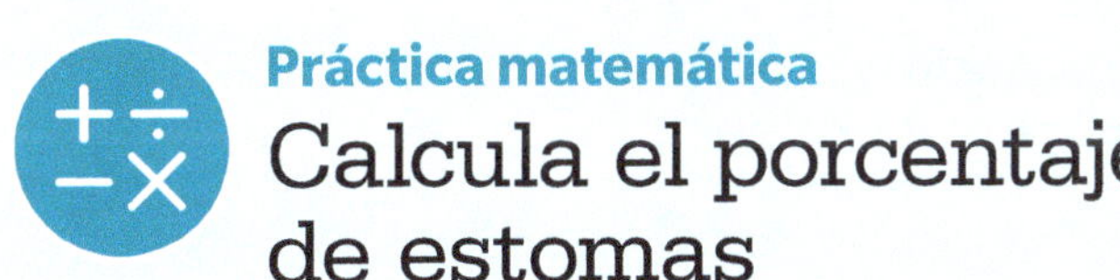

Práctica matemática

Calcula el porcentaje de estomas

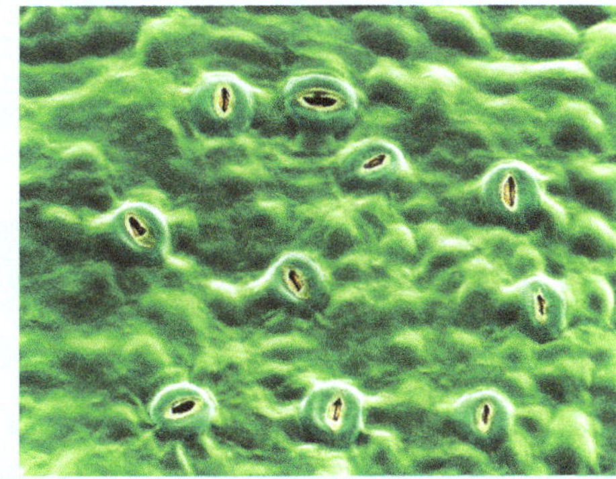

El porcentaje de estomas en la superficie de una hoja se puede calcular con esta ecuación:

$$\text{El porcentaje de estomas} = \frac{E}{E + CE} \times 100$$

donde E = al número de estomas y CE = al número de células epidérmicas, que forman la capa externa de una hoja.

Observa la foto de la hoja.

15. Cuenta y escribe el número de estomas abiertos que puedas ver. ______________

16. Si en esta parte hay 150 células epidérmicas, ¿cuál es el porcentaje de estomas en esta parte de la hoja?

17. El porcentaje de estomas en una determinada planta puede cambiar según las condiciones del medio ambiente. ¿Qué factores ambientales pueden influir sobre el porcentaje de estomas? Explica tu razonamiento.

© Houghton Mifflin Harcourt • Image Credits: ©Biophoto Associates/Science Source. Colorization by: Mary Martin

CUADERNO DE EVIDENCIAS

18. La cebolla del desierto abre sus estomas solo durante la noche para obtener el intercambio de gases necesario. ¿Por qué este comportamiento hace que la planta pueda sobrevivir en su medio ambiente? Anota las evidencias.

Respuesta a la luz y la gravedad

¿Alguna vez has visto a una planta de interior crecer hacia la ventana? Una de las formas en que las plantas responden a su medio ambiente es creciendo hacia una fuente de luz. Este proceso se llama *fototropismo*. Los mensajeros químicos se acumulan en la parte del tallo que recibe sombra. Estos mensajeros hacen que las células crezcan más. Como las células situadas a la sombra crecen más, hacen que el tallo se incline hacia la fuente de luz.

19. ¿Cuál crees que es la ventaja de que la planta crezca hacia la fuente de luz?

El cambio de dirección del crecimiento de la planta causado por la gravedad se llama *gravitropismo* o *geotropismo*. La mayoría de los tallos crece hacia arriba y se aleja de la atracción de la gravedad de la Tierra. La mayoría de las raíces crece hacia abajo y sigue la dirección de la gravedad.

Elaborar explicaciones

20. La presión del agua en los tallos y las hojas hace que la planta se mantenga rígida. Cuando a una planta le falta agua, se marchita. ¿De qué manera pueden contribuir las interacciones de células y tejidos a que la planta se marchite? Explica tu razonamiento.

© Houghton Mifflin Harcourt • Image Credits: (t) ©Cathlyn Melloan/Stone/Getty Images; (b) ©fotosav/ClipDealer LBRF Video/age fotostock

Sigue explorando

Nombre: **Fecha:**

Fíjate en esta opción o conéctate y elige alguna de estas opciones.

Cultivo de plantas en el espacio

- **Prácticas de laboratorio**
- **Alimentar al mundo con menos agua**
- **Busca una opción para ti**

Conéctate y elige alguna de estas opciones.

La Estación Espacial Internacional es un laboratorio de investigación que viaja a 8 km por segundo y orbita la Tierra cada 90 minutos. Los paneles solares brindan electricidad a la estación y los sistemas de soporte vital proveen oxígeno y eliminan los gases no deseados del espacio cerrado. Para obtener agua, se captura y se recicla el vapor de agua que entra en la cabina cuando los miembros de la tripulación exhalan o sudan. Los miembros de la tripulación están investigando cómo plantar cultivos en la estación espacial con la esperanza de poder tener alimentos frescos disponibles durante largos períodos de tiempo en el espacio.

Un astronauta cosecha lechuga romana roja. Estas plantas se cultivaron a partir de la semilla en la cámara de cultivo de la estación.

© Houghton Mifflin Harcourt • Image Credits: ©Science Source

Sigue explorando

1. Una de las respuestas de las plantas al medio ambiente es crecer según la gravedad, a lo que se denomina *gravitropismo*. Las raíces crecen en dirección a la atracción gravitacional (hacia abajo). Los tallos crecen en dirección opuesta a la atracción gravitacional (hacia arriba). En la estación espacial, la fuerza de gravedad es muy débil. A esto se lo denomina microgravedad.
¿Cómo afectaría la microgravedad al crecimiento de las plantas en la estación espacial? Elige todas las respuestas correctas.
   A. Las raíces y los tallos de una planta cultivada en el espacio podrían tener una longitud y forma diferentes de las de la misma planta cultivada en la tierra.
   B. La planta no podría absorber ni transportar agua y nutrientes por la microgravedad.
   C. La planta no podría responder a la luz por la microgravedad.

2. Uno de los mayores desafíos que presentan los viajes espaciales de larga duración es contar con la cantidad suficiente de agua dulce. Esta se debe reciclar y usar con moderación para que la tripulación tenga la cantidad necesaria para beber y bañarse. ¿Qué tipos de plantas de la Tierra serían buenas alternativas como fuente de alimento en la estación espacial? Elige todas las opciones correctas.
   A. plantas que viven en zonas de vegetación densa y que están adaptadas a crecer en espacios pequeños
   B. plantas que viven en zonas secas y que están adaptadas a condiciones de sequía
   C. plantas que viven en zonas con sombra y que están adaptadas a tener muy poca luz

3. ¿Crees que las plantas pueden realizar la fotosíntesis en la estación espacial? Explica por qué.

© Houghton Mifflin Harcourt

4. **Colaborar** Trabaja en equipo para investigar el crecimiento de las plantas en el espacio. También puedes averiguar más acerca de la huerta de la Estación Espacial Internacional. Describe las evidencias que los investigadores han reunido para responder sus propias preguntas. Trabaja en equipo para elaborar una pregunta que les gustaría hacer sobre el cultivo de plantas en el espacio. Describe las evidencias que necesitarías para responder la pregunta.

¿Puedes explicarlo?

Nombre: **Fecha:**

¿Cómo hace la cebolla del desierto para crecer en las duras condiciones del Desierto de Namib?

CUADERNO DE EVIDENCIAS

Consulta las anotaciones de tu Cuaderno de evidencias para explicar cómo hace la cebolla del desierto para sobrevivir en el Desierto de Namib.

1. Haz una afirmación. Asegúrate de que la afirmación incluya todos los órganos y sistemas de órganos que participan en las funciones que le permiten sobrevivir a la planta.

2. Resume las evidencias que reuniste para justificar tu afirmación y explicar tu razonamiento.

© Houghton Mifflin Harcourt Publishing Company • Image Credits: ©Zdenek Maly/Alamy

Ejercicios de revisión

Responde las siguientes preguntas para comprobar si entendiste bien la lección.

Observa la fotografía y responde las Preguntas 3 y 4.

3. Los nopales viven en hábitats cálidos y secos. Las púas son hojas que se han modificado y no tienen estomas. Los tallos verdes del cactus almacenan agua y están cubiertos de estomas. Lo más probable es que la fotosíntesis de los nopales ocurra en las púas / los tallos.

4. ¿Qué enunciado describe mejor la relación entre estructura y función en el nopal? Elige todas las respuestas correctas.

A. Los tallos son amplios para obtener más luz solar.

B. Las púas son finas porque no tienen estomas.

C. Las púas protegen al tallo de los animales que intentan comerse al cactus.

D. Los tallos son amplios para poder almacenar una mayor cantidad de agua.

Observa la fotografía y responde las Preguntas 5 y 6.

Este manglar rojo tiene raíces especializadas, llamadas raíces de apoyo, que se extienden por encima del suelo.

5. Las raíces especializadas del manglar permiten que el árbol se fije / flote en el suelo arenoso. Las partes que están fuera del agua brindan oxígeno / luz solar a las raíces que están bajo el agua.

6. El manglar vive en condiciones salinas, donde la mayoría de las plantas no podría sobrevivir. ¿Cómo hace el manglar para tolerar este medio ambiente?

A. El manglar necesita más sal que otras plantas para vivir.

B. El manglar elimina la sal a través de las hojas.

C. Los animales que viven sobre el árbol se comen la sal.

D. El manglar no crece tan bien como los árboles que no viven en condiciones salinas.

© Houghton Mifflin Harcourt • Image Credits: (b) ©Amanda Cotton/iStock/Getty Images Plus/Getty Images; (tr) ©Aaron Wagner/EyeEm/Getty Images

Repaso interactivo

Completa esta sección para repasar los conceptos principales de la lección.

Los organismos vegetales están compuestos por células que forman tejidos, órganos y sistemas de órganos.

A. Describe por qué es necesario que los niveles de organización del organismo vegetal interactúen para que el sistema funcione.

Los organismos vegetales son sistemas que realizan todas las funciones necesarias para que la planta viva.

B. Dibuja Haz un diagrama para explicar cómo el sistema de raíces y el sistema de vástago trabajan en conjunto para proveer a la planta de alimento, agua y nutrientes del suelo.

Los sistemas de los organismos vegetales responden al medio ambiente.

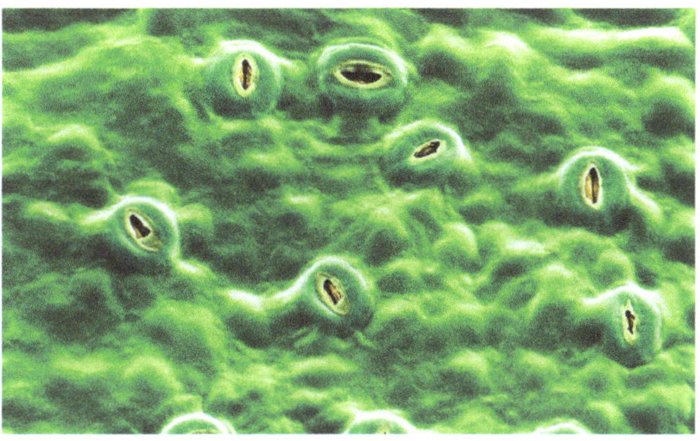

C. Describe las relaciones de causa y efecto entre las condiciones del medio ambiente, como la luz, y la respuesta de la planta a la luz.

© Houghton Mifflin Harcourt • Image Credits: (l) ©David & Micha Sheldon/Radius Images/ Getty Images; (c) ©Mihail Zhukov/Alamy; (b) ©Biophoto Associates/Science Source. Colorization by: Mary Martin

LECCIÓN 3

Los organismos animales son sistemas

© Houghton Mifflin Harcourt • Image Credits: ©J Dennis Nigel/Getty Images

El pangolín es el único mamífero que tiene escamas. Las escamas lo protegen de depredadores como los leopardos y las hienas.

Al final de esta lección...
podrás evaluar cómo los animales satisfacen sus necesidades de supervivencia mediante sistemas que trabajan en conjunto.

Conéctate para ver la versión digital de la Práctica de laboratorio de esta lección y descargar recursos adicionales.

¿PUEDES EXPLICARLO?

¿Cómo hace el nautilo para moverse y para atrapar alimento?

El nautilo, que puede crecer hasta 25 cm, es tan pequeño que cabe en los bordes de una hoja de papel. El nautilo habita cerca de los arrecifes de coral tropicales y se alimenta de peces, camarones, cangrejos y restos de animales muertos.

Los registros fósiles muestran que los nautilos han vivido en los océanos durante aproximadamente 500 millones de años y presentan muy pocos cambios en su estructura corporal. Tienen tentáculos, al igual que los calamares y los pulpos, que son sus parientes. Pero, a diferencia de ellos, el nautilo tiene casi 100 tentáculos. Sus tentáculos no tienen ventosas, sino rugosidades. Bajo los tentáculos, tiene un sifón que lanza chorros de agua. El sifón es flexible y le permite disparar los chorros de agua en muchas direcciones. Otra característica importante del nautilo es que tiene una estructura parecida a la del pico del loro.

1. Piensa en otro animal que tenga tentáculos o pico. ¿Cómo usa estas estructuras para moverse y para atrapar su alimento?

© Houghton Mifflin Harcourt • Image Credits: ©Wilfred Y Wong/Photographer's Choice RF/ Getty Images

CUADERNO DE EVIDENCIAS Mientras trabajas con la lección, reúne evidencias para explicar cómo funcionan los sistemas corporales del nautilo.

Comparar los sistemas corporales de los animales

Cuando pensamos en animales, se nos vienen a la cabeza aquellos que tienen plumas y pelo, pero las esponjas, los corales y los gusanos también son animales. Los animales viven en la tierra, debajo de la tierra, en agua dulce y en agua salada; viven en casi todos los lugares de la Tierra donde haya vida. ¡Algunos animales incluso viven dentro de otros animales o encima de ellos!

El cuerpo animal

Los cuerpos de los animales varían en forma y tamaño, pero tienen algunas características en común. Todos los animales son multicelulares. Los animales tienen cuatro tipos de tejido básicos: nervioso, epitelial, conjuntivo y muscular. El tejido nervioso funciona como un sistema de mensajería dentro del cuerpo. El tejido epitelial protege y establece límites, y lo encontramos en órganos como la piel. El tejido conjuntivo, que incluye los huesos y la sangre, mantiene a las partes del cuerpo unidas y brinda soporte. El tejido muscular produce el movimiento.

Los órganos de los animales están compuestos por dos o más de estos tipos de tejido. Por ejemplo, el corazón humano está compuesto por el tejido muscular, el nervioso y el epitelial. Los órganos están organizados en sistemas que cumplen funciones específicas, como la digestión del alimento o la distribución de oxígeno. Los tipos de tejidos, órganos y sistemas de órganos presentes en un animal dependen del tipo de animal y de sus necesidades.

2. **Comenta** Observa las fotos y lee las leyendas para aprender sobre los animales que aparecen en el cuadro. Con un compañero, elige dos de esos animales y compáralos y contrástalos en el diagrama de Venn.

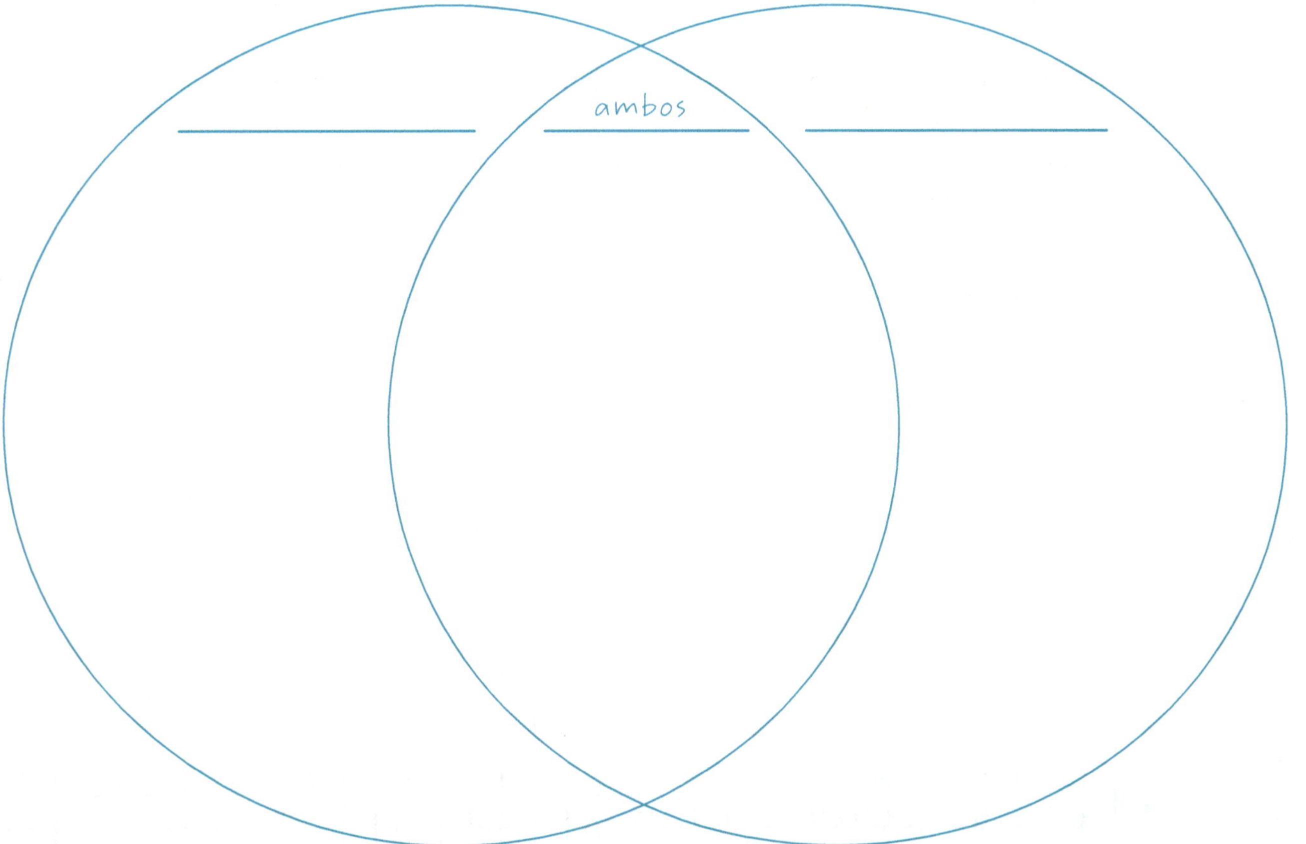

© Houghton Mifflin Harcourt

Diversidad animal

Los animales se clasifican en al menos 30 grupos, llamados *filos*. Los nueve filos que están en el cuadro contienen la mayoría de los animales que existen actualmente en la Tierra.

Esta **esponja barril** pertenece al filo Porifera. Habita en arrecifes de coral y otras aguas oceánicas poco profundas. Las esponjas no tienen boca. Lo que hacen es filtrar las partículas de alimento del agua que pasa a través de su cuerpo.

El filo Cnidaria incluye las anémonas, los corales y las **medusas**, como la que se ve aquí. Los cuerpos de las medusas solo están compuestos por tejidos blandos. Tienen una abertura que permite la entrada de alimento y la salida de los desechos.

Este animal, llamado **gusano plano,** pertenece al filo Platelmintos. Los platelmintos tienen un sistema muscular muy bien desarrollado, pero no poseen sistema circulatorio, respiratorio ni esquelético especializados.

A los miembros del filo Nematoda comúnmente se los denomina *nematodos* o **gusanos redondos.** Los nematodos no tienen un sistema corporal que les permita mover los nutrientes y el oxígeno a través de su cuerpo. En vez de eso, los nutrientes se distribuyen en la cavidad de su cuerpo redondeado.

Los animales del filo Mollusca habitan en la tierra, en aguas dulces y en el océano. Los caracoles, las babosas, los calamares, los pulpos y los nautilos son moluscos. Este **calamar ovalado** se mueve mediante la propulsión de un chorro: expulsa chorros de agua a través de una estructura tubular llamada *sifón*.

Entre los animales que forman parte del filo Annelida está la **lombriz.** El cuerpo de las lombrices está lleno de líquido. Para moverse, manipulan la presión de los líquidos que están en la cavidad y así producen fuerza.

La mayor parte de los animales del filo Arthropoda son insectos. Las arañas, los escorpiones y los cangrejos, como este **cangrejo de roca rojo,** también son artrópodos. Todos los artrópodos tienen un esqueleto externo, llamado *exoesqueleto*.

Los miembros del filo Echinodermata viven en agua salada. Los equinodermos incluyen a los erizos de mar, los dólares de arena, las estrellas y los pepinos de mar. Los equinodermos tienen muchas formas, pero muchos tienen cinco partes alrededor de un punto central, como esta **estrella de mar.**

Los animales del filo Chordata incluyen aves, reptiles, peces, anfibios y mamíferos, como este **okapi.** Todos los cordados tienen cabeza, cola, médula espinal y simetría bilateral (el costado derecho e izquierdo son idénticos).

© Houghton Mifflin Harcourt • Image Credits: (tl) ©Peter Fields/Alamy; (tc) ©Justin Lewis/Image Source/Corbis; (tr) ©Divography/iStock/Getty Images Plus/Getty Images; (cl) ©Steve Gschmeissner/Science Photo Library/Getty Images; (c) ©Tim Laman/National Geographic/Getty Images; (cr) ©D. Kucharski K. Kucharska/Shutterstock; (bl) ©MindStorm/Shutterstock; (bc) Stockbyte/Getty Images; (br) ©Heather Robertson/iStock/Getty Images Plus/Getty Images

Funciones de los cuerpos animales

Los cuerpos animales son sistemas que realizan todas las funciones vitales necesarias. Los sistemas corporales animales descomponen el alimento para obtener energía, brindan oxígeno a las células y eliminan los desechos. Hacen que los animales puedan moverse, responder a su medio ambiente y reproducirse.

Digerir alimentos y eliminar desechos

Los animales se alimentan de otros organismos para obtener energía y nutrientes. El **aparato digestivo** descompone el alimento que usa el cuerpo para obtener energía, crecer y repararse. Gracias a los dientes y otras estructuras especializadas los animales pueden descomponer alimentos de forma mecánica. Las enzimas digestivas en la saliva y en el estómago descomponen los alimentos químicamente. El aparato digestivo también elimina los desechos sólidos producidos por la digestión.

Los animales necesitan eliminar otros desechos como el exceso de agua, el dióxido de carbono y las toxinas producidas por los procesos celulares. El **aparato excretor** elimina los desechos líquidos del cuerpo. La piel, los pulmones y los riñones son órganos que le permiten al cuerpo eliminar los desechos. Por ejemplo, el exceso de sales se libera a través de la piel mediante la transpiración. Los desechos de la sangre se filtran en los riñones. Cuando espiras, o exhalas, liberas dióxido de carbono y vapor de agua de tus pulmones.

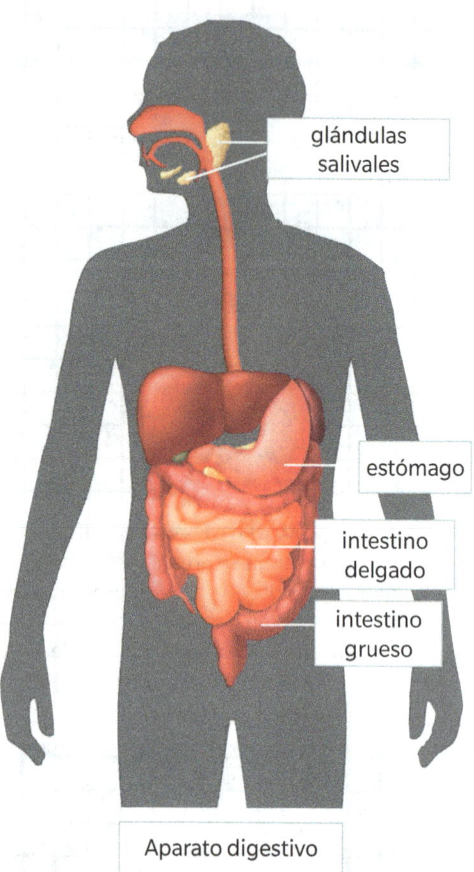

Aparato digestivo

La relación entre la dieta y la forma de los dientes

La foca cangrejera es un mamífero acuático que se alimenta del kril, pequeños crustáceos parecidos a los camarones. Filtra el krill del agua a medida que nada. El tiburón tigre es un feroz depredador que se alimenta de una amplia variedad de presas. Su gran mandíbula y su fuerte mordida pueden penetrar el duro caparazón de la tortuga marina.

3. ¿Qué dientes crees que le pertenecen a la foca cangrejera y cuáles al tiburón tigre? Escribe el nombre en el recuadro. Escribe el nombre del animal correcto bajo las fotos.

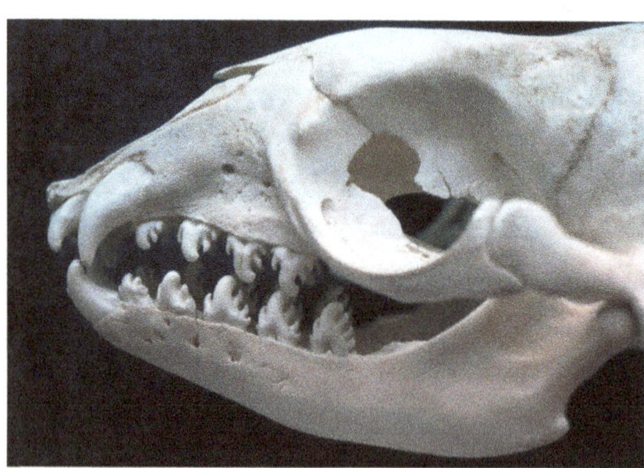

© Houghton Mifflin Harcourt • Image Credits: (l) ©Pat Morris/ardea.com; (r) ©Matthew R. McClure/Shutterstock

Distribución de oxígeno y nutrientes

La mayoría de los animales necesita oxígeno para vivir. Las células animales usan oxígeno para liberar la energía de los alimentos. El **aparato respiratorio** absorbe oxígeno y libera dióxido de carbono. Según el tipo de animal, el oxígeno puede entrar en el cuerpo a través de la piel, los pulmones, las branquias u otros órganos especializados. El oxígeno puede transportarse directamente a los tejidos y células del cuerpo, o puede trasladarse al sistema circulatorio. El **sistema circulatorio** transporta oxígeno, agua y nutrientes a todas las células del cuerpo. En algunos animales, como los mamíferos, el sistema circulatorio incluye dos subsistemas: el sistema cardiovascular y el sistema linfático. El sistema cardiovascular está compuesto por el corazón y los vasos sanguíneos. El corazón actúa como una bomba y mueve la sangre a través de los vasos sanguíneos del cuerpo. El sistema linfático transporta fluidos que le permiten al cuerpo combatir infecciones.

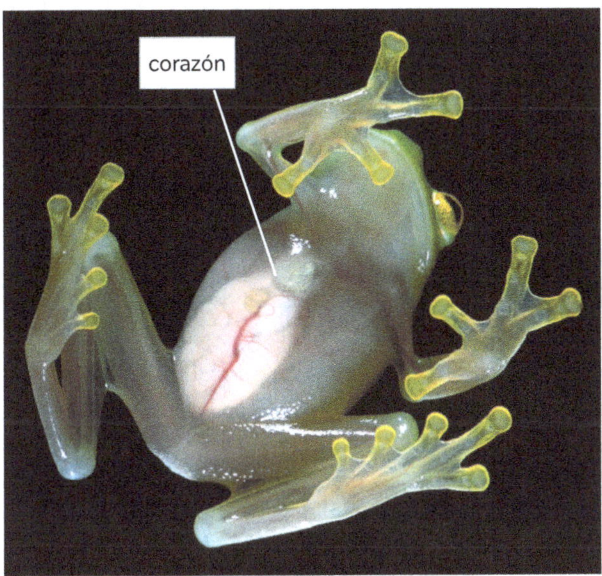

Las ranas tienen sistema circulatorio y aparato respiratorio, pero también pueden absorber oxígeno por la piel.

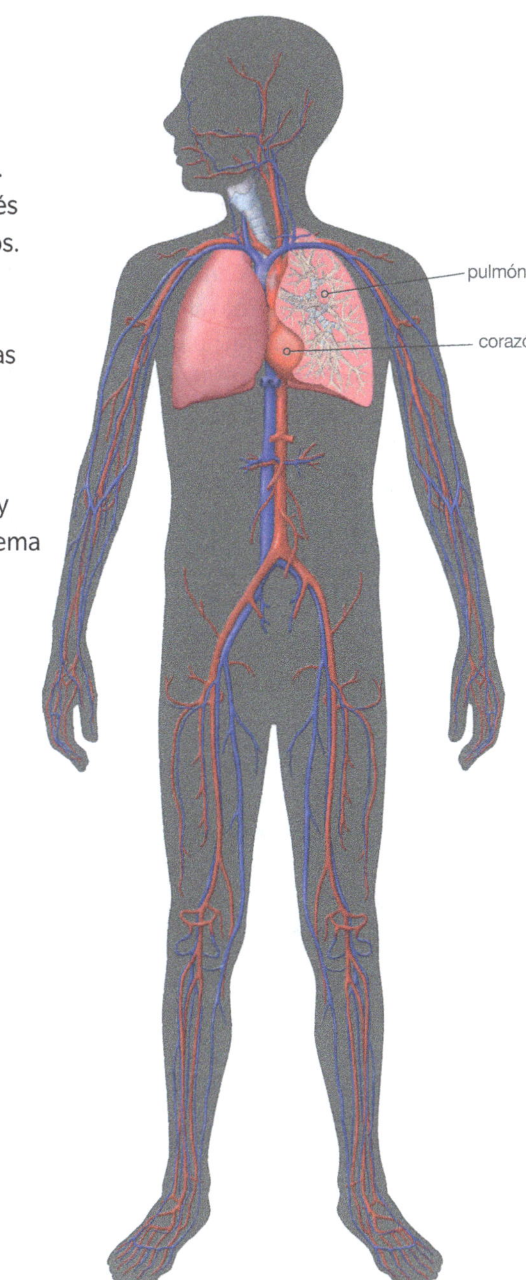

Sistema cardiovascular

4. La rana tiene una capa de agua debajo de la piel que absorbe el oxígeno del aire o el agua y lo traslada hasta los vasos sanguíneos que están en la superficie de la piel. ¿Cómo puedes relacionar esta función con el hecho de que las ranas son muy sensibles a la contaminación ambiental?

© Houghton Mifflin Harcourt • Image Credits: ©Gregory G. Dimijian/Science Source

Movimiento y soporte

Todos los animales pueden moverse en algún momento de su ciclo de vida. El **sistema muscular** es un sistema corporal que permite el movimiento interno y externo de un animal. La mayoría de los animales usa músculos para moverse, pero algunos usan otras estructuras corporales, como los cilios, que parecen cabellos.

Los músculos se conectan con el esqueleto para producir movimiento. El esqueleto animal puede estar compuesto por huesos u otras estructuras duras, como púas o cristales. El esqueleto puede ser externo, como el exoesqueleto de los insectos. El sistema esquelético interno, o endoesqueleto, es una estructura que brinda soporte para el cuerpo.

Esta cigarra azul emerge de su exoesqueleto para comenzar la siguiente fase de su ciclo de vida.

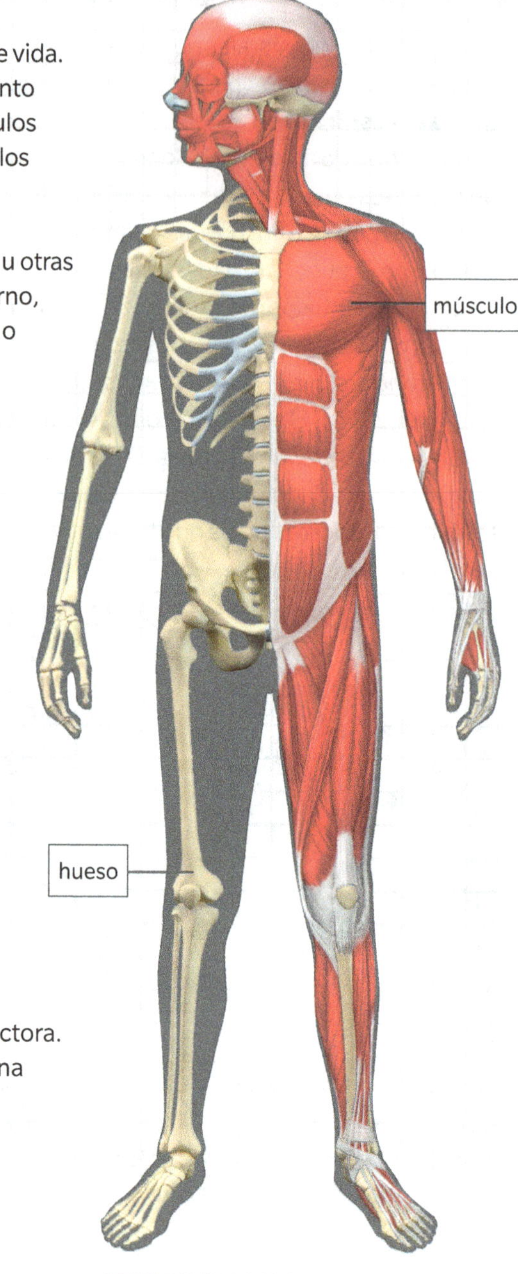

Sistemas esquelético y muscular

5. El exoesqueleto le brinda al insecto una armadura rígida y protectora. Más allá de la protección, ¿por qué el exoesqueleto podría ser una desventaja para el crecimiento y el movimiento?

El procesamiento de la información

Todos los animales deben poder detectar las condiciones de su medio ambiente para reaccionar según corresponda. El **sistema nervioso** reúne y procesa información. El sistema nervioso de la mayoría de los animales es una red de nervios ramificados que transmite mensajes entre el cerebro y otras partes del cuerpo. En algunos animales, el cerebro es simplemente un conjunto de células nerviosas pero, en otros, es complejo y está compuesto por muchas estructuras que trabajan en conjunto.

Los animales usan una variedad de estructuras para recopilar información del medio ambiente. Los ojos y los oídos son los órganos que nos resultan más conocidos, pero los animales también usan los pelos, la piel y las antenas para obtener información. ¡Las mariposas sienten el gusto a través de las patas y las serpientes huelen con la lengua!

© Houghton Mifflin Harcourt • Image Credits: ©George Grail/National Geographic Magazines/Getty Images

CUADERNO DE EVIDENCIAS

6. El nautilo no tiene esqueleto pero sí una concha externa que se puede cerrar completamente. Absorbe agua dentro de una cavidad situada en la concha y luego la expulsa mediante el sifón muscular. Escribe cómo crees que el cuerpo del nautilo le brinda soporte y movimiento.

Analiza la estructura y la función de la respiración en los insectos

Los insectos intercambian gases con el medio ambiente mediante tubos de aire internos, llamados *tráqueas*. Estos tubos se ramifican hacia todas las partes del cuerpo del insecto y transportan el oxígeno directamente a los tejidos. Las tráqueas se conectan con el aire exterior mediante orificios pares, llamados *espiráculos*, ubicados en los segmentos del cuerpo del insecto. Las válvulas musculares controlan la apertura y el cierre de los espiráculos. Los insectos que son activos y que necesitan más oxígeno pueden hacer movimientos con el abdomen para bombear el aire y así permitir que entre y salga en mayor cantidad.

Los espiráculos de la oruga de la polilla imperial son aperturas redondas ubicadas a lo largo de los segmentos corporales.

7. El sistema circulatorio de los insectos transporta agua, nutrientes y desechos, pero no transporta oxígeno. ¿Por qué no?

A. Las tráqueas se conectan con el sistema circulatorio del cuerpo del insecto.

B. El cuerpo del insecto absorbe oxígeno de los nutrientes y el agua.

C. Las tráqueas transportan el oxígeno directamente a todos los tejidos del cuerpo del insecto.

8. Los espiráculos pueden estar cubiertos de pelos o púas. ¿Cómo se relaciona esta estructura con su función?

© Houghton Mifflin Harcourt • Image Credits: ©George Grall/National Geographic/Getty Images

Analizar las interacciones de los sistemas corporales animales

Los sistemas corporales animales interactúan para realizar funciones

Los animales necesitan hallar y comer alimentos, moverse y responder al medio ambiente. También necesitan mantener condiciones internas estables, como la temperatura. Los sistemas corporales realizan estas funciones, pero no de forma aislada. Para que un animal esté saludable, sus sistemas corporales deben trabajar en conjunto. Por ejemplo, muchos sistemas trabajan con el aparato digestivo para brindar nutrientes a las células. El sistema nervioso envía señales a los músculos de los órganos digestivos para que se contraigan y se relajen, de forma que rompan el alimento y lo muevan a través del aparato digestivo. La sangre lleva las partículas del alimento digerido desde el aparato digestivo hasta todas las células del cuerpo.

El pez loro vive en los arrecifes de coral y sus alrededores. Se lo llama de esta manera porque la estructura de su mandíbula se parece al pico de un loro. Este pez usa las estructuras que conforman el pico para raspar las algas de los arrecifes de coral.

9. ¿Qué sistemas corporales crees que trabajan en conjunto en las etapas del proceso de digestión descrito debajo? Escribe los sistemas en el cuadro.

Proceso	Sistemas
masticación del alimento	
movimiento del alimento a través del cuerpo	
absorción y transporte de nutrientes	
eliminación del dióxido de carbono	

© Houghton Mifflin Harcourt • Image Credits: ©Nature/UIG/Universal Images Group/Getty Images

CUADERNO DE EVIDENCIAS

10. El nautilo tiene tentáculos rugosos y un poderoso pico parecido al de un loro. Su visión es pobre y caza principalmente de noche. Describe cómo crees que las estructuras de su cuerpo le permiten atrapar su presa y alimentarse. ¿Qué estímulos sensoriales crees que usa?

Las ballenas y sus salidas a la superficie

Las ballenas son mamíferos acuáticos que tienen un comportamiento particular: *emerger a la superficie,* lo que significa que salen del agua de un salto, giran, caen y salpican ruidosamente.

Artes del lenguaje

Detecta los pasos de una respuesta animal

Los científicos tienen varias ideas que explican por qué estos animales se comportan así. Pueden estar comunicándoles un cambio de ruta a otras ballenas de la manada, reclamando territorio, atrayendo a una pareja, quitándose parásitos, ¡o solo estar divirtiéndose! Algunas veces los científicos no tienen la explicación de un fenómeno. En estos casos, es importante que consideren todas las causas posibles y que mantengan la mente abierta cuando se les presente nueva información.

11. Elige una de las ideas que explican por qué las ballenas emergen a la superficie. Escribe una secuencia detallada de sucesos que describan cómo interactúan los sistemas corporales cuando la ballena emerge.

© Houghton Mifflin Harcourt • Image Credits: ©Robert Harding/Photolibrary Video/Getty Images

Respuesta al medio ambiente

12. Los órganos sensoriales en el sistema nervioso animal son los que detectan cambios en el medio ambiente. Estos cambios se comunican a otros sistemas corporales para que puedan generar una respuesta. Usa tus observaciones y las descripciones de los animales para explicar el órgano sensorial usado y las respuestas de cada animal.

 Este serval caza roedores que corren por el césped.	 Esta mariposa de seda macho puede percibir concentraciones muy pequeñas de los compuestos químicos emitidos por una hembra.	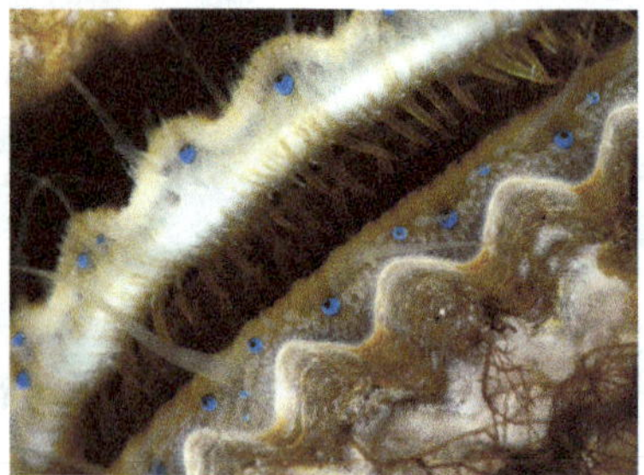 Esta vieira está atenta a la sombra de los depredadores, como las estrellas de mar.
Órgano sensorial:	Órgano sensorial:	Órgano sensorial:
Respuesta:	Respuesta:	Respuesta:

13. Nombra algo que te haga reaccionar en tu medio ambiente. ¿Cómo lo detectas? ¿Cómo trabajan tus sistemas corporales en conjunto para responder?

© Houghton Mifflin Harcourt • Image Credits: (l) ©John Warburton-Lee/Getty Images (c) ©Nigel Cattlin/Alamy; (r) ©Ken Read/Getty Images

Práctica de laboratorio

Cómo responden los sistemas del cuerpo al ejercicio físico

Vas a hacer ejercicio para medir las respuestas del aparato respiratorio y del sistema cardiovascular.

Cuando haces ejercicio, tus sistemas corporales trabajan en conjunto para responder a las necesidades cambiantes de oxígeno en las células. Los animales necesitan más oxígeno cuando persiguen a su presa, escapan de depredadores y viajan largas distancias.

MATERIALES

- silla u otro lugar para descansar
- un lugar pequeño para hacer ejercicio (por ejemplo, correr en el mismo lugar)
- cronómetro

Procedimiento

PASO 1 Planea cómo medirás tu frecuencia respiratoria y tu pulso antes de hacer ejercicio. Decide cuánto tiempo descansarás antes de recopilar la información.

PASO 2 Mide tu frecuencia respiratoria y tu pulso antes de hacer ejercicio. Anota los datos en la tabla.

PASO 3 Planea cómo medirás tu frecuencia respiratoria y tu pulso después de hacer ejercicio. Piensa qué tipo de ejercicio realizarás y cuánto tiempo.

PASO 4 Sigue el plan que hiciste para ejercitar. Mide tu frecuencia respiratoria y tu pulso después de hacer ejercicio. Anota los datos de 3 pruebas en la tabla.

PASO 5 Repite el proceso dos veces más.

	Antes del ejercicio		Después del ejercicio	
	frecuencia respiratoria	pulso	frecuencia respiratoria	pulso
Prueba 1				
Prueba 2				
Prueba 3				
Promedio				

© Houghton Mifflin Harcourt

Análisis y conclusiones

PASO 6  **Práctica matemática** Calcula el promedio de las tres pruebas. ¿Los valores son iguales en todas las pruebas?

PASO 7 Compara el cambio del pulso con el cambio de la frecuencia respiratoria. ¿Hubo algún cambio más marcado?

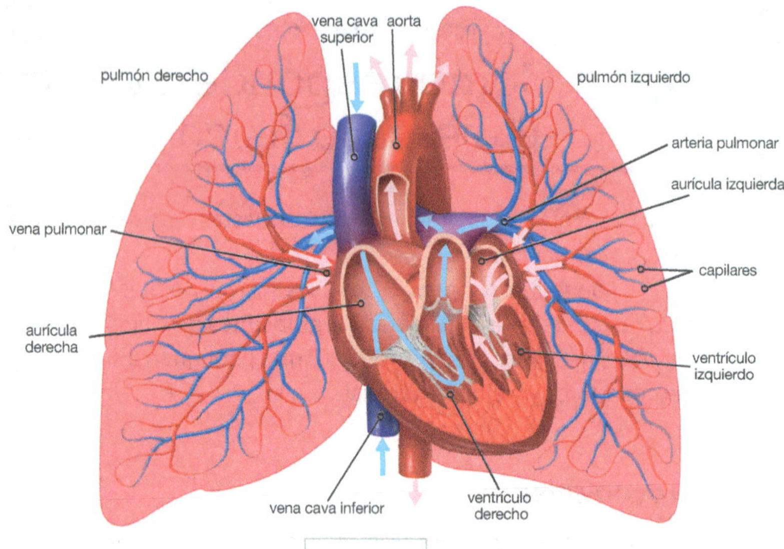

Pulmones

PASO 8 ¿Por qué tus datos brindan evidencias de que los sistemas de órganos trabajan en conjunto para realizar una función vital?

PASO 9 Observa el diagrama que muestra la relación entre el aparato respiratorio y el sistema circulatorio. Usa el diagrama y tus datos para explicar por qué el pulso y la frecuencia respiratoria cambian cuando haces ejercicio.

Este diagrama muestra el camino que recorre la sangre a través del corazón y los pulmones. La sangre se bombea desde el lado derecho del corazón hacia los pulmones. Regresa desde los pulmones al lado izquierdo del corazón. Después, la sangre se bombea desde el lado izquierdo del corazón hacia el cuerpo. Fluye hacia los pequeños capilares, que están en todas las partes del cuerpo, antes de regresar al lado derecho del corazón.

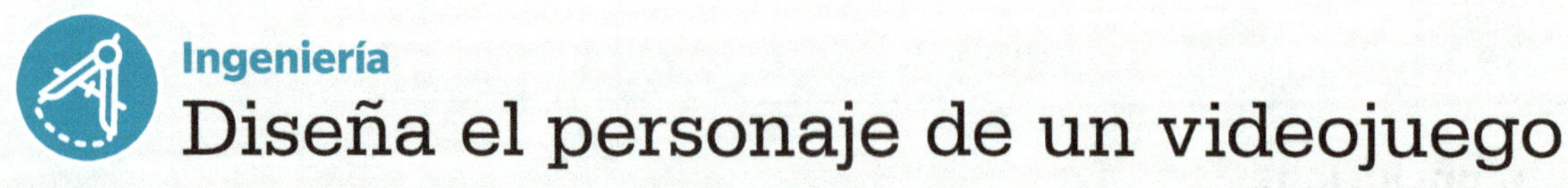

Ingeniería

Diseña el personaje de un videojuego

Eres un diseñador de videojuegos que tiene que desarrollar un nuevo personaje animal. El personaje animal se puede basar en un animal real, pero debería tener al menos dos funciones especiales que tú elijas.

14. Dibuja Planea y dibuja tu animal con materiales para dibujo o herramientas digitales. Asegúrate de incluir por lo menos dos sistemas corporales que interactúen y describe cómo las estructuras corporales se relacionan con las funciones que realiza el animal. Rotula todas las estructuras.

© Houghton Mifflin Harcourt

Sigue explorando

Nombre: **Fecha:**

Fíjate en la siguiente opción o conéctate y elige alguna de estas opciones.

Profesiones de las ciencias

- **Prácticas de laboratorio**
- **Leonardo da Vinci**
- **Busca una opción para ti**

Conéctate y elige alguna de estas opciones.

Zoólogos

La zoología estudia todos los aspectos de los animales, como el comportamiento, la evolución, la clasificación, las estructuras y las funciones, la interacción con los ecosistemas, la interacción con las personas, entre otros. Los animales pueden estudiarse en diferentes niveles. Por ejemplo, los científicos estudian animales en los niveles genético y celular. También estudian a los animales en el nivel del organismo.

Entomología

Los entomólogos estudian a los insectos, como la avispa Eucharitid que se ve aquí. Como la mayor parte de los animales en la Tierra son insectos, los entomólogos estudian un rango de especies y temas muy amplio. Uno de los temas de investigación es la la reproducción de los insectos y su migración. Otras áreas de investigación tienen que ver con la polinización, la agricultura, la ciencia forense y las enfermedades humanas.

1. Si estudiaras un grupo de animales, ¿qué grupo te interesaría más? Explica por qué.

© Houghton Mifflin Harcourt • Image Credits: (r) ©Rundstedt B. Rovillos/Moment/Getty Images

Sigue explorando

Herpetología

Los herpetólogos estudian a los reptiles y a los anfibios, como la rana que se ve aquí. Algunos herpetólogos trabajan en universidades y realizan investigaciones. Otros trabajan en organismos de protección de la vida silvestre o en museos. Un tema de investigación muy interesante es el de la rana de la madera que habita en Norteamérica, que en invierno puede congelarse y seguir viviendo después de descongelarse en primavera. La capacidad de congelar y descongelar tejidos vivos podría aplicarse en el campo de la medicina, por ejemplo, para poder guardar órganos durante más tiempo antes de trasplantarlos.

Ornitología

Los ornitólogos estudian a las aves, como el halcón que se muestra en la imagen. Los ornitólogos trabajan para reunir información sobre determinadas especies y así ayudar a su conservación y la de sus hábitats. En este campo de estudio, los observadores de aves aficionados contribuyen de manera significativa: brindan datos a los ornitólogos profesionales sobre las especies de aves que investigan.

2. La fisiología es el estudio de cómo funcionan los sistemas vivos. ¿Cómo crees que contribuye la zoología al conocimiento de la fisiología humana?

3. Si fueras un herpetólogo que estudia las migraciones de las tortugas, ¿qué preguntas harías para entender cómo y por qué migran las tortugas?

4. Colaborar Trabaja con un compañero para buscar más información sobre un campo de la zoología. También puedes investigar acerca de otra rama de la zoología. Por ejemplo, los mastozoólogos estudian a los mamíferos, como los lobos, los gatos y los roedores. Los primatólogos se centran en los monos y los simios. Los malacólogos estudian a los moluscos, como el nautilo que viste al principio de la lección. Los ictiólogos estudian a los peces y a otra fauna marina. Reúne información relevante de fuentes impresas y digitales. Resume con tus propias palabras los temas de investigación que aprendiste. No olvides citar tus fuentes.

© Houghton Mifflin Harcourt • Image Credits: (t) ©Giofotografia/iStock/Getty Images Plus/Getty Images; (b) ©Michael Sewell/Photolibrary/Getty Images

¿Puedes explicarlo?

Nombre: **Fecha:**

¿Cómo hace el nautilo para moverse y para atrapar alimento?

CUADERNO DE EVIDENCIAS

Consulta las anotaciones de tu Cuaderno de evidencias para explicar cómo los sistemas corporales del nautilo trabajan en conjunto.

1. Haz una afirmación. Asegúrate de que esa afirmación explique bien cómo las estructuras corporales del nautilo satisfacen sus necesidades.

2. Resume las evidencias que reuniste para justificar tu afirmación y explicar tu razonamiento.

© Houghton Mifflin Harcourt • Image Credits: ©Wilfred Y Wong/Photographer's Choice RF/ Getty Images

Ejercicios de revisión

Responde las siguientes preguntas para comprobar si entendiste bien la lección.

Observa la foto y responde las Preguntas 3 y 4.

3. ¿Qué dos sistemas se representan en el modelo?
   - **A.** circulatorio y respiratorio
   - **B.** nervioso y circulatorio
   - **C.** excretor y respiratorio
   - **D.** nervioso y digestivo

4. La sangre viaja a través del sistema circulatorio / excretor hacia los pulmones / riñones, donde interactúa con el sistema digestivo /respiratorio para intercambiar gases.

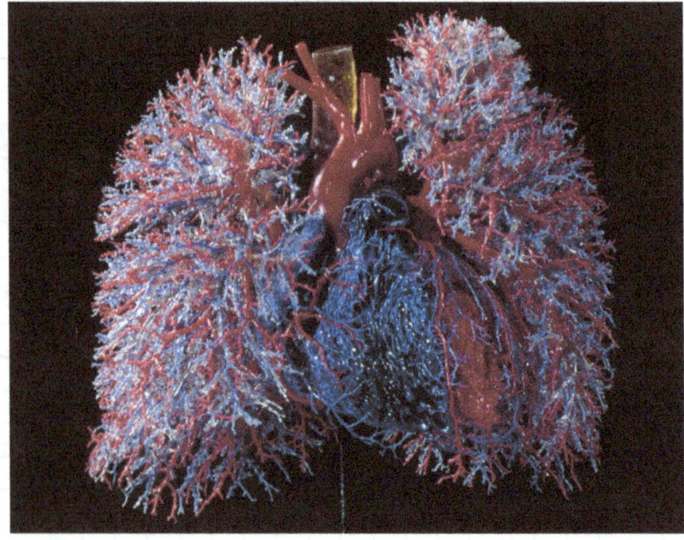

Los vasos sanguíneos, el corazón y los pulmones se rellenaron con un polímero plástico para hacer esta pieza.

Observa la foto y responde las Preguntas 5 y 6.

5. ¿A qué estímulo responde la chita de la foto? Encierra en un círculo todas las opciones correctas.
   - **A.** La chita responde al movimiento del ñu.
   - **B.** La chita responde al hambre que siente dentro de su aparato digestivo.
   - **C.** La chita responde a su temperatura interna.

6. Los cuerpos de estos animales son sistemas complejos compuestos por muchos subsistemas que interactúan entre sí. El sistema excretor / digestivo / muscular mueve el cuerpo de los animales.

   Cuando corren a máxima velocidad, el ñu y la chita usan el sistema digestivo / muscular / nervioso para reunir información de sus alrededores y comunicar estas señales al cuerpo.

   El sistema circulatorio / digestivo / muscular de los animales trabaja para llevar sangre rica en oxígeno a las células de todo su cuerpo. El sistema circulatorio / digestivo / respiratorio incorpora oxígeno al cuerpo y elimina dióxido de carbono.

© Houghton Mifflin Harcourt • Image Credits: (t) ©Clouds Hill Imaging Ltd./Science Photo Library/Getty Images; (b) ©Jonathan & Angela Scott/AWL Images/Getty Images

Repaso interactivo

Responde las siguientes preguntas para comprobar si entendiste bien la lección.

Los cuerpos animales son sistemas que realizan todas las funciones que el animal necesita para sobrevivir.

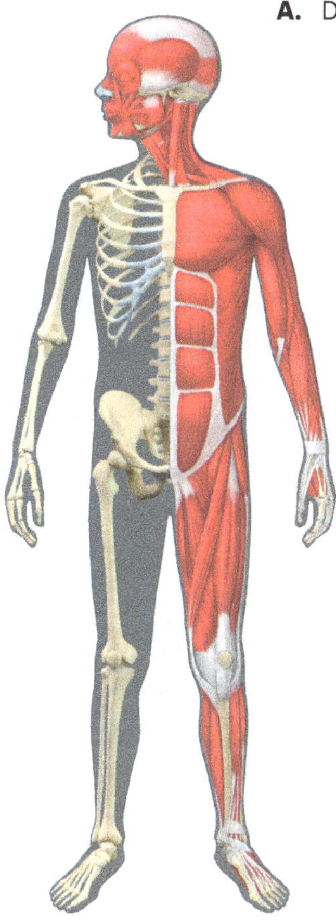

A. Describe las funciones básicas de los sistemas corporales animales.

Los sistemas corporales animales trabajan en conjunto para satisfacer las necesidades de supervivencia del animal.

B. Usa un ejemplo específico para explicar cómo dos o más sistemas corporales interactúan para cumplir una función.

© Houghton Mifflin Harcourt • Image Credits: (b) ©Robert Harding/Photolibrary Video/Getty Images

LECCIÓN 4

Los animales y el procesamiento de información

Los lagartos Ameiva se comunican entre sí mediante señales químicas que detectan con los sistemas sensoriales.

© Houghton Mifflin Harcourt • Image Credits: ©Max Milligan/John Warburton-Lee Photography/Alamy

Al final de esta lección...

podrás explicar la relación que hay entre el procesamiento de información y la conducta animal.

Conéctate para ver la versión digital de la Práctica de laboratorio de esta lección y descargar recursos adicionales.

¿PUEDES EXPLICARLO?

¿Por qué es tan difícil atrapar una mosca?

Las moscas se encuentran en todos los lugares donde haya animales. Se alimentan de basura, estiércol o alimentos que se humedecen, como esta galleta que quedó en la encimera.

© Houghton Mifflin Harcourt • Image Credits: ©BarnabyChambers/istock/Getty Images Plus/Getty Images

1. ¿Alguna vez has intentado aplastar una mosca? Si lo has hecho, sabes que no es fácil. ¿Cómo crees que hace la mosca para anticipar tus movimientos y evitar ser aplastada?

CUADERNO DE EVIDENCIAS Mientras trabajas en la lección, reúne evidencias para explicar cómo las moscas procesan información.

Descripción del procesamiento de información en animales

Piensa en lo que está haciendo tu cuerpo en este mismo momento. ¿Qué puedes ver, sentir, oler y oír? Sin siquiera pensarlo, recibes y procesas información de manera constante. El procesamiento de información te permite responder al medio ambiente, regular los procesos internos del cuerpo, aprender y crear memorias a partir de experiencias.

Las respuestas de los animales al cambio de temperatura

2. Piensa en algo que pueda hacer un animal para refrescarse o calentarse. Anota estas conductas en el recuadro correcto del diagrama de retroalimentación.

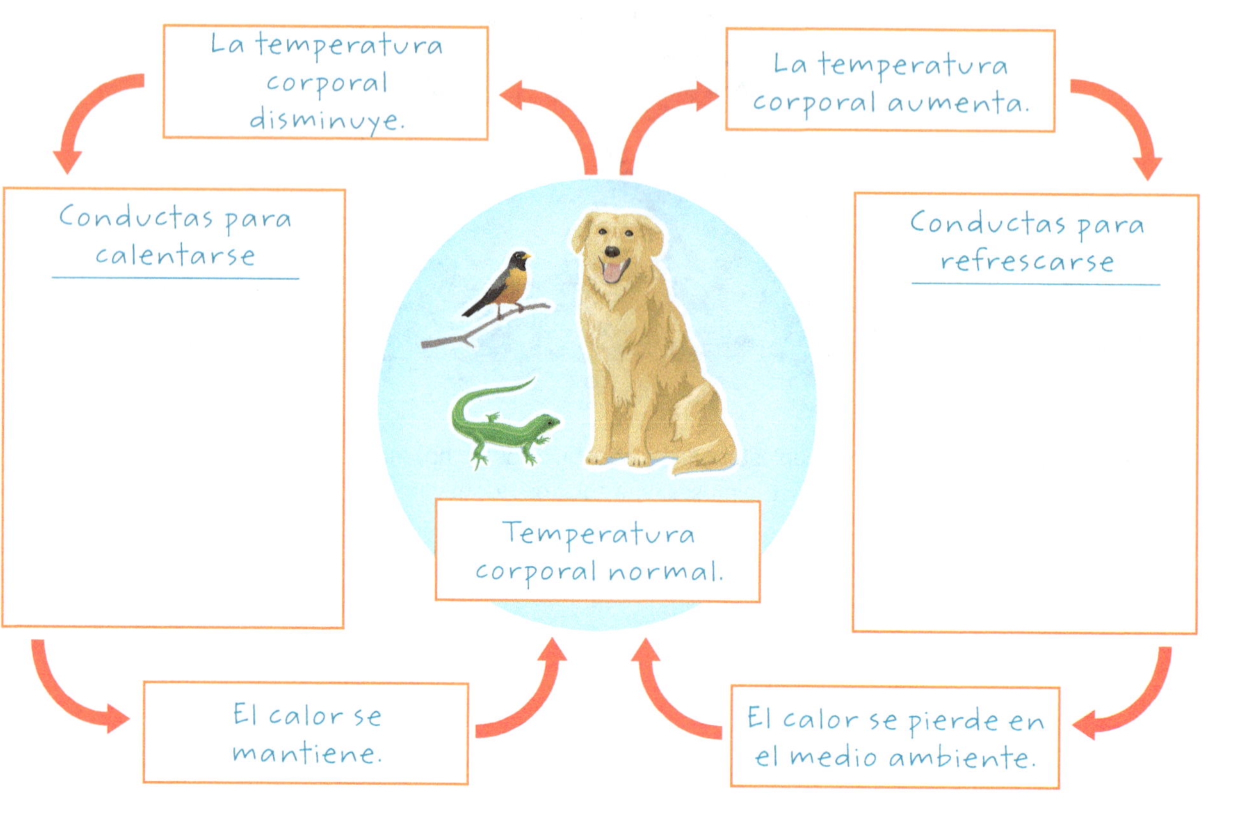

Homeostasis

Para sobrevivir, los animales tienen que reaccionar ante el peligro, responder a la necesidad de alimento y agua y responder a los cambios de temperatura. Estas respuestas mantienen la homeostasis del animal. Cuando el medio ambiente interno y externo cambia, la **homeostasis** es el proceso que mantiene el interior del cuerpo en condiciones estables.

La retroalimentación controla la homeostasis. La *retroalimentación* es un ciclo de sucesos en el que la información de un paso controla o afecta al paso anterior. Puede ser positiva o negativa. La retroalimentación negativa ocurre cuando el cuerpo siente un cambio en su medio ambiente interno y activa procesos que atrasarán o evitarán el cambio. La retroalimentación positiva ocurre cuando el cuerpo activa procesos que incrementan o refuerzan el cambio.

© Houghton Mifflin Harcourt

3. Un perro jadea como respuesta al estímulo del calor. Cuando el perro se refresque, dejará de jadear. El control de la temperatura corporal del perro es un ejemplo de retroalimentación negativa/ positiva.

El perro jadea para refrescarse. El agua se evapora de su boca y se genera una pérdida de calor.

Sentir y transmitir información

Las células especializadas del sistema nervioso de un animal se llaman receptores sensoriales. Los **receptores sensoriales** reúnen información del medio ambiente del animal. Hay muchos receptores sensoriales en los órganos sensoriales (la piel, los oídos, la nariz, la boca y los ojos) aunque también pueden estar en otras partes del cuerpo. Hay distintos tipos de receptores sensoriales que responden a diferentes mensajes del ambiente, como la luz, el calor o la presión. A los mensajes del ambiente se los llama *estímulos*. Por ejemplo, un receptor sensorial puede detectar la presión que ejerce una mariposa cuando se posa en tu dedo. Cuando un receptor sensorial detecta un estímulo, envía esta información al cerebro en forma de energía eléctrica. La información viaja por medio de células especializadas que se llaman *neuronas*.

Un grupo de neuronas traslada la información desde los receptores sensoriales al cerebro. Otro grupo de neuronas lleva la información del cerebro a distintas partes del cuerpo y les dice cómo deben responder.

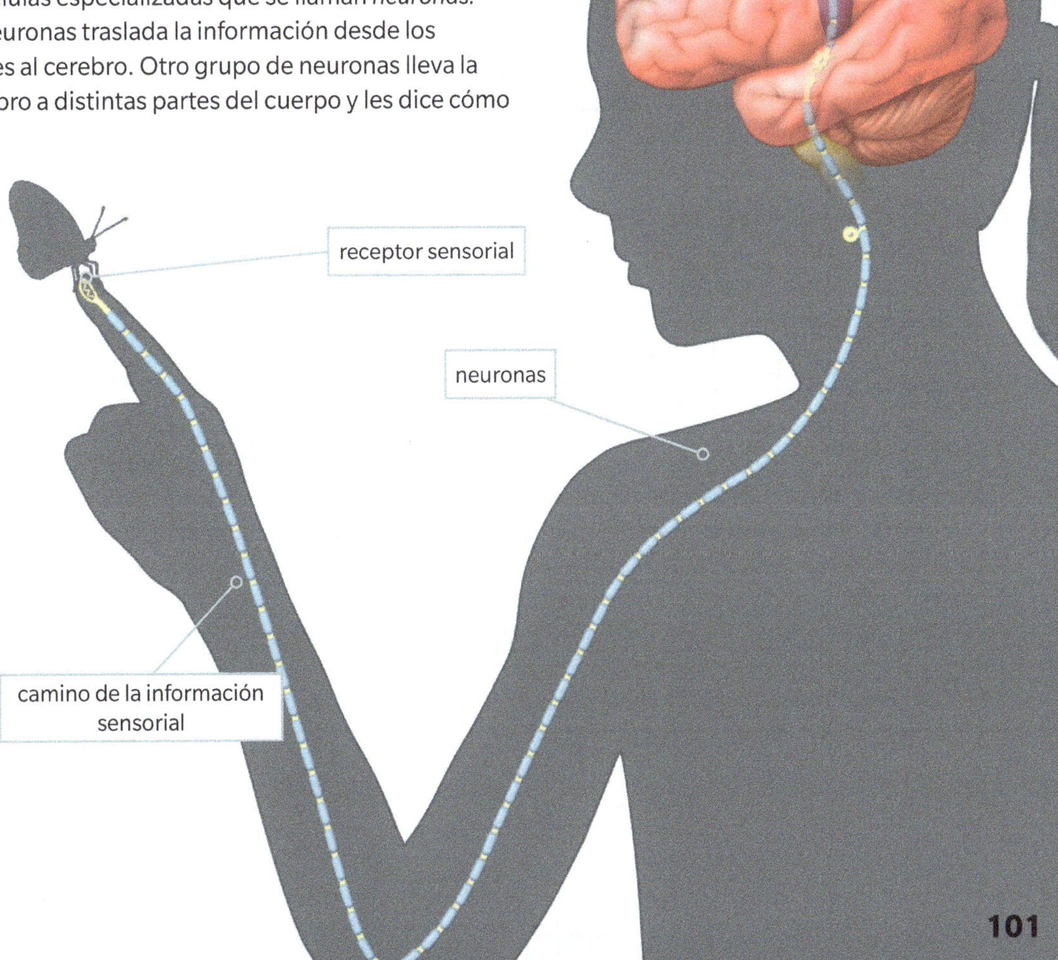

© Houghton Mifflin Harcourt • Image Credits: ©Sean Savery Photography/Moment/Getty Images

Respuestas de los animales a los estímulos del ambiente

4. Lee las siguientes descripciones de los animales. ¿A qué estímulo responde cada animal? Puedes usar más de un estímulo.

luz	olor
movimiento	sonido

	Los aura gallipavos son carroñeros. No cazan el alimento, comen animales muertos.	tipo de estímulo:
	Esta araña envuelve a la presa que quedó atrapada en su red.	tipo de estímulo:
	Los camaleones usan movimientos oculares extremadamente coordinados para focalizar a su presa.	tipo de estímulo:

Tipos de receptores sensoriales

Los receptores sensoriales se pueden organizar según el tipo de estímulo que detectan y al cual responden.

Los *receptores mecánicos* detectan presión, movimiento y tensión. Por ejemplo, los peces tienen un órgano sensorial especializado que detecta vibraciones en el agua, lo que les permite nadar y cazar. Los receptores mecánicos también detectan el movimiento de las ondas sonoras, lo que permite que los animales puedan oír.

Los *receptores químicos* detectan señales químicas, como los olores y los sabores. Los receptores químicos de algunos animales se encuentran en la nariz y en la boca, pero otros los tienen en las antenas o en las extremidades.

Los *receptores electromagnéticos* detectan la radiación electromagnética, como la luz. Estos receptores varían según el tipo de animal, por lo tanto cada animal puede ver partes específicas del espectro electromagnético. Nuestros ojos detectan la luz visible, pero otros animales pueden detectar la radiación infrarroja o la luz ultravioleta.

5. Comenta Trabaja con un compañero para comentar los tipos de receptores que usan los animales en las imágenes de la tabla.

© Houghton Mifflin Harcourt • Image Credits: (t) ©Roger Johnson/Moment/Getty Images; (c) ©LionH/iStockPhoto.com; (b) ©Fedor Selivanov/Alamy

El procesamiento de información sensorial

La mayoría de los animales tiene un cerebro que organiza y procesa la información que obtienen los receptores sensoriales. El cerebro animal puede estar conformado simplemente por un grupo de neuronas o por muchas estructuras que trabajan en conjunto. Los animales procesan la información a diferentes ritmos. Por ejemplo, los insectos que se mueven con rapidez y las aves pequeñas procesan la información visual más rápido que las tortugas laúd. Los insectos y las aves necesitan responder con rapidez para atrapar presas o evitar convertirse en el alimento de sus depredadores. La tortuga laúd se mueve lentamente y se alimenta de medusas que también son lentas. Por lo tanto, no necesita tener un procesamiento visual rápido para sobrevivir.

Áreas principales de la corteza cerebral humana

Tanto la ilustración como la imagen por resonancia magnética (IRM) muestran la corteza cerebral humana.

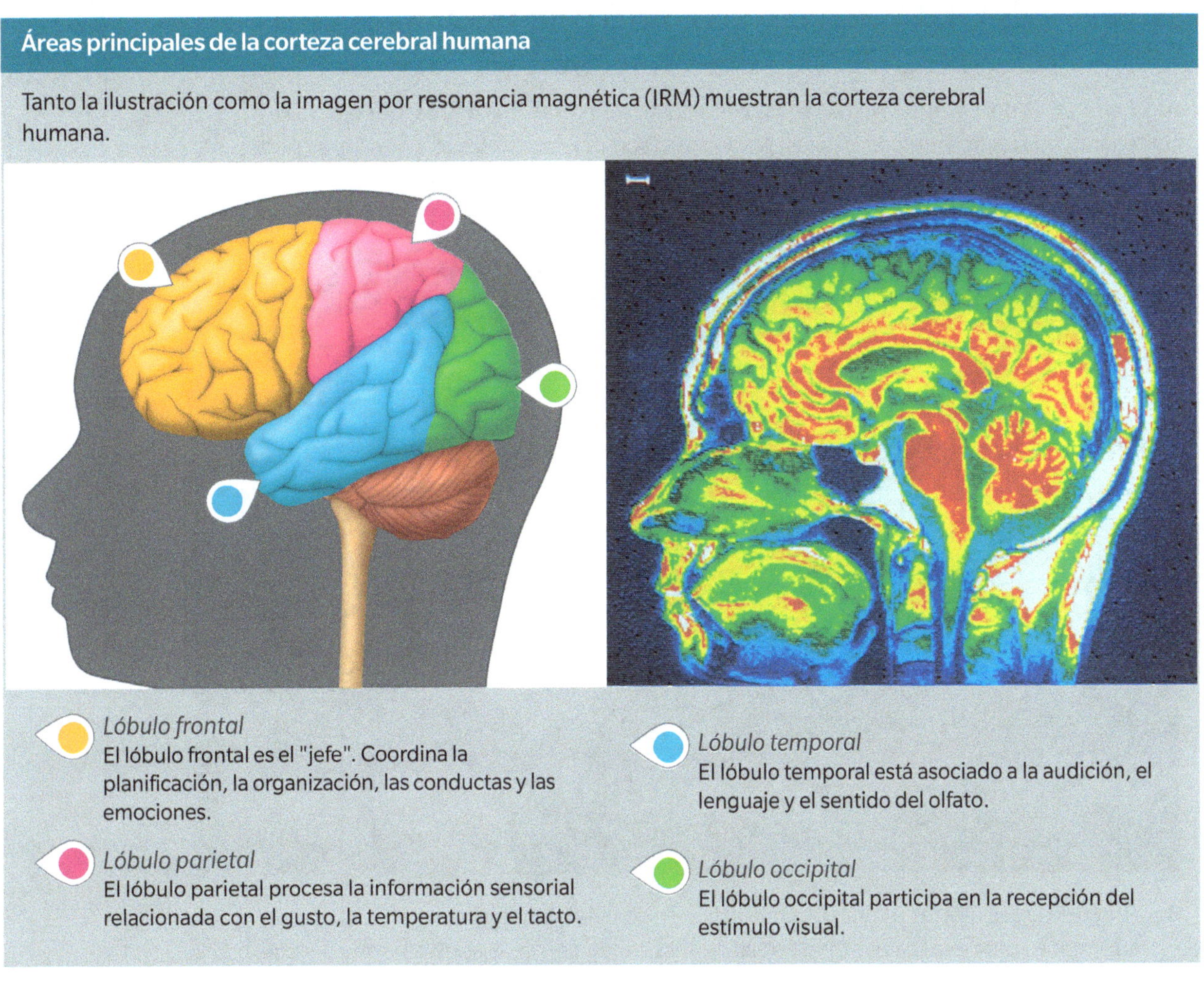

Lóbulo frontal
El lóbulo frontal es el "jefe". Coordina la planificación, la organización, las conductas y las emociones.

Lóbulo parietal
El lóbulo parietal procesa la información sensorial relacionada con el gusto, la temperatura y el tacto.

Lóbulo temporal
El lóbulo temporal está asociado a la audición, el lenguaje y el sentido del olfato.

Lóbulo occipital
El lóbulo occipital participa en la recepción del estímulo visual.

6. ¿Qué le sucedería a una persona si sufriera un daño en el lóbulo temporal del cerebro? ¿Qué mensajes de los receptores sensoriales se verían afectados?

© Houghton Mifflin Harcourt • Image Credits: ©CNRI/Science Photo Library/Getty Images

CUADERNO DE EVIDENCIAS

7. Recuerda la imagen de la mosca que viste al comienzo de esta lección. ¿A qué tipos de estímulos responde la mosca cuando la intentas atrapar? ¿Qué estructuras corporales participan? Anota las evidencias.

Artes del lenguaje

Explicación de los patrones de los receptores sensoriales

Algunas partes del cuerpo son más sensibles al tacto que otras. Los dedos, por ejemplo, tienen muchos receptores sensoriales, por lo tanto son muy sensibles al tacto. Otras partes del cuerpo, como la espalda y la pantorrilla, tienen menos receptores sensoriales y son mucho menos sensibles al tacto.

Los dedos son muy sensibles al tacto porque tienen muchos receptores mecánicos y otros tipos de receptores sensoriales.

8. ¿Por qué crees que las partes del cuerpo tienen sensibilidades diferentes? Escribe un argumento para explicar las diferencias de sensibilidad en las distintas partes del cuerpo.

© Houghton Mifflin Harcourt • Image Credits: ©Herbie Springer/Alamy Images

EXPLORACIÓN 2

Descripción de las respuestas de los animales a la información

Cuando el cerebro recibe mensajes sensoriales, determina qué hacer con la información. Las entradas sensoriales pueden generar una respuesta inmediata y se pueden almacenar en el cerebro para usar en el futuro. Por ejemplo, un animal podría tener la conducta inmediata de escupir una presa con mal gusto. A su vez, podría almacenar esa información en la memoria para evitar a la presa si la viera de nuevo.

9. Observa al león y a los puercoespines. ¿Qué conductas inmediatas podrían tener? ¿Qué información tendrán almacenada en la memoria? Anota las respuestas.

	conducta	memoria
león		
puercoespines		

Conducta

El conjunto de acciones que realiza un organismo en respuesta a los estímulos se llama **conducta**. Los animales tienen conductas para sobrevivir. Algunas conductas animales no requieren aprendizaje ni experiencia. Por ejemplo, las ballenas recién nacidas saben nadar ni bien nacen. Las conductas que no requieren aprendizaje o experiencia se llaman conductas *innatas*. Los animales nacen con estas conductas, pero las mismas se generan por cosas que suceden en el medio ambiente del animal.

Otras conductas se desarrollan mediante los recuerdos, la experiencia y la observación de las acciones de otros animales. Estas conductas que dependen de la memoria son conductas *aprendidas*. Por ejemplo, algunas aves aprenden su canto al escuchar a otras aves. Los animales jóvenes pueden aprender a cazar e incluso a usar herramientas al observar a los adultos.

© Houghton Mifflin Harcourt • Image Credits: ©Tim Jackson/Oxford Scientific/Getty Images

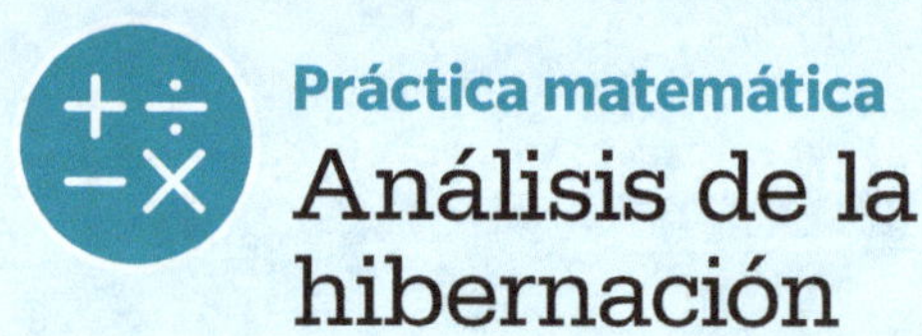

Práctica matemática
Análisis de la hibernación

La hibernación es una conducta que permite que los animales sobrevivan en su hábitat durante el invierno cuando el alimento escasea. Los animales que hibernan almacenan grasa corporal cuando hay mucho alimento. Cuando hay poco alimento, entran en un período de inactividad y sobreviven gracias a la grasa almacenada. La siguiente gráfica muestra la relación entre dos variables, el aumento de peso y el mes del año.

El lirón enano es un roedor pequeño que hiberna aproximadamente seis meses, de otoño a primavera.

10. ¿Cuál es la variable independiente? ¿Cuál es la variable dependiente? Explica cómo sabes cuál es la variable independiente y cuál la dependiente.

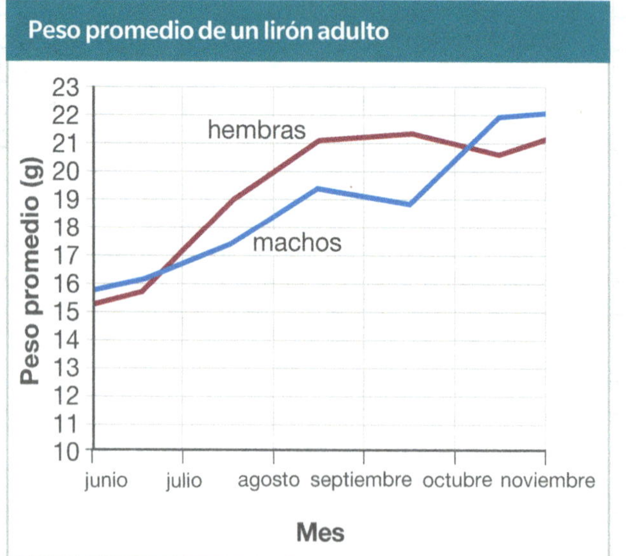

11. ¿Durante qué período tanto los machos como las hembras aumentan de peso con mayor rapidez?

12. Escribe un breve resumen con la explicación de los datos que aparecen en la gráfica.

© Houghton Mifflin Harcourt • Image Credits: ©Nature Picture library/Britain On View/Getty Images

Memoria

La información se puede almacenar en el cerebro como **memoria**. La información que se almacena puede ser un suceso, como un encuentro con un depredador o una presa. Los animales también recuerdan información relacionada con los estímulos sensoriales. La memoria olfativa hace que el animal pueda identificar a su cría o a los miembros de su familia. La memoria visual les recuerda donde están las fuentes de alimento o las rutas de migración. La memoria hace que el animal pueda responder a su medio ambiente de manera más eficiente. Por ejemplo, un animal que recuerda donde está la fuente de alimento tardará menos tiempo en encontrarlo y podrá pasar más tiempo comiendo.

Prácticas de laboratorio

Medir el tiempo de reacción

Medirás el tiempo de reacción que tengas en respuesta a un objeto que se cae y compararás los datos con otros grupos.

Las conductas son el resultado de sistemas que trabajan en conjunto. Para atrapar un objeto, tu cerebro envía un mensaje a los músculos de tu brazo. El tiempo que tarda el mensaje en viajar del cerebro al brazo es el tiempo de reacción.

MATERIALES

- silla
- cinta métrica

Procedimiento y análisis

PASO 1 Alguien debe sentarse en una silla con el brazo extendido como si fuera a dar un apretón de manos. La otra persona debe estar de pie frente a la persona sentada y debe sostener la cinta métrica de forma vertical para que el extremo inferior se encuentre entre el pulgar y el dedo índice de la persona sentada. Observa en qué parte de la escala de la cinta métrica están los dedos pulgar e índice de la persona sentada. Anota los datos en la tabla.

PASO 2 Asegúrate de que el estudiante sentado tenga el pulgar y el índice lo suficientemente separados para que la cinta métrica pueda caer entremedio. La persona que sostenga la cinta métrica debe soltarla sin aviso. La persona sentada debe atrapar la cinta métrica lo más rápido posible. Anota la ubicación del pulgar y del índice de la persona sentada en la escala de la cinta métrica una vez que la haya agarrado.

PASO 3 Determina la distancia de la caída de la cinta métrica y anota los datos en la tabla.

PASO 4 Repite los Pasos del 1 al 3 dos o más veces.

PASO 5 Calcula la distancia promedio de la caída de la cinta métrica en las tres pruebas.

	Posición del dedo antes de la caída (cm)	Posición del dedo al atrapar (cm)	Distancia de la caída de la cinta métrica (cm)
Prueba 1			
Prueba 2			
Prueba 3			

Distancia promedio de la caída de la cinta métrica: ______________

PASO 6 Describe el flujo de información desde los receptores sensoriales hasta la conducta realizada en respuesta. Anota todos los sistemas corporales que participan en la respuesta que pusiste a prueba en esta actividad.

PASO 7 Identifica la causa y el efecto en esta actividad.

© Houghton Mifflin Harcourt

PASO 8 · Compara los datos de tu grupo con los de otro grupo. ¿Cómo eran tus datos en comparación con los otros? ¿Qué factores explicarían las diferencias en los tiempos de reacción?

PASO 9 **Comenta** Probablemente reaccionabas cada vez más rápido a medida que repetías la actividad. Trabaja con un compañero para comentar por qué la memoria y la experiencia te permitían reaccionar más rápido.

CUADERNO DE EVIDENCIAS

13. Vuelve a observar la imagen de la mosca. Cuando intentas aplastar a una mosca, ¿su reacción es rápida o lenta? ¿Qué efecto tendrá la memoria y la experiencia en la reacción de la mosca a largo plazo? Anota las evidencias.

Ingeniería

Comparación del procesamiento de información en sistemas diferentes

Una computadora se usa para reunir, organizar y almacenar información mediante una serie de sucesos que es similar a la forma en que el cerebro de un animal procesa información. Usa lo que has aprendido sobre cómo el cuerpo de un animal procesa la información del ambiente para reflexionar cómo una computadora procesa información.

14. Ordena la secuencia de sucesos y numera cada paso.

_______ La CPU envía una señal a la pantalla

_______ La letra "A" aparece en la pantalla

_______ La unidad central de procesamiento (CPU) procesa información

_______ Alguien presiona la letra "A" en el teclado

_______ La información viaja del teclado al sistema de procesamiento

15. ¿Cuál es la semejanza principal entre el procesamiento de información en un animal y el de una computadora?

© Houghton Mifflin Harcourt

Sigue explorando

Nombre: **Fecha:**

Fíjate en la siguiente opción o conéctate y elige alguna de estas opciones.

Migración

- **Prácticas de laboratorio**
- **Adaptaciones de un órgano sensorial**
- **Busca una opción para ti**

Conéctate y elige alguna de estas opciones.

Los animales recorren grandes distancias en respuesta a los cambios del tiempo en las estaciones y a los cambios en la disponibilidad de alimento. Este tipo de viaje se llama *migración*. La migración es un movimiento estacional de un lugar a otro. Las aves, los mamíferos, los reptiles, los peces e incluso los insectos migran. La migración suele estar relacionada con las necesidades de alimento o de reproducción.

La mariposa monarca viaja de Estados Unidos a México para evitar las frías temperaturas invernales.

En verano, esta ballena gris y su ballenato migran del norte de California a las zonas que tienen alimento en el Ártico.

1. Si pensamos en la migración en términos de causa y efecto, la migración sería el efecto. ¿Cuál es la causa de la migración de la mariposa monarca? ¿Cuál es la causa de la migración de la ballena gris?

© Houghton Mifflin Harcourt • Image Credits: (l) ©Radius Images/Getty Images; (r) ©NOAA/Alamy

Sigue explorando

2. Los científicos no saben con certeza por qué el pequeño gaviotín ártico migra una distancia total de 70,000 km ida y vuelta todos los años. ¿Cuáles de las siguientes crees que sea la causa más probable?

   A. El gaviotín ártico sigue patrones de disponibilidad de alimentos y condiciones de viento favorables, de un polo al otro.

   B. Las corrientes de viento transportan al gaviotín ártico de un polo al otro.

   C. El gaviotín ártico vuela de un polo al otro para encontrar pareja.

La migración del gaviotín ártico es la más larga que se conoce hasta el momento. Va del Polo Sur al Polo Norte, para luego regresar al Polo Sur.

3. Según investigaciones actuales, la memoria olfativa tiene un rol en la migración del salmón y también en las de otros animales. ¿Qué tipo de receptores sensoriales crees que usa el salmón para recorrer su camino de migración? Explica tu respuesta.

El salmón sale del cascarón en agua dulce y luego migra al océano. Cuando está listo para la reproducción, migra nuevamente al agua dulce dónde nació.

© Houghton Mifflin Harcourt • Image Credits: (t) ©Regis Vincent/Photographer's Choice RF/Getty Images; (b) ©Werner Van Steen/The Image Bank/Getty Images

4. **Colaborar** Trabaja con un compañero para investigar el patrón de migración de uno de los animales de la página anterior u otro animal de tu elección. Explica si los científicos están de acuerdo en la causa de migración o si tienen opiniones desencontradas. También describe el papel de la memoria en la conducta. Realicen un resumen visual o un mapa con el patrón de migración.

¿Puedes explicarlo?

Nombre: Fecha:

¿Por qué es tan difícil atrapar a una mosca?

CUADERNO DE EVIDENCIAS

Consulta las anotaciones de tu Cuaderno de evidencias para explicar cómo hace la mosca para evitar que la atrapes.

1. Haz una afirmación. Asegúrate de que esa afirmación incluya toda la información sobre cómo la mosca procesa la información del ambiente.

2. Resume las evidencias que reuniste para justificar tu afirmación y explicar tu razonamiento.

© Houghton Mifflin Harcourt • Image Credits: ©BarnabyChambers/istock/Getty Images Plus/Getty Images

Ejercicios de revisión

Responde las siguientes preguntas para comprobar si entendiste bien la lección.

Observa la imagen y responde las preguntas 3 y 4.

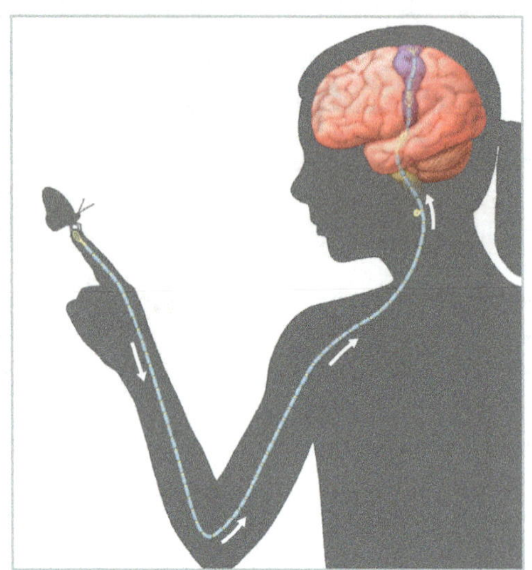

3. Las mariposas tienen membranas en diferentes partes del cuerpo que vibran en respuesta a las ondas que están en el aire. ¿Qué tipo de entrada sensorial transmiten estas membranas?

A. luz

B. sonido

C. olor

D. calor

4. Los receptores mecánicos / químicos detectan la presión que ejerce una mariposa en la punta del dedo. Los receptores mecánicos / electromagnéticos le permiten a la persona ver la mariposa.

Observa la imagen y responde las preguntas 5 y 6.

Esta ardilla roja entierra alimento. Las ardillas almacenan alimento en muchos lugares para prepararse para el invierno. La ardilla regresará a algunos de estos lugares durante el invierno para desenterrar y comer el alimento almacenado.

5. Ordena y numera la secuencia de sucesos.

_______ La información sensorial sobre el cambio de estación se envía al cerebro.

_______ El cerebro le ordena al animal que responda y almacene alimentos para el invierno.

_______ El cerebro almacena la información en la memoria.

_______ La información sensorial con la ubicación del alimento almacenado se envía al cerebro.

_______ El sistema nervioso percibe el cambio de estación.

_______ El cerebro procesa la información sensorial sobre el cambio de estación.

6. La ruta que sigue la ardilla para llegar a la fuente de alimento almacenado es el resultado de una conducta inmediata / memoria almacenada. Un halcón que sobrevuela a la ardilla que viaja a buscar alimento generará una conducta inmediata / memoria almacenada de la ardilla.

© Houghton Mifflin Harcourt • Image Credits: ©oleksandr_katrusha/istock/Getty Images Plus/Getty Images

Repaso interactivo

Completa esta sección para repasar los conceptos principales de la lección.

Los animales reúnen y procesan información del ambiente.

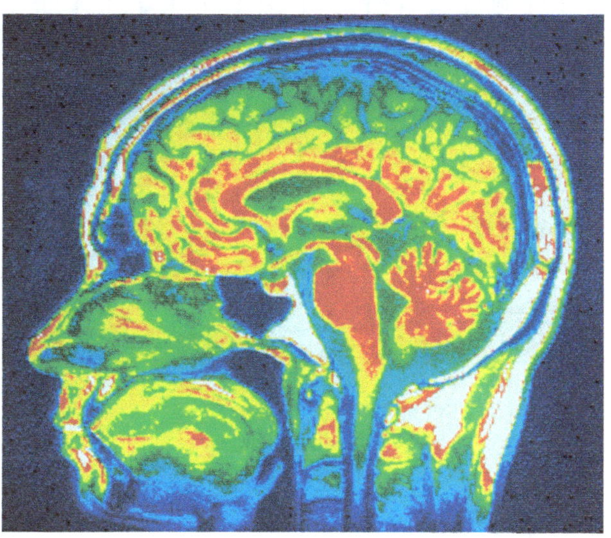

A. Haz un dibujo o un diagrama de flujo para mostrar cómo el cuerpo de un animal procesa la información del ambiente.

Los animales responden a estímulos con conductas.

B. ¿Cuál es la relación entre la memoria y la conducta?

© Houghton Mifflin Harcourt • Image Credits: (t) ©CNRI/Science Photo Library/Getty Images; (b) ©Tim Jackson/Oxford Scientific/Getty Images

Elige una de las actividades para aprender cómo se relaciona esta unidad con otros temas.

Conexión con las ciencias físicas

Tecnología de diagnóstico por imágenes En la actualidad, los científicos y los médicos usan imágenes por resonancia magnética (IRM) o tomografías computarizadas (TC) para evaluar el estado de los órganos, tejidos y otras estructuras internas de un organismo y para estudiar cómo estos interactúan entre sí. En las IRM se usa un campo magnético y ondas de radio, mientras que en las TC se usan rayos X.

Investiga y escribe un ensayo informativo sobre cómo funcionan las IRM o las TC. ¿Qué descubrimientos recientes sobre las estructuras internas de los seres humanos han tenido lugar gracias al uso de estas tecnologías?

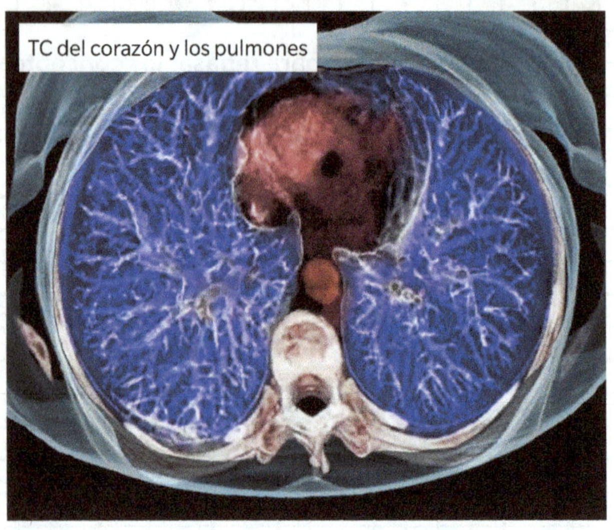
TC del corazón y los pulmones

Conexión con la salud

La fisioterapia y las funciones del sistema corporal A veces, cuando alguien se lesiona, debe hacer fisioterapia para rehabilitarse. Los fisioterapeutas usan pruebas, ejercicios y equipamiento para trabajar con los sistemas esquelético, muscular y nervioso del paciente y así rehabilitar el movimiento.

Investiga a qué se dedica un fisioterapeuta. Descubre las técnicas que usan los fisioterapeutas para rehabilitar músculos con desgarros, torceduras, esguinces y otras lesiones. Si es posible, entrevista a un fisioterapeuta local para hacerle preguntas sobre su trabajo. Presenta lo que descubriste al resto de la clase.

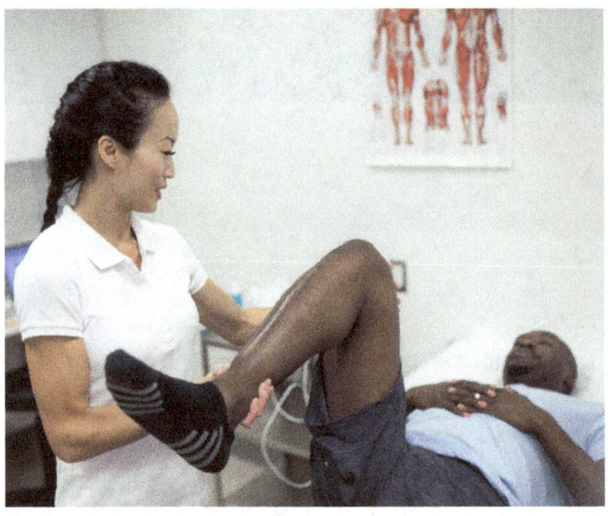

Conexión con el arte

El número de oro y la sucesión de Fibonacci Muchas plantas tienen estructuras que se basan en el número de oro, que equivale aproximadamente a 1.618. El número de oro se relaciona con una serie de números llamada sucesión de Fibonacci. Ambos han inspirado a artistas y arquitectos.

Investiga el número de oro, la sucesión de Fibonacci y la relación que existe entre ellos. Luego, busca pinturas, esculturas o edificios que incorporen el número de oro y la sucesión de Fibonacci. Elige varias obras de arte o edificios y preséntalos al resto de la clase. Explica de qué manera usan el número de oro y la sucesión de Fibonacci.

La gran ola de Katsushika Hokusai

© Houghton Mifflin Harcourt • Image Credits: (t) ©Zephyr/Science Photo Library/Getty Images; (c) ©Hero Images/Getty Images; (b) © V&A Images/Alamy Stock Photo

Nombre: **Fecha:**

Observa el diagrama de la serpiente y responde las Preguntas 1 y 2.

1. En el diagrama se ve el sistema esquelético de la serpiente. ¿Qué otro sistema corporal trabaja con el sistema esquelético para que se produzca el movimiento?
   - **A.** aparato digestivo
   - **B.** sistema muscular
   - **C.** aparato excretor
   - **D.** aparato respiratorio

2. La piel de la serpiente cumple funciones especializadas, entre ellas, proteger a la serpiente de lesiones y enfermedades. La piel está compuesta por varios tipos de tejidos. Por tanto, la piel de la serpiente es un ejemplo de un(a)
   - **A.** tejido.
   - **B.** órgano.
   - **C.** sistema de órganos.
   - **D.** estructura corporal.

cráneo
corazón
músculos
vértebras (espina dorsal)
estómago
pulmones
costillas

Observa el diagrama y responde las Preguntas 3 y 4.

3. El sistema esquelético de un animal cumple la función de producir alimento / brindar soporte / transportar, al igual que el sistema de raíces / de vástago del girasol.

4. ¿Cuáles de estas funciones corporales de la planta requieren que el sistema de raíces y el de vástago interactúen?
   - **A.** llevar agua a todas las partes de la planta
   - **B.** fijar la planta al suelo
   - **C.** captar energía de la luz solar
   - **D.** hacer circular los nutrientes por la planta

5. La venus atrapamoscas es una planta que tiene pelos en las hojas, que sirven para detectar movimiento. Esos pelos son un ejemplo de un receptor sensorial químico / electromagnético / mecánico.

© Houghton Mifflin Harcourt

6. Describe la función de cada una de las funciones corporales de la lista estableciendo una relación de causa y efecto. Identifica los sistemas de la planta y/o el animal involucrados y describe los patrones corporales compartidos por las plantas y los animales.

Funciones corporales	Sistemas	Relaciones de causa y efecto	Patrones en las plantas y los animales
Transportar agua y nutrientes por el cuerpo			
Obtener energía del alimento			
Brindar soporte al cuerpo			
Regular el oxígeno y el dióxido de carbono			
Responder al medio ambiente			

© Houghton Mifflin Harcourt

Nombre: Fecha:

Observa la ilustración de la rana y responde las Preguntas 7 a 11.

7. Identifica el estímulo del medio ambiente que percibe la rana.

8. Explica por qué tanto los receptores electromagnéticos como los mecánicos podrían estar implicados en la detección de este estímulo. Presenta evidencias para explicar tu razonamiento.

9. ¿Cómo hacen los receptores sensoriales de la rana para transmitir la información del estímulo al cerebro?

10. Describe las distintas formas en que la rana puede responder a la información que los receptores sensoriales han enviado al cerebro. Describe cómo hace el cerebro para generar una respuesta del cuerpo de la rana.

© Houghton Mifflin Harcourt

11. La respuesta de la rana al estímulo, ¿es una conducta aprendida o innata? Presenta evidencias para explicar tu razonamiento.

Observa el diagrama del árbol y responde las Preguntas 12 a 15.

12. Explica los niveles de organización del árbol, desde las células hasta el organismo completo. Usa ejemplos específicos del diagrama para tu explicación.

13. Las hojas son un órgano de la planta. ¿Por qué la salud del árbol depende del buen funcionamiento de sus hojas?

14. ¿Cómo hacen las hojas y otros órganos y sistemas de órganos para satisfacer las necesidades básicas del árbol?

15. En determinados momentos, los estomas en las hojas del árbol se cierran. ¿Qué estímulo del ambiente puede causar esta respuesta? Presenta evidencias para explicar la respuesta del árbol.

© Houghton Mifflin Harcourt

Nombre: **Fecha:**

¿Cómo se puede prevenir la deshidratación?

En tu distrito escolar quieren hallar la mejor forma de evitar que los estudiantes atletas se deshidraten durante las prácticas extraescolares. Te han pedido que ayudes a las autoridades escolares, los entrenadores y los padres voluntarios a idear un plan para que los atletas se mantengan hidratados. Usa el siguiente diagrama, que muestra algunos de los sistemas corporales que mantienen el equilibrio hídrico del cuerpo.

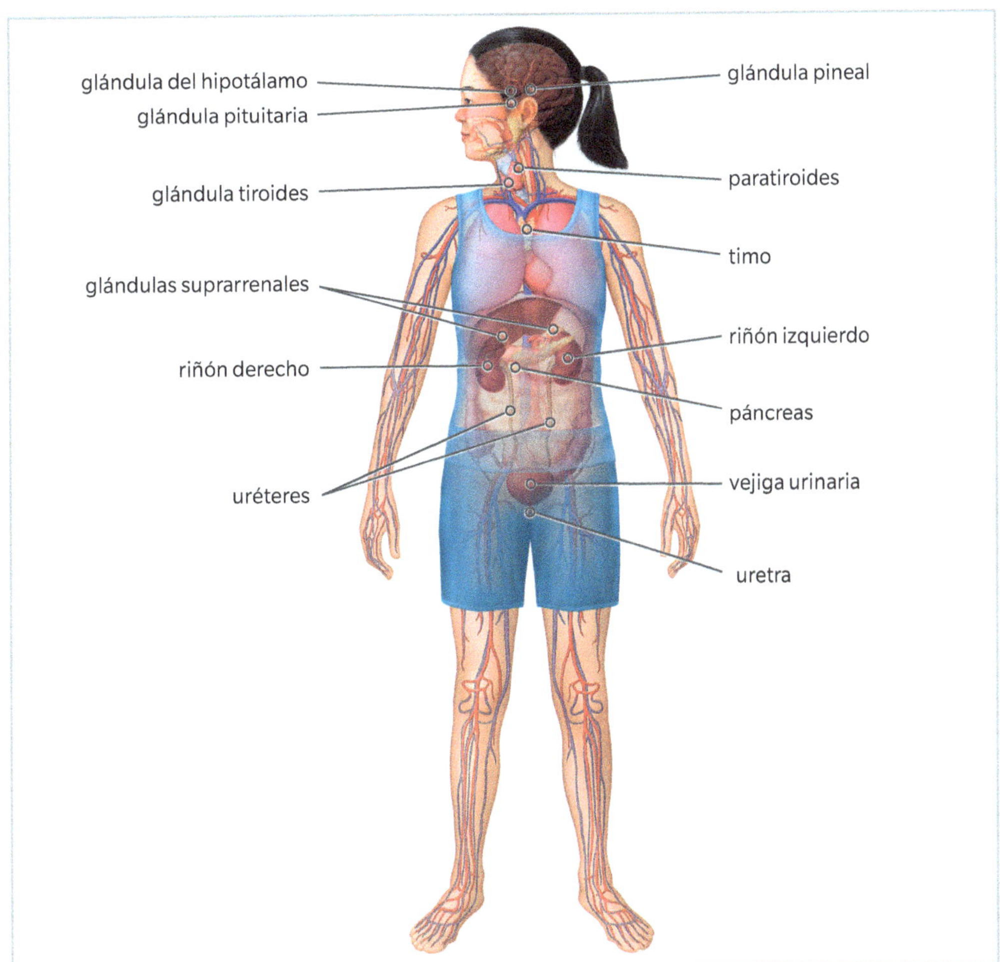

Los siguientes pasos guiarán tu investigación y te permitirán elaborar una recomendación.

Ingeniería

1. **Define el problema** Investiga la importancia que tiene el agua en los sistemas corporales humanos. Define el problema que intentas resolver.

© Houghton Mifflin Harcourt

Ingeniería

2. **Realiza una investigación** Investiga los sistemas corporales que mantienen el equilibrio hídrico del cuerpo. Investiga las causas y los síntomas de la deshidratación del cuerpo humano.

3. **Analiza la respuesta de un sistema** Elige uno de los sistemas corporales que muestre síntomas de deshidratación y analiza qué hace que el sistema responda a la deshidratación y cómo responde.

4. **Propón una solución** Piensa en soluciones para que los estudiantes atletas no se deshidraten en las prácticas. Haz una recomendación basada en tu investigación. Explica por qué la solución que propusiste para recuperar la homeostasis del cuerpo luego de la deshidratación podría funcionar en el sistema corporal que elegiste.

5. **Comunica lo que descubriste** Crea una presentación que incluya un resumen de lo que descubriste y la explicación de tu solución.

✓ Autorrevisión

	Definí el problema de cómo prevenir la deshidratación en los estudiantes atletas e investigué la importancia que tiene el agua en los sistemas corporales humanos.
	Investigué los sistemas corporales que mantienen el equilibrio hídrico del cuerpo y busqué las causas y los síntomas de la deshidratación.
	Analicé las causas y los efectos de la respuesta de un sistema corporal a la deshidratación.
	Propuse una solución al problema de cómo prevenir la deshidratación en los estudiantes atletas y expliqué por qué la solución elegida para restaurar la homeostasis en el sistema corporal puede funcionar.
	Comuniqué con claridad lo que descubrí y expliqué mi solución.

© Houghton Mifflin Harcourt

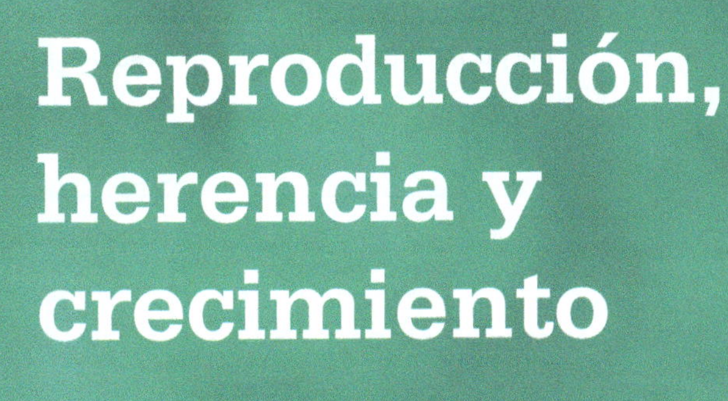

Reproducción, herencia y crecimiento

El despliegue del plumaje de un ave del paraíso macho atrae a la hembra. Al tener todas sus necesidades cubiertas gracias a la abundancia de la selva lluviosa tropical, las aves del paraíso pueden dedicar mucho tiempo y energía a la reproducción.

© Houghton Mifflin Harcourt • Image Credits: ©Tim Laman/National Geographic Magazines/Getty Images

Las águilas calvas, las bacterias, los ranúnculos y los murciélagos son especies que tienen diferentes rasgos, viven en diferentes hábitats y usan diferentes estrategias para crecer y reproducirse. Sin embargo, todos ellos encuentran la forma de maximizar su número, a pesar de los factores limitantes de su medio ambiente. En esta unidad, investigarás cómo se transmiten los rasgos de los progenitores a su descendencia y explicarás de qué manera diferentes factores afectan al crecimiento y la reproducción exitosa de los organismos.

Por qué es importante

Aquí tienes algunas preguntas para ir pensando a lo largo de la unidad. ¿Puedes responder alguna de estas preguntas ahora? Vuelve a leer las preguntas al final de la unidad para aplicar lo que aprendiste.

Preguntas	Notas
Todas las formas de vida se componen de la misma unidad básica: la célula. ¿Qué factor es el responsable de la amplia diversidad de formas de vida en la Tierra?	
¿Qué rasgos compartes con los miembros de tu familia? ¿Qué cosa o cosas te hacen único?	
¿Por qué los agricultores, los médicos, los criadores de perros y los ingenieros se interesan en los factores que afectan a los rasgos y al crecimiento de los seres vivos?	
¿Por qué es importante entender las diferentes formas de reproducción de los seres vivos?	
¿Por qué entender los procesos en los que se basan la reproducción, la herencia y el crecimiento nos permite tomar decisiones importantes sobre nuestra salud y la salud de la Tierra?	

© Houghton Mifflin Harcourt

Para comenzar: Identificar factores relacionados con la reproducción

Los ecólogos reúnen y analizan datos para estudiar las relaciones entre los factores ambientales y el éxito reproductivo. Esta gráfica muestra la relación entre el número promedio de huevos puestos (o *tamaño de puesta*) por los búhos nivales y el número de leminos (*lemmings*) disponibles como fuente de alimento.

El número de leminos disponibles para los búhos nivales en la tundra ártica varía de un año a otro debido a factores ambientales.

Un factor ambiental inesperado, como una sequía o una ventisca, puede reducir la población de leminos. Los búhos nivales que luchan por conseguir alimento deben usar más energía para encontrar comida, así que tienen menos energía para producir huevos.

La abundancia de leminos puede deberse a precipitaciones mayores que el promedio o a un bajo número de competidores. Si hay más alimento disponible, los búhos nivales ponen más huevos.

1. El número de leminos afecta / no afecta al éxito reproductivo de los búhos nivales. Donde hay más leminos disponibles para que las aves se alimenten, el tamaño de puesta promedio es mayor / menor.

© Houghton Mifflin Harcourt

Proyecto de la unidad

Para planear el proyecto de esta unidad, conéctate y descarga la Planilla de proyectos.

Analiza los factores que afectan al crecimiento de las plantas

Los vendedores de los mercados de productos agrícolas buscan llamar tu atención con frutas jugosas, verduras crujientes y flores de colores brillantes. Usa lo que sabes sobre la herencia y los factores que influyen en la reproducción y el crecimiento de las plantas para cosechar rábanos que puedan venderse en el mercado.

Herencia

© Houghton Mifflin Harcourt • Image Credits: ©Maximilian Weinzierl/Alamy

Todos estos cíclidos africanos tienen una raya negra sobre los ojos. ¿Crees que pueden estar emparentados?

Al final de esta lección...

podrás explicar cómo influye la herencia en los rasgos de un organismo.

Conéctate para ver la versión digital de la Práctica de laboratorio de esta lección y descargar recursos adicionales.

¿PUEDES EXPLICARLO?

¿Cómo obtuvieron estos gatitos los colores de su pelaje?

Estos gatitos están todos emparentados, porque sus dos progenitores son los mismos. Sin embargo, si observas los colores de su pelaje, podrás ver que no son todos iguales.

1. Como ya conoces el color del pelaje de los gatitos, ¿puedes predecir cómo es el pelaje de sus progenitores?

2. ¿Por qué crees que estos gatitos se parecen en algunas cosas y se diferencian en otras?

© Houghton Mifflin Harcourt • Image Credits: ©Cherry-Merry/iStock/Getty Images Plus/Getty Images

CUADERNO DE EVIDENCIAS Mientras trabajas con la lección, reúne evidencias para explicar cómo los gatitos obtuvieron el color de su pelaje.

EXPLORACIÓN 1

Investigar cómo se transmiten los rasgos de los progenitores a su descendencia

Hace más de 150 años, un monje austríaco llamado Gregor Mendel observó que diferían algunas características de las plantas de guisantes de su jardín. Mendel estudió estas características de las plantas de guisantes, tales como el color de las semillas y el color de las flores. Cada característica que Mendel estudió tenía dos formas diferentes. Por ejemplo, el color de un guisante podía ser verde o amarillo. Estas formas diferentes se llaman **rasgos.**

Mendel observó que, cuando las plantas se reproducían, las siguientes generaciones de plantas no siempre compartían los mismos rasgos que sus progenitores. Planeó un experimento para investigar cómo se transmitían los rasgos de las plantas progenitoras a su descendencia.

Mendel usó plantas de guisantes para estudiar cómo se transmiten los rasgos de los progenitores a su descendencia.

3. **Comenta** ¿Cuáles son algunas de las diferencias que observas en estas plantas de guisantes?

La investigación de Mendel con plantas de guisantes

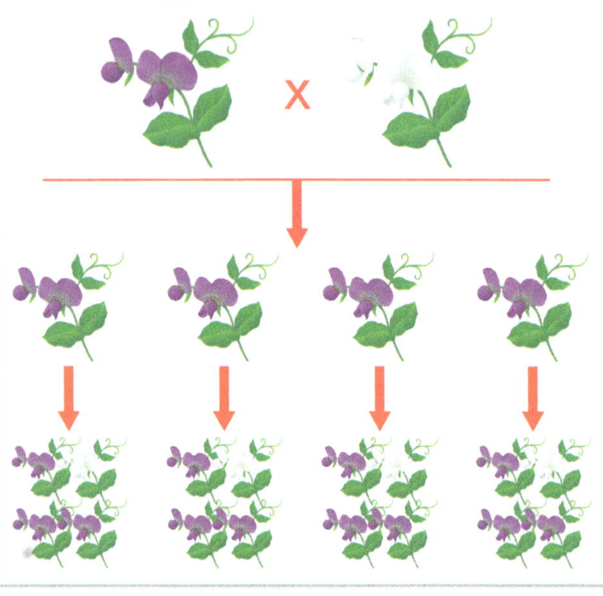

Estas dos plantas representan la generación de los progenitores. Por lo general, estas plantas de guisantes se autopolinizan. Mendel, en cambio, fertilizó una planta progenitora con el polen de la otra planta progenitora.

Estas cuatro plantas representan la primera generación de la descendencia (F1). En la generación F1, todas las plantas tuvieron flores moradas.

Estas plantas representan la segunda generación de la descendencia (F2). La mayor parte de la descendencia de la generación F2 tiene flores moradas, pero una parte de la descendencia tiene flores blancas.

4. ¿De qué manera varía la presencia de flores blancas de la generación de los progenitores a la primera generación y a la segunda generación?

© Houghton Mifflin Harcourt • Image Credits: ©MkStock5/Alamy

Los métodos de investigación de Mendel

Mendel estudió cada rasgo de las plantas de guisantes por separado, comenzando siempre con plantas de líneas puras para ese rasgo. Una planta de líneas puras es una que, al autopolinizarse, siempre produce una descendencia con un determinado rasgo. Las plantas progenitoras de flores blancas y de flores moradas que Mendel estudió tenían líneas puras para el rasgo del color de las flores. Normalmente, las plantas de guisantes se autopolinizan, pero Mendel *cruzó* las dos plantas progenitoras, es decir, fertilizó una planta progenitora con polen de la otra. Luego, dejó que la primera generación se autopolinizara. Usó estos mismos métodos para estudiar otros rasgos de las plantas de guisantes.

Antes de convertirse en monje, Mendel fue a la universidad y estudió ciencias y matemáticas.

Rasgos dominantes y recesivos

Cuando Mendel cruzó las plantas de flores blancas y las plantas de flores moradas, toda la primera generación tuvo flores moradas. Mendel llamó *rasgo dominante* a este rasgo. Como el rasgo de las flores blancas pareció retroceder, o desaparecer, lo llamó *rasgo recesivo*. Un patrón similar ocurrió con todos los rasgos que Mendel estudió. Uno de los rasgos de los progenitores no aparecía en la primera generación. Todos estos eran rasgos recesivos. El otro rasgo, el que aparece en la primera generación, era el rasgo dominante.

¿Qué ocurrió con la segunda generación? Alrededor de un cuarto de estas plantas tuvieron flores blancas, que eran el rasgo recesivo. El resto tuvo flores moradas. El rasgo que pareció desaparecer en la primera generación reapareció en la segunda generación. Una vez más, se dio el mismo patrón en todos los rasgos que Mendel estudió.

Artes del lenguaje

Elabora una explicación sobre la herencia de los rasgos

¿Cómo se podría explicar la misteriosa desaparición y reaparición de los rasgos recesivos? Mendel propuso una hipótesis: cada planta debía tener dos "factores" heredados por cada rasgo, uno de cada progenitor. Algunos rasgos, como el color blanco de las flores, solo aparecían si una planta recibía dos factores para ese color. Una planta con un factor para flores blancas y otro factor para flores moradas tendría el rasgo dominante: flores moradas. Sin embargo, esta planta transmitiría el factor para flores blancas a la siguiente generación de plantas.

5. Explica cómo los datos de Mendel respaldaban su hipótesis. Presenta evidencias textuales de esta lección para justificar tu respuesta.

6. Mendel cruzó dos plantas de líneas puras: una de guisantes amarillos y otra de guisantes verdes. Toda la primera generación tuvo guisantes amarillos. Aplica lo que sabes sobre la relación de causa y efecto entre la polinización cruzada y los rasgos heredados para explicar cuál rasgo es recesivo.

© Houghton Mifflin Harcourt • Image Credits: ©Pictoral Press Ltd/Alamy

Relacionar la estructura genética y los rasgos

Los experimentos y conclusiones de Mendel marcaron el comienzo del pensamiento científico sobre la transmisión de los rasgos de los progenitores a su descendencia. Nuestros conocimientos actuales sobre la molécula llamada ADN ofrecen mayores explicaciones sobre las observaciones de Mendel. ADN es la abreviatura de ácido desoxirribonucleico. El ADN contiene instrucciones que determinan los rasgos de un organismo y coordinan su crecimiento y desarrollo.

7. **Comenta** ¿En qué se parecen el ADN y una receta? ¿Qué ocurre si una receta se modifica levemente?

Los científicos pueden aislar el ADN para investigar la relación entre la estructura del ADN y los rasgos de los organismos.

La influencia de los genes en los rasgos

El ADN se organiza en estructuras llamadas **cromosomas.** Un individuo cuenta con cromosomas agrupados de a pares. Lo que Mendel llamó "factores" se llaman actualmente genes. Un **gen** es un segmento del ADN que se encuentra en los cromosomas de las células. Como cada individuo tiene pares de cromosomas, también tiene pares de genes.

Cada gen puede tener diferentes formas (o variantes). Por ejemplo, las plantas de guisantes de Mendel tenían dos variantes en el gen del color de la flor; por eso, las flores eran moradas o blancas. Cada progenitor aporta un conjunto de genes a su descendencia. Entonces, para un rasgo en particular, las variantes del gen provienen de cada progenitor. Las diferentes formas de los genes se llaman **alelos.** Los alelos llevan los códigos para producir diversas **proteínas,** que son moléculas grandes que hacen gran parte del trabajo en una célula y forman también una buena parte de la estructura de la célula. Las proteínas son responsables de la mayoría de los aspectos del funcionamiento de nuestro cuerpo, así como de nuestra apariencia física y conducta.

Solo dos alelos controlaban todos los rasgos de las plantas de guisantes de Mendel: uno dominante y uno recesivo. En esas plantas de guisantes, el alelo para las flores moradas es el alelo dominante y el alelo para las flores blancas es el alelo recesivo. Algunos rasgos siguen este patrón de herencia, pero la mayoría no. En general, hay más de dos alelos para un solo gen dentro de una población de organismos. Cada organismo, sin embargo, puede llevar uno o dos alelos para un gen. La mayoría de los rasgos, como la altura y el color de ojos, son determinados por más de un gen.

© Houghton Mifflin Harcourt • Image Credits: ©Andrew Brookes/Cultura/Getty Images

La estructura del ADN

Los componentes químicos que forman el ADN son demasiado pequeños para observarse de manera directa. Sin embargo, los experimentos y las técnicas de obtención de imágenes han ayudado a los científicos a inferir la forma del ADN y la disposición de sus partes. Una molécula de ADN tiene la forma de una escalera de caracol. Esta forma se denomina *doble hélice*. Los peldaños de la escalera están formados por un par de bases. Un tramo de pares de bases a lo largo de una molécula de ADN forma un gen. Las instrucciones del ADN se codifican en secuencias específicas de pares de bases.

8. Describe la relación entre el ADN, los cromosomas y los genes.

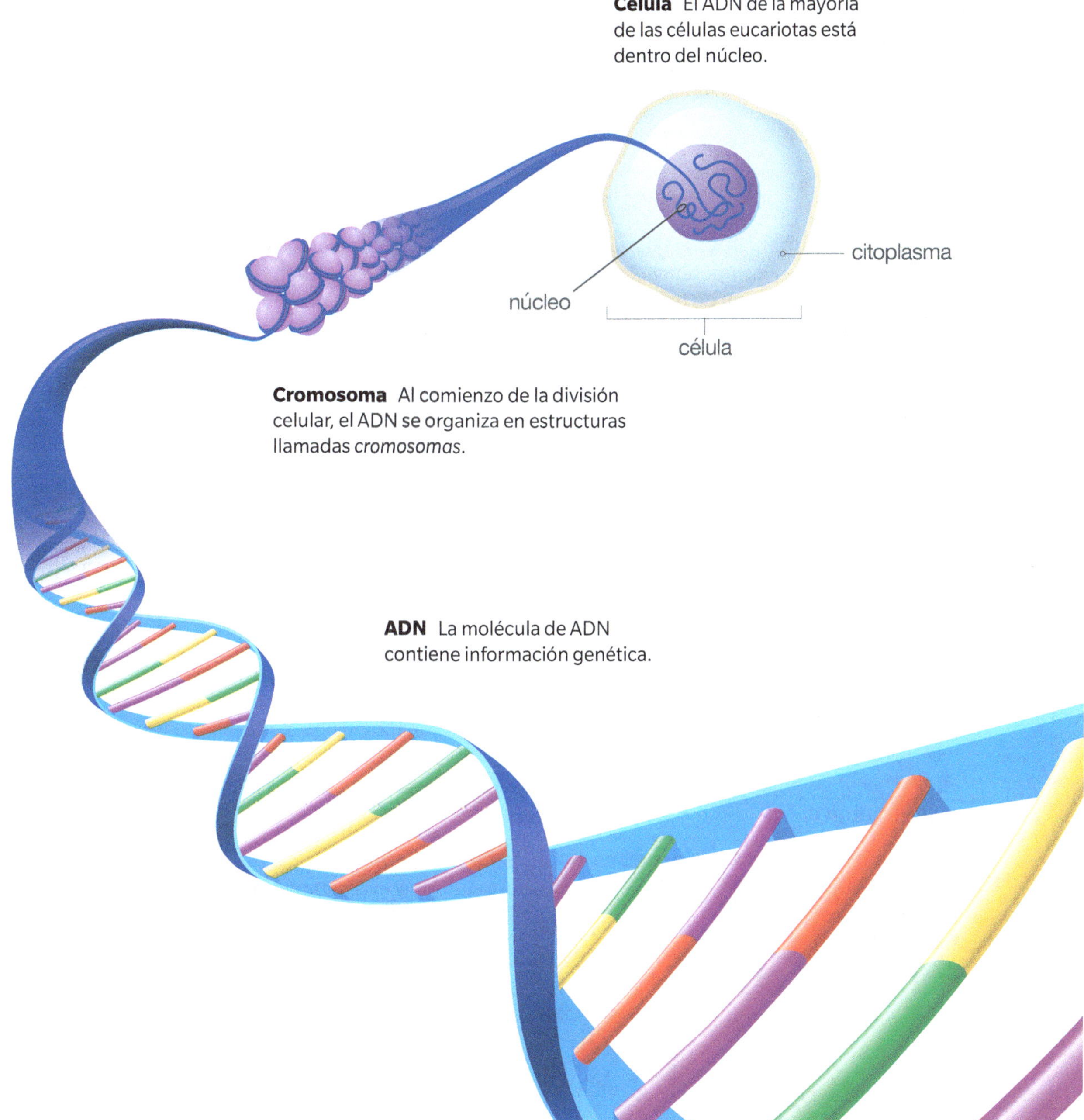

Célula El ADN de la mayoría de las células eucariotas está dentro del núcleo.

Cromosoma Al comienzo de la división celular, el ADN se organiza en estructuras llamadas *cromosomas*.

ADN La molécula de ADN contiene información genética.

© Houghton Mifflin Harcourt

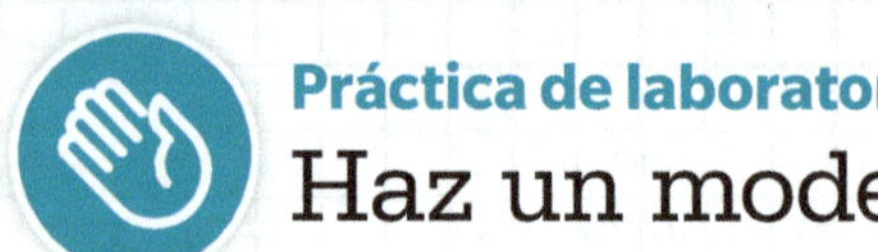

Práctica de laboratorio

Haz un modelo de los genes y los rasgos

Usa un modelo para describir la variación genética del color de las escamas de una especie de pez hipotética. Usa evidencias para predecir las proporciones de alelos dominantes y recesivos de la población de peces después de varias generaciones.

La combinación de alelos que recibe un organismo de sus progenitores se llama *genotipo*. Los rasgos observables de un organismo son su *fenotipo*. Los genotipos suelen representarse con letras. A menudo, los alelos dominantes se identifican con letras mayúsculas y los alelos recesivos con letras minúsculas. Por ejemplo, *F* podría representar el alelo dominante del color de flor morado y *f* podría representar el alelo recesivo del color de flor blanco en las plantas de guisantes. Para escribir el genotipo del color de flor de una planta de guisantes, puedes usar letras que representen los alelos de un individuo. Como los organismos reciben un alelo de cada progenitor, una planta de guisantes puede tener el genotipo *FF*, *Ff* o *ff*.

MATERIALES

- vaso
- cuentas rojas (12)
- cuentas amarillas (10)

Procedimiento

PASO 1 Las cuentas representan los alelos de un gen que determina el color de escamas de una especie de pez hipotética. Todas las cuentas juntas representan todos los alelos de la población de peces. Las cuentas rojas (*R*) son alelos dominantes que codifican el fenotipo de escamas rojas. Las cuentas amarillas (*r*) son alelos recesivos que codifican el fenotipo de escamas amarillas.

PASO 2 Escribe el/los genotipo(s) de cada fenotipo.

Escamas rojas: ______

Escamas amarillas: ______

PASO 3 Sin mirar, elige pares de cuentas hasta que uses todas. Pon los pares de cuentas sobre una mesa. Cada par representa el genotipo de un pez individual de la población. Anota el genotipo y el fenotipo de cada pez en una hoja. Esta es la primera generación.

PASO 4 En el hábitat de los peces, hay un tipo de algas que es cada vez más común. Las algas son de color rojizo. Los peces rojos pueden ocultarse de los depredadores nadando entre las algas rojas, pero los peces amarillos son muy visibles. Haz un modelo de un depredador que se come tres peces amarillos: quita los alelos de tres "peces" amarillos de la población. Asegúrate de seleccionar al azar los tres peces que quitarás.

PASO 5 Vuelve a colocar los alelos restantes en el recipiente y repite el Paso 3; esta vez, crea una segunda generación de peces. Anota el genotipo y el fenotipo de cada pez en una hoja.

© Houghton Mifflin Harcourt

Análisis

PASO 6 Compara los fenotipos de la primera y la segunda generación. Explica el porqué de las diferencias que existan.

PASO 7 Predice qué puede ocurrir después de muchas generaciones si las condiciones ambientales de estos peces no cambian. Justifica tu respuesta.

PASO 8 Supón que las algas amarillas comienzan a superar a las algas rojas en el medio ambiente de los peces. Describe cómo podrías hacer un modelo de las siguientes dos generaciones de peces en este medio ambiente modificado.

CUADERNO DE EVIDENCIAS

9. Piensa en los diferentes fenotipos del color de escama de los peces de esta práctica y en los fenotipos del color del pelaje de los gatitos del comienzo de esta lección. Usa evidencias del laboratorio para explicar por qué todos los gatitos no tienen el mismo color de pelaje, aunque tengan los mismos progenitores.

Predice los efectos de una mutación

Los cambios en una sección de ADN se conocen como *mutaciones*. ¿Cómo ocurren las mutaciones? Una causa de las mutaciones son los errores aleatorios que ocurren cuando el ADN se copia para formar nuevas células. Las mutaciones en el ADN pueden ser beneficiosas, neutrales o perjudiciales.

Una mutación puede tener un resultado beneficioso para un organismo si promueve la resistencia a una enfermedad o una toxina. Una mutación también puede tener un resultado perjudicial si causa una enfermedad genética. Algunas mutaciones son neutrales, como cuando una mutación causa un cambio en el color de ojos o de cabello, lo que no afecta a la salud del individuo. Algunos pequeños cambios en el ADN no alteran las proteínas que el ADN codifica.

10. Supón que una mutación genética no afecta a la proteína que el gen codifica. ¿Qué efecto tendrá la mutación en el individuo? Explica tu razonamiento.

© Houghton Mifflin Harcourt

Hacer un modelo de la herencia de los rasgos

No todos los rasgos se transmiten de los progenitores a su descendencia. Algunos rasgos son aprendidos, como la habilidad de andar en bicicleta o escribir tu nombre en cursiva. Otros rasgos son adquiridos (obtenidos después de nacer). Por ejemplo, una persona puede teñir su cabello de color azul, pero ese no es un rasgo heredado.

El color de las flores es un rasgo heredado.

11. Ingeniería Los siguientes tres procesos le permitirían a un horticultor cultivar solamente plantas de guisantes de flores moradas durante muchas generaciones. Sin embargo, el horticultor se ve limitado por el tiempo. ¿Cuál de los siguientes procesos le permitiría al horticultor cultivar solamente plantas de flores moradas en el menor tiempo posible? Explica tu razonamiento.

A. El horticultor podría comenzar cruzando dos plantas de flores moradas. En cada nueva generación, debería cruzar plantas de flores moradas hasta que todas las plantas, durante varias generaciones, tengan flores moradas.

B. El horticultor podría enviar especímenes de plantas a un laboratorio y solicitar un análisis de genotipo, que suele tardar de 1 a 2 semanas.

C. El horticultor podría dejar que las plantas moradas se autopolinizaran y, luego, separar las plantas moradas de la primera generación y dejar que estas se autopolinizaran.

Los genes se transmiten de los progenitores a su descendencia

Antes de que se conocieran el ADN y los genes, Mendel se dio cuenta de que los "factores", actualmente llamados genes, se transmitían de los progenitores a su descendencia. La **herencia** es la transmisión de genes de los progenitores a su descendencia. En una de las formas de reproducción, los descendientes heredan todos los genes de uno de los progenitores, de modo que la descendencia y los progenitores son genéticamente idénticos. Por ejemplo, puedes tomar un esqueje de una planta hogareña y cultivar una nueva planta. La nueva planta será genéticamente idéntica a su progenitor, a menos que ocurra alguna mutación. En otra forma de reproducción, los dos progenitores aportan material genético. En la descendencia de este tipo de reproducción, los individuos son genéticamente diferentes de sus progenitores y también diferentes entre ellos.

Los genes y los alelos en los cromosomas

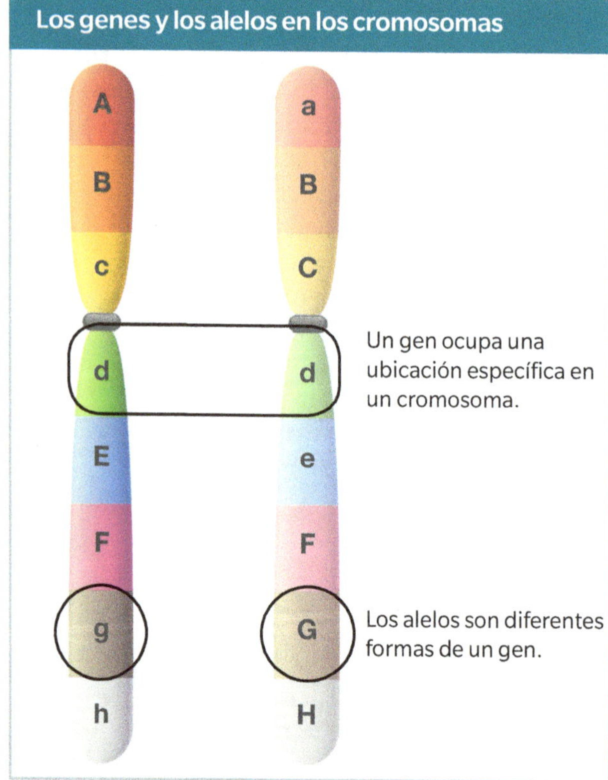

© Houghton Mifflin Harcourt • Image Credits: ©Oksana Struk/iStock/Getty Images Plus/ Getty Images

12. Los guisantes de Mendel tenían dos fenotipos para el color de las vainas: vainas amarillas y vainas verdes. El alelo para el color amarillo de las vainas es *A* y el alelo para el color verde de las vainas es *a*. En las siguientes líneas, escribe el fenotipo de cada genotipo. Luego, haz un resumen de cómo estos alelos se transmitieron de los progenitores a su descendencia.

Genotipo	**Fenotipo**	**Resumen**
Progenitor 1: *AA*	**A.** ________	
Progenitor 2: *aa*	**B.** ________	
Toda la descendencia: *Aa*	**C.** ________	

La herencia se representa con un modelo de cuadrados de Punnett

Mendel descubrió las leyes fundamentales de la herencia al estudiar plantas de guisantes. Sus observaciones confirmaron que cada planta progenitora aporta un alelo por cada gen, que la descendencia recibe de manera aleatoria un alelo por cada gen de cada progenitor y que los alelos dominantes siempre se manifiestan en la descendencia.

Un instrumento para entender los patrones básicos de la herencia es el cuadrado de Punnett. Un *cuadrado de Punnett* es un modelo para predecir los posibles genotipos de la descendencia de un cruzamiento determinado. El ejemplo muestra un cruzamiento entre una planta de guisantes de flores moradas (*FF*) y una planta de guisantes de flores blancas (*ff*). La parte superior del cuadrado de Punnett muestra los posibles alelos de uno de los progenitores para este rasgo (*F* y *F*). El lado izquierdo muestra los posibles alelos del otro progenitor (*f* y *f*). Cada cuadrado muestra una posible combinación de alelos para la potencial descendencia.

Cuadrado de Punnett para el color de las flores

13. Escribe el genotipo faltante para completar el cuadrado de Punnett.

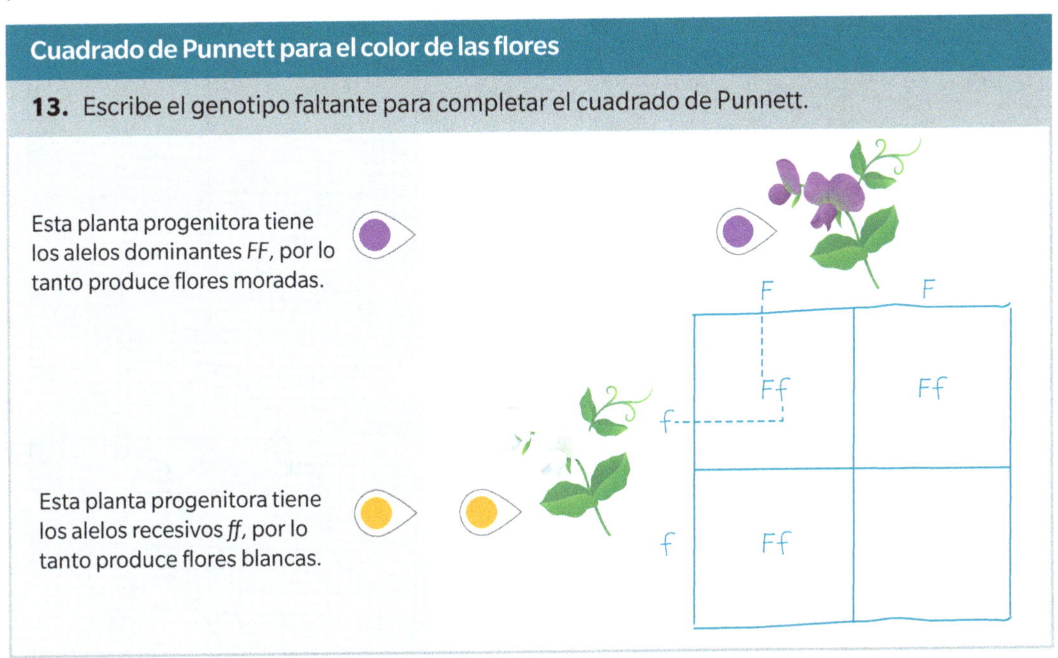

14. Usa las leyes de la herencia y las predicciones del cuadrado de Punnett para explicar cómo los factores genéticos pueden influir en el crecimiento de los organismos.

© Houghton Mifflin Harcourt

CUADERNO DE EVIDENCIAS

15. Muchos rasgos, como el color del pelaje, están determinados por más de un gen. ¿Cómo puede la influencia de múltiples genes afectar al número de fenotipos posibles para el color del pelaje? Anota las evidencias.

Práctica matemática

Calcula la probabilidad del genotipo

Un cuadrado de Punnett muestra todos los genotipos posibles para la descendencia de un cruzamiento, no los resultados exactos del cruzamiento. Un cuadrado de Punnett se usa para predecir la probabilidad de que la descendencia tenga cierto genotipo. La *probabilidad* es la posibilidad matemática de obtener un resultado específico en relación con el número total de resultados posibles.

La probabilidad puede expresarse como una *razón*, una expresión que compara dos cantidades. Una razón escrita como 1:4 se lee así: "de uno a cuatro". Las razones del cuadrado de Punnett muestran la probabilidad de que algún individuo de la descendencia obtenga ciertos alelos. La probabilidad también puede expresarse como un porcentaje. Un porcentaje compara un número con 100, lo que indica cuántas veces puede ocurrir cierto resultado en cien posibilidades.

16. Completa el cuadrado de Punnett. El alelo para las plumas rojas (*R*) es dominante y el alelo para las plumas café (*r*) es recesivo.

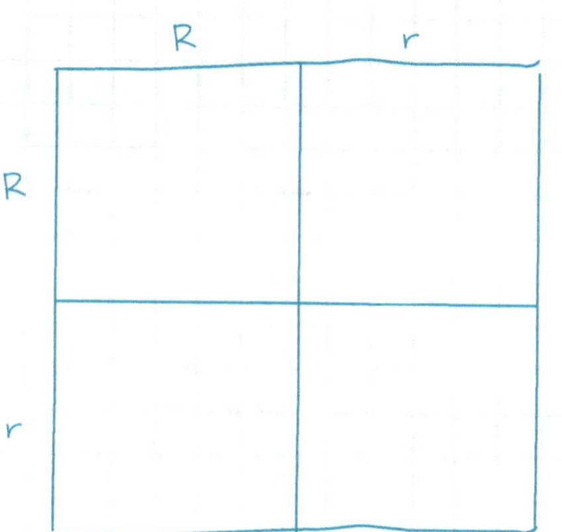

17. Escribe la probabilidad de que un individuo de la descendencia de este cruzamiento tenga cada genotipo o fenotipo:

Genotipo o fenotipo	Probabilidad	Porcentaje
Genotipo RR	1:4	$1 \div 4 = 0.25$ $0.25 \times 100 = 25\%$
Genotipo Rr		
Genotipo rr		
plumas rojas		
plumas café		

© Houghton Mifflin Harcourt

Sigue explorando

Nombre: **Fecha:**

Fíjate en esta opción o conéctate y elige alguna de estas opciones.

Personajes de las ciencias

- **Prácticas de laboratorio**
- **Ingeniería genética**
- **Busca una opción para ti.**

Conéctate y elige alguna de estas opciones.

A mediados del siglo XIX, los científicos sabían que la molécula de ADN existía, pero no sabían cuál era su aspecto. Muchos científicos estudiaron la estructura del ADN, y el trabajo combinado de cuatro científicos en particular ayudó a resolver el misterio.

El ADN está formado por compuestos químicos llamados *nucleótidos*. Un nucleótido se compone de un azúcar, un fosfato y una base: timina, guanina, adenina o citosina. Erwin Chargaff descubrió que, en el ADN, la cantidad de adenina es igual a la cantidad de timina y la cantidad de guanina es igual a la cantidad de citosina.

Rosalind Franklin usó la difracción de rayos X para crear imágenes de la molécula de ADN; su investigación mostró que el ADN tenía forma de espiral. James Watson y Francis Crick se basaron en las investigaciones de Chargaff y Franklin para construir un modelo del ADN. En su modelo, el ADN tiene forma de doble hélice, como una escalera de caracol. Los azúcares y los fosfatos forman el exterior de la escalera, y los "peldaños" están hechos de pares de nucleótidos unidos. La adenina (A) se empareja con la timina (T) y la guanina (G) se empareja con la citosina (C). Estas bases emparejadas (o complementarias) encajan como dos piezas de un rompecabezas.

© Houghton Mifflin Harcourt

UN PASO MÁS

Sigue explorando

1. Los científicos saben que una molécula de ADN es 27% citosina. ¿Qué más saben sobre la molécula de ADN?
   A. La molécula de ADN es 27% guanina.
   B. La molécula de ADN es 27% adenina.
   C. La molécula de ADN es 73% guanina.
   D. La molécula de ADN es 27% timina.

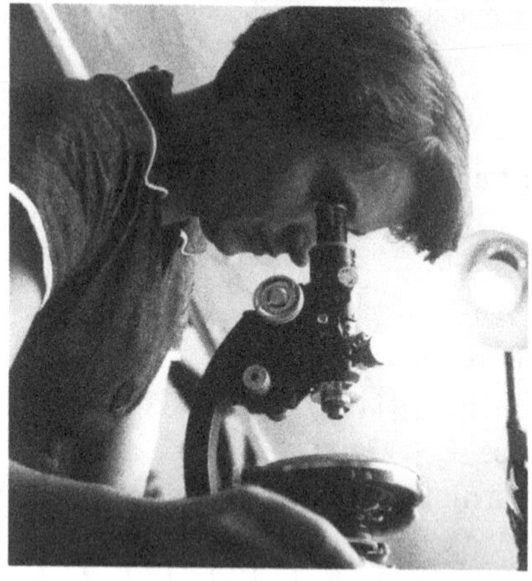

La cristalógrafa de rayos X Rosalind Franklin, alrededor de 1942

El bioquímico Erwin Chargaff, alrededor de 1970

James Watson (izq.) y Francis Crick (dcha.), en su laboratorio, alrededor de 1953

2. Describe cómo las contribuciones de Rosalind Franklin y Erwin Chargaff permitieron que James Watson y Francis Crick descubrieran la estructura del ADN.

3. Supón que la secuencia de bases de un segmento de ADN es ATCGGA. ¿Cuál es la secuencia de bases en el segmento complementario?
   A. ATCGGA
   B. CGATTC
   C. AGGCTA
   D. TAGCCT

4. **Colaborar** Trabaja con algunos compañeros para construir un modelo de ADN que puedas usar para enseñar a otros cómo se emparejan las bases.

© Houghton Mifflin Harcourt • Image Credits: (l) ©Science Source; (c) ©SPL/Science Source; (r) ©A. Barrington Brown/Science Source

¿Puedes explicarlo?

Nombre: **Fecha:**

CUADERNO DE EVIDENCIAS

Consulta las anotaciones de tu Cuaderno de evidencias para explicar cómo estos gatitos obtuvieron su color de pelaje.

1. Haz una afirmación. Asegúrate de que esa afirmación explique bien cómo los gatitos obtuvieron su color de pelaje.

2. Resume las evidencias que reuniste para justificar tu afirmación y explicar tu razonamiento.

© Houghton Mifflin Harcourt • Image Credits: ©Cherry-Merry/iStock/Getty Images Plus/Getty Images

Ejercicios de revisión

Responde las siguientes preguntas para comprobar si entendiste bien la lección.

Observa el diagrama y responde las Preguntas 3 y 4.

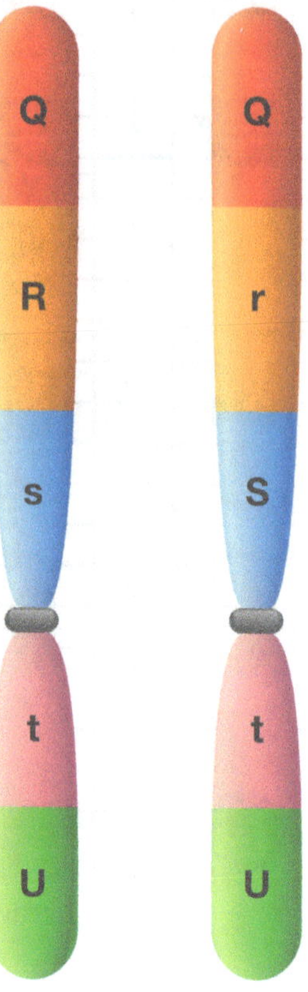

3. ¿Qué gen o genes llevarán el rasgo recesivo en este individuo? Elige todas las opciones correctas.

A. el gen Q

B. el gen S

C. el gen T

D. el gen U

4. ¿Qué genotipo(s) podría(n) tener los progenitores de este individuo para el gen Q? Elige todas las opciones correctas.

A. QQ

B. Qq

C. qq

Observa el diagrama y responde las Preguntas 5 y 6.

5. En los guisantes de Mendel, la forma de las semillas era redonda (*R*) o arrugada (*r*). Completa todos los posibles genotipos que podrían resultar del cruzamiento que muestra este cuadrado de Punnett.

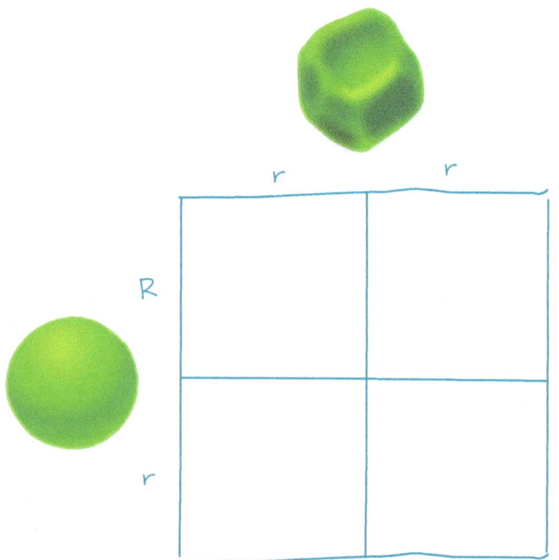

6. Un individuo de la descendencia de este cruzamiento tiene un 0% / 25% / 50% / 75% / 100% de probabilidades de tener guisantes redondos y un 0% / 25% / 50% / 75% / 100% de probabilidades de tener guisantes arrugados.

© Houghton Mifflin Harcourt

Repaso interactivo

Completa esta sección para repasar los conceptos principales de la lección.

Mendel descubrió un patrón de herencia básico al estudiar las plantas de guisantes.

A. Mendel estudió siete características diferentes de las plantas de guisantes, como el color de las flores, la forma de las semillas y el color de las semillas. Describe las evidencias que usó Mendel para determinar si un rasgo en particular era dominante o recesivo.

Los genes, ubicados en los cromosomas, determinan los rasgos.

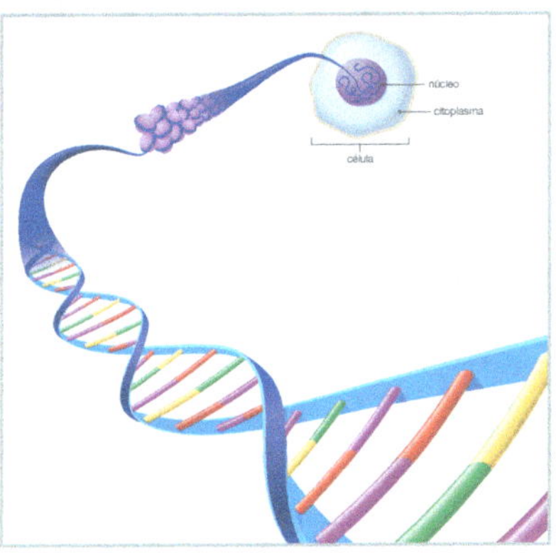

B. Explica cómo se relacionan los cromosomas, los genes y los alelos.

La herencia de algunos rasgos puede representarse con un cuadrado de Punnett.

C. En los guisantes de Mendel, el color amarillo de las semillas (*V*) era dominante y el color verde de las semillas (*v*) era recesivo. Escribe y completa un cuadrado de Punnett para hacer el modelo de un cruzamiento entre un progenitor heterocigoto (*Vv*) y un progenitor recesivo (*vv*).

© Houghton Mifflin Harcourt • Image Credits: (t) ©Pictoral Press Ltd/Alamy; (b) ©Oksana Struk/iStock/Getty Images Plus/Getty Images

Reproducción sexual y asexual

© Houghton Mifflin Harcourt • Image Credits: ©Jo Overholt/Design Pics/First Light/Getty Images

El oso pardo hembra suele tener de uno a cuatro cachorros por embarazo. Se quedan con la madre de dos a tres años.

Al final de esta lección...

podrás describir cómo se relaciona la reproducción con la diversidad genética.

Conéctate para ver la versión digital de la Práctica de laboratorio para esta lección y para descargar recursos de laboratorio adicionales.

¿PUEDES EXPLICARLO?

¿Por qué el plátano Cavendish está en peligro de extinción?

Los cultivos de plátano en todo el mundo están siendo devastados por una infección de hongos comúnmente llamada la enfermedad de Panamá.

© Houghton Mifflin Harcourt • Image Credits: ©Nigel Cattlin/Alamy; (inset) ©David Hancock/Alamy

La enfermedad de Panamá es causada por un hongo de la tierra que entra en la planta a través de la raíz. El hongo crece en el tejido conductor de la planta y bloquea el flujo del agua y los nutrientes que hay en toda la planta. El plátano Cavendish es la variedad de plátano que más se come en los Estados Unidos. Esta enfermedad extendida está amenazando la supervivencia del plátano Cavendish.

1. ¿Qué factores crees que los agricultores encuentran difíciles para tratar la enfermedad en las plantas de plátano?

CUADERNO DE EVIDENCIAS Mientras trabajas con la lección, reúne evidencias para explicar por qué el plátano Cavendish está en peligro de extinción.

EXPLORACIÓN 1

Describir los tipos de reproducción

La Tierra es la casa de millones de especies de plantas, animales y otros seres vivos. Para que una especie sobreviva, los organismos de esa especie deben hacer más organismos que sean como ellos. Los organismos producen **descendientes** u organismos jóvenes que son como ellos. La reproducción, el proceso por el cual los organismos generan un nuevo individuo de la misma especie, es característica de todos los seres vivos. Durante el proceso de reproducción, los organismos transmiten material genético a sus descendientes.

Progenitores y descendientes

Raya clavata y cría
Las rayas clavatas hembras ponen dos huevos en la arena o en la grava, en aguas profundas. De los 4 a los 6 meses, los huevos se rompen y la cría nace. Las crías se convertirán en adultos maduros en 5 a 8 años.

Mariposa luna y oruga
Las mariposas luna ponen cientos de huevos. Las orugas que se desarrollan se alimentan durante 3 o 4 semanas y luego hacen un capullo de seda. Se hacen adultos después de las 2 o 3 semanas.

Cactus "oso de peluche" y clones
Las ramas del cactus "oso de peluche" pueden pegarse al pelo de los animales. Cuando las ramas se caen del animal al que se prendieron, crece un clon de la planta.

Rana verde y renacuajos
Las ranas ponen miles de huevos en el agua. Los renacuajos nacen de esos huevos. Luego de 12 semanas, aproximadamente, están listas para salir del agua como ranas adultas.

2. Compara y contrasta la reproducción y el crecimiento de estos organismos.

©Marvin Dembinsky Photo Associates/Alamy

© Houghton Mifflin Harcourt • Image Credits: (tl) ©Hinrich Bäsemann/dpa/Corbis; (tr) ©Lepus/David Nicholson/Science Source; (tcl) ©Studio410/iStock/Getty Images Plus/Getty Images; (tcr) ©George Grall/National Geographic/Getty Images; (bcl, bcr) ©Dan Suzio/Photo Researchers, Inc.; (bl) ©SteveByland/iStock/Getty Images Plus/Getty Images; (br)

Tipos de reproducción

Existen dos tipos de reproducción: la reproducción asexual y la reproducción sexual. En la **reproducción asexual**, un solo individuo es el progenitor. El progenitor transmite copias genéticas a los descendientes para que sean genéticamente idénticos al progenitor, a menos que haya mutaciones genéticas. La mayoría de los organismos unicelulares se reproducen asexualmente. Los hongos, las plantas y algunos animales pueden reproducirse asexualmente. La reproducción asexual permite que un organismo se reproduzca rápido y que pueda producir un gran número de descendientes en poco tiempo.

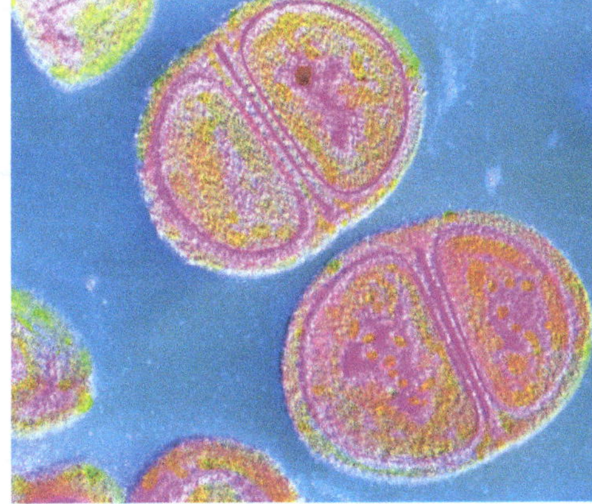

Estas bacterias se reproducen a través de la fisión binaria. Durante la fisión binaria, un organismo hace una copia de su ADN y luego se divide en dos.

3. ¿Cuántos progenitores se necesitan en la reproducción de la bacteria?

En la **reproducción sexual** hay dos progenitores. Cada progenitor aporta la mitad de su información genética a los descendientes para que estos sean genéticamente diferentes a ambos progenitores. La mayoría de los organismos multicelulares se reproducen sexualmente, entre ellos, las plantas y los animales. La reproducción sexual, en general, lleva más tiempo y produce menos descendientes que la reproducción asexual. Sin embargo, la reproducción sexual aumenta la variación genética. Esta variación aumenta las probabilidades de que algunos descendientes tengan rasgos nuevos que le permiten sobrevivir en medios ambientes cambiantes.

Esta flor dalia coral tiene partes masculinas y femeninas. Las partes masculinas producen polen, en el que hay células reproductoras masculinas. El polen de una flor puede transferirse a la parte femenina de otra flor, y así comienza el proceso de reproducción.

4. ¿Cuántos progenitores se necesitan en la reproducción de esta planta con flores?

Algunos organismos pueden reproducirse tanto asexualmente como sexualmente, dependiendo de las condiciones ambientales y otros factores. Los organismos que pueden usar ambos tipos de reproducción pueden ser los hongos, muchas plantas, algunos reptiles y peces, y algunos tipos de insectos.

5. Los árboles secuoya pueden reproducirse sexualmente y asexualmente. ¿Qué tipo de reproducción crees que podría convenir si ocurriera una gran tala alrededor del árbol?

© Houghton Mifflin Harcourt • Image Credits: (t) ©CNRI/Science Source; (b) ©Dirk Herdramm/EyeEm/Getty Images

CUADERNO DE EVIDENCIAS

6. Las plantas de plátano para el consumo humano son el resultado de la reproducción asexual. ¿La información genética de cada planta proviene de un progenitor o de dos? Anota las evidencias.

Reproducción sexual y asexual

7. Lee sobre los procesos reproductivos de los siguientes animales. Luego decide si el proceso es un ejemplo de reproducción asexual, reproducción sexual o ambos.

	Los peces sol macho crean nidos para que los peces sol hembra pongan los huevos. Los peces sol macho fertilizan los huevos con esperma. También cuidan los huevos hasta que nacen.	
	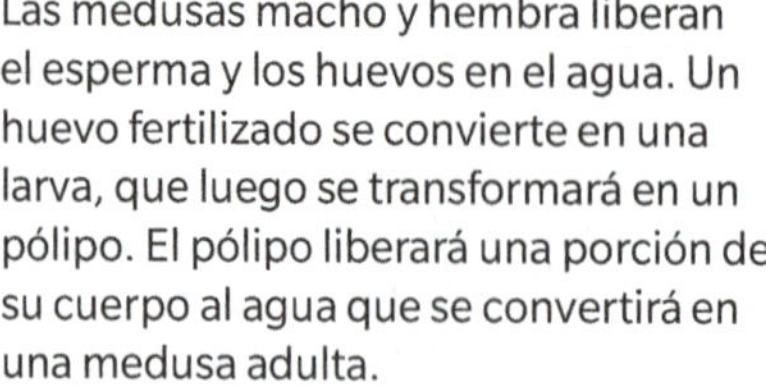 Las medusas macho y hembra liberan el esperma y los huevos en el agua. Un huevo fertilizado se convierte en una larva, que luego se transformará en un pólipo. El pólipo liberará una porción de su cuerpo al agua que se convertirá en una medusa adulta.	
	Lo corales pueden reproducirse de distintas maneras. Una manera es el proceso por el que se produce un nuevo coral a partir de un fragmento. Un bote, una persona o un animal pueden romper una porción del coral. La porción rota puede desarrollarse como un coral nuevo.	

Ingeniería

Desarrollar un híbrido

Los agricultores suelen producir dos variedades diferentes de una planta para producir descendientes con los rasgos que deseen. Estas plantas se llaman *híbridos*. El agricultor selecciona los progenitores que tengan los rasgos que desea en los descendientes, como el color de la flor, la altura de la planta, el fruto que da la planta, o la resistencia a las pestes.

Hay miles de híbridos de rosa en casi todos los colores y una variedad de formas.

8. Para cumplir con un pedido, un agricultor de rosas necesita producir plantas que den flores naranjas en los meses más fríos del otoño. Describe cómo el agricultor podría producir este híbrido.

© Houghton Mifflin Harcourt • Image Credits: (t) ©blickwinkel/Alamy; (tc) ©Carrie Anne Castillo/Moment/Getty Images; (bc) ©Jolanta Wojcicka/Shutterstock; (b) ©pressdigital/iStock/Getty Images Plus/Getty Images

Relacionar la reproducción con la variación genética

La reproducción es el proceso por el cual un organismo hereda genes, que son segmentos de ADN en un cromosoma. Los genes heredados del progenitor o los progenitores determinan los rasgos de los descendientes. Cuando un organismo se reproduce asexualmente, los descendientes reciben todo el material genético de un solo progenitor. Cuando un organismo se reproduce sexualmente, cada progenitor aporta sus genes a los descendientes.

Aunque las hidras pueden reproducirse sexualmente, su principal modo de reproducción es a través de *gemación*, un tipo de reproducción asexual. Una yema comienza a desarrollarse en el cuerpo de un adulto. Cuando desarrolla una boca y tentáculos, la yema se separa del adulto. Los anfibios se reproducen sexualmente. Los anfibios adultos hembra producen óvulos, que los anfibios adultos macho fertilizan con el esperma.

Una hidra es un animal que vive en aguadulce. El cuerpo tiene forma de tubo. Tiene tentáculos alrededor de la boca.

Un anfibio es un animal que vive en la tierra y en el agua.

9. **Comenta** ¿Crees que los descendientes de cada organismo son genéticamente idénticos al progenitor o que no son genéticamente idénticos al progenitor? Justifica tu respuesta con evidencias.

© Houghton Mifflin Harcourt • Image Credits: (t) ©Tom Branch/Science Source; (b) ©Robin Moore/National Geographic Magazines/Getty Images

Herencia y reproducción asexual

Los procariotas, como las bacterias, son unicelulares y se reproducen por medio de un tipo de división celular llamado *fisión binaria*. Este proceso produce dos organismos unicelulares que son genéticamente idénticos al progenitor. La reproducción asexual en los organismos multicelulares es más complicada, pero también incluye, a menudo, un tipo de división celular que produce células genéticamente idénticas.

Si los descendientes son genéticamente idénticos a los progenitores, nos aseguramos de que los progenitores transmitan a sus descendientes los rasgos más favorables. Sin embargo, si el medio ambiente cambia, es menos probable que una población con una variación genética baja tenga individuos con rasgos que le permitan sobrevivir.

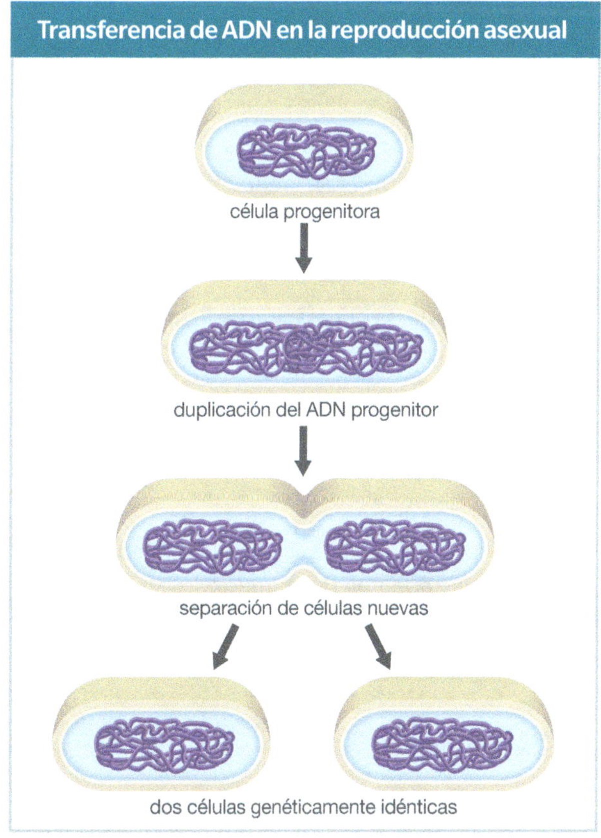

Práctica matemática

Calcula la tasa de reproducción asexual

El tiempo de generación es el tiempo promedio entre dos generaciones de una población. Por ejemplo, si un cierto tipo de bacterias se reproduce cada 20 minutos, el tiempo de generación es 20 minutos. Como las bacterias se reproducen dividiéndose en dos células, una población de bacterias puede duplicarse en un tiempo de generación.

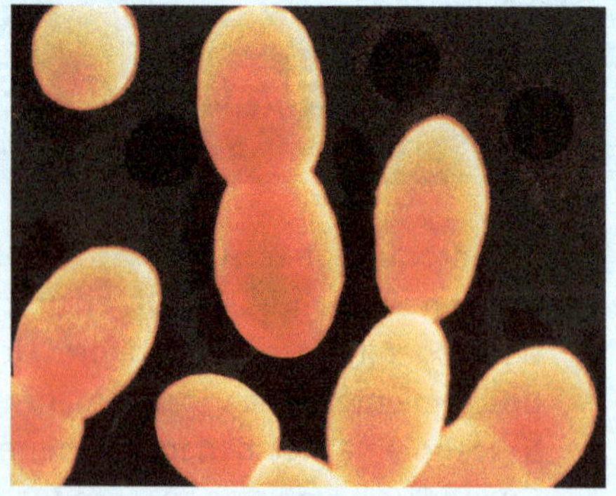

Lactococcus lactis es una bacteria comúnmente usada en la producción de queso.

10. Usa los datos de la tabla para crear una gráfica lineal de la población de bacterias a través del tiempo.

Tiempo (en minutos)	Número de células *Lactococcus lactis*
0	1
52	2
104	4
156	8
208	16
260	32
312	64

11. ¿Cuál es la variable independiente? ¿Cuál es la variable dependiente?

12. El tiempo de generación de la mayoría de las bacterias puede medirse en minutos. ¿Qué ventaja puede tener poder reproducirse muy rápido?

13. Si las células bacterianas pueden reproducirse tan rápido, ¿cómo es que las bacterias no se apoderan del mundo?

© Houghton Mifflin Harcourt • Image Credits: ©SCIMAT/Science Source

Herencia y reproducción sexual

La reproducción sexual requiere de dos progenitores. Cada progenitor produce **gametos** o células sexuales. En los animales, en muchas plantas, algas y hongos, los organismos hembra producen óvulos, y los organismos macho producen espermatozoides. Los gametos tienen la mitad del número de cromosomas, una copia de cada cromosoma. Los gametos progenitores son todos genéticamente diferentes.

Durante la reproducción sexual, un espermatozoide y un óvulo se unen en un proceso llamado *fertilización*. Cuando un espermatozoide fertiliza un óvulo, se forma una nueva célula genéticamente diferente. Esta célula, llamada *cigoto*, tiene un set completo de material genético porque un progenitor ha aportado la mitad de cromosomas y el otro progenitor, la otra mitad. Entonces, el cigoto ha heredado dos copias de cada gen, una de cada progenitor. Los genes pueden ser idénticos o pueden ser distintos. El cigoto se dividirá muchas veces para formar un organismo genéticamente diferente a los dos progenitores.

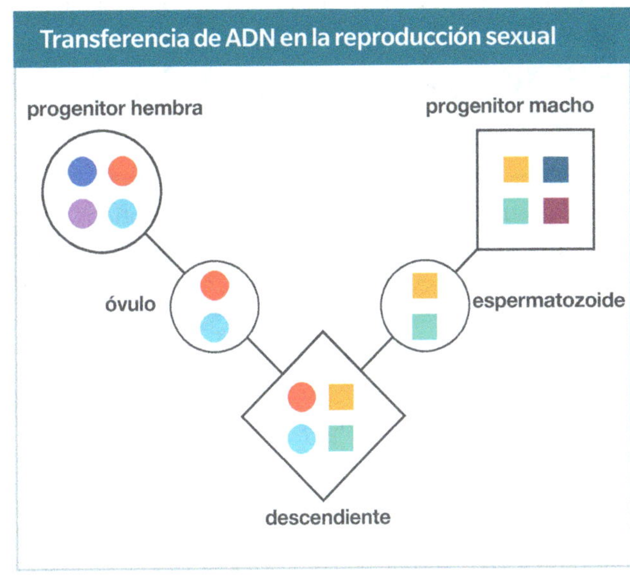

14. ¿Qué otras combinaciones genéticas pueden producir los organismos progenitores del diagrama? Encierra en un círculo la letra con las posibilidades correctas.

A. 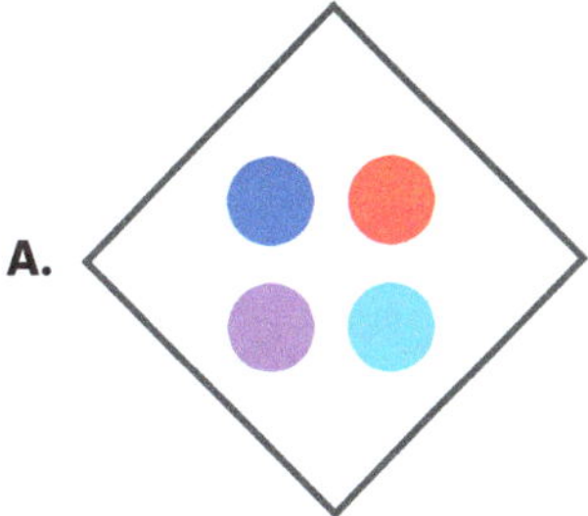

B. 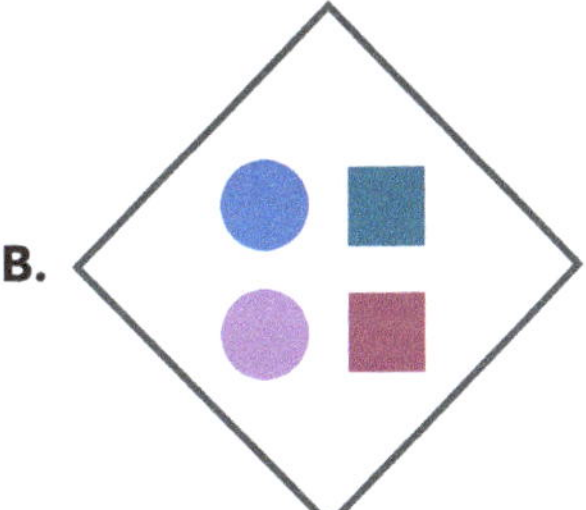

C. 

D. 

© Houghton Mifflin Harcourt

Ventajas de la variación genética

La reproducción sexual aumenta la variación genética de una población de organismos. Los descendientes tienen rasgos que difieren entre sí y de los de sus progenitores. La variación genética mejora las probabilidades de que sobrevivan, al menos, algunos individuos. Si el medio ambiente cambia, es probable que una población con mayor variación genética tenga individuos con rasgos que le permitan sobrevivir en condiciones nuevas.

Práctica de laboratorio

Haz un modelo de la reproducción sexual y asexual

Harás predicciones sobre los genotipos y fenotipos que habrá en la reproducción sexual y asexual de los manzanos. Luego, compararás los efectos que tiene cada tipo de reproducción en la variación genética de la población del manzano.

Los manzanos son uno de los cultivos más valiosos en los Estados Unidos, e incluyen alrededor de 100 variedades diferentes o *cultivares*. Los manzanos producen flores que son visitadas por animales como las abejas, que llevan el polen de un árbol a otro. Los manzanos también pueden desarrollarse a partir de trozos de raíz. Los pulgones son pestes comunes del manzano. Se alimentan de los jugos del árbol que están en las hojas y pueden reducir el desarrollo del árbol si aparecen en grandes cantidades.

MATERIALES

- monedas (6)
- lápices de colores
- marcador
- cinta de enmascarar

Procedimiento y análisis

PASO 1 Examina la información de la tabla, que describe la genética de varios rasgos del manzano.

Rasgo	Alelo dominante (Símbolo)	Alelo recesivo (Símbolo)
color de la flor	rosa (*F*)	blanco (*f*)
color de la fruta	rojo (*C*)	verde (*c*)
resistencia al pulgón	no resistente (*R*)	resistente (*r*)

PASO 2 ¿Cuáles son los genotipos que pueden resultar de un árbol con flores rosas, fruta verde y resistencia al pulgón?

PASO 3 Enumera todos los genotipos y fenotipos para cada rasgo de los descendientes que podrían resultar de la reproducción asexual de un manzano con el genotipo *FfCcRr*. Anota los genotipos y los fenotipos en la tabla.

PASO 4 Enumera todos los genotipos y los fenotipos para cada rasgo de los descendientes que podrían resultar de la reproducción sexual de un manzano con los genotipos de los progenitores *FfCcRr* × *FfCcRr*. Anota los genotipos y los fenotipos en la tabla.

Reproducción asexual		Reproducción sexual	
genotipos	fenotipos	genotipos	fenotipos

PASO 5 ¿En qué se diferencian los genotipos y los fenotipos de los descendientes en cada tipo de reproducción?

© Houghton Mifflin Harcourt

PASO 6 Se puede arrojar una moneda para determinar la probabilidad de que los descendientes reciban ciertos alelos en la reproducción sexual. Usa cinta de enmascarar y un marcador para hacer un set de tres monedas que represente los alelos de los progenitores (*FfCcRr*). Por ejemplo, se debe poner el rótulo *F* en uno de los lados de la moneda y el rótulo *f* en el otro.

PASO 7 Haz otro set de monedas que representen al otro progenitor (*FfCcRr*).

PASO 8 Arroja las seis monedas para determinar el genotipo de un descendiente. Anota en la tabla los genotipos y los fenotipos de los descendientes.

PASO 9 Arroja la moneda dos veces más. Anota en la tabla los genotipos y los fenotipos de los descendientes.

Ronda de reproducción	Genotipo	Fenotipo
1		
2		
3		

PASO 10 ¿Qué diferencias hay entre los genotipos y los fenotipos de los descendientes entre sí y los de sus progenitores?

PASO 11 Resume la relación entre cada tipo de reproducción y la variación genética en los descendientes.

© Houghton Mifflin Harcourt

CUADERNO DE EVIDENCIAS

15. La variación genética puede causar diferencias en muchos rasgos como la resistencia a las enfermedades. Describe la variación genética de las plantas de plátano para consumo humano. ¿Cómo crees que este nivel de variabilidad se relaciona con la amenaza de la enfermedad de Panamá en los cultivos de plátano? Anota las evidencias.

Artes del lenguaje

Compara la reproducción asexual con la reproducción sexual

16. Compara la reproducción asexual con la reproducción sexual completando el diagrama de Venn con frases del banco de palabras.

- un progenitor
- dos progenitores
- produce descendientes
- variación genética
- más rápida
- más lenta
- muchos descendientes
- pocos descendientes

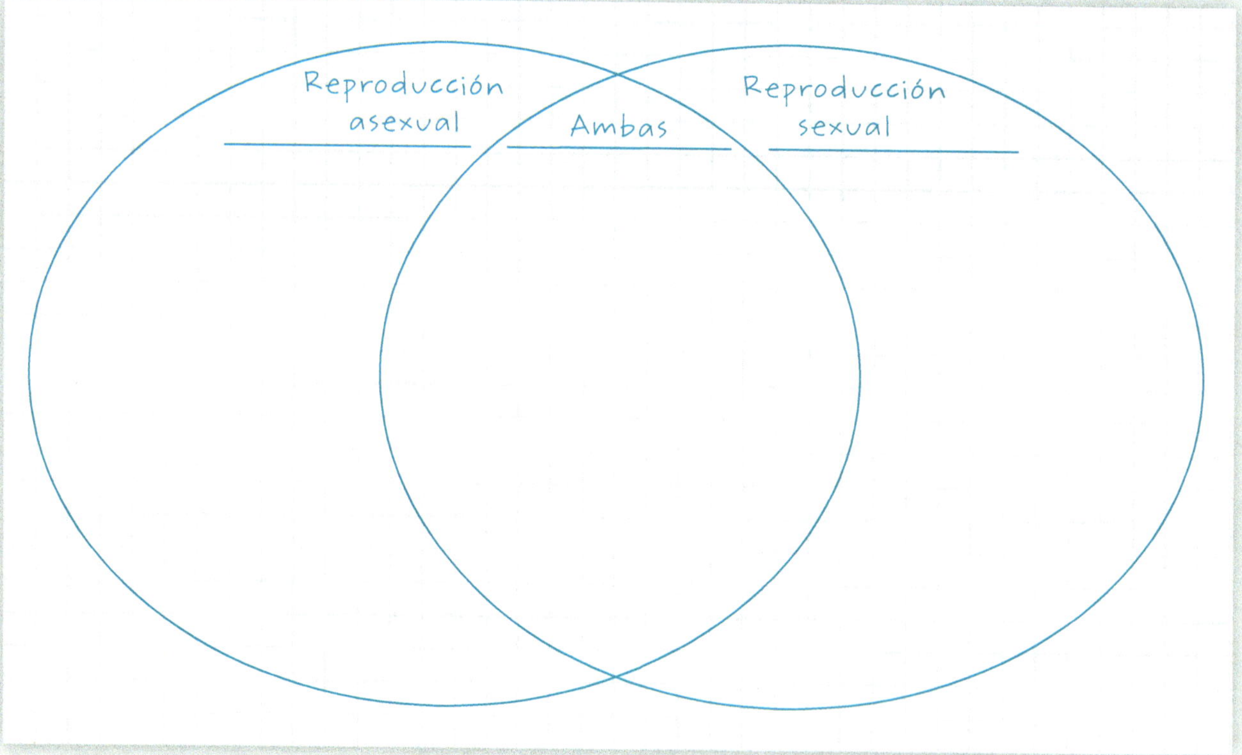

17. Usando tu diagrama de Venn terminado, escribe un resumen que detalle las ventajas y las desventajas de cada tipo de reproducción.

© Houghton Mifflin Harcourt

Sigue explorando

Nombre: **Fecha:**

Fíjate en esta opción o conéctate y elige alguna de las opciones que ves.

Factores que influyen en la reproducción

- **Prácticas de laboratorio**
- **Reproducción extraña**
- **Busca una opción para ti**

Conéctate y elige alguna de estas opciones.

Casi todos los organismos multicelulares se reproducen sexualmente, pero algunos también pueden reproducirse asexualmente. Los factores ambientales como la luz, la temperatura y los suministros alimentarios pueden influir en el tipo de reproducción usado por estos organismos. Los organismos que pueden usar ambos tipos de reproducción podrán reproducirse con éxito en condiciones favorables y en condiciones más complicadas.

La reproducción de la abeja ocurre cuando una abeja reina se junta con una abeja macho, llamada zángano. La reina es la única abaja hembra que puede aparearse con otra abeja. La abeja reina usa el esperma del zángano para fertilizar los óvulos que se convertirán en abejas obreras hembras. Una colonia promedio tiene entre 20,000 y 80,000 abejas obreras. La reina también puede poner óvulos no fertilizados que se covertirán en zánganos. Una colonia promedio tiene entre 300 y 800 zánganos.

1. ¿Cuáles son las ventajas de este método de reproducción para la colonia de abejas? Elige todas las respuestas correctas.

A. La abeja reina es la única de la colmena que se produce como resultado de la reproducción sexual.

B. Las abejas obreras que se producen sexualmente tienen diversidad genética, lo que permitiría aumentar la aptitud biológica general.

C. Las abejas macho no son necesarias para que la colonia funcione, y pueden producirse solo cuando es necesario procrear.

© Houghton Mifflin Harcourt • Image Credits: ©fiftymm99/Moment/Getty Images

Sigue explorando

Los hongos son organismos multicelulares que pueden vivir en cualquier lugar donde haya materia en descomposición, pero muchas especies de hongos se asocian con los árboles. Los hongos se reproducen asexualmente liberando esporas, que son células reproductivas que pueden convertirse en un nuevo individuo sin fusionarse con otra célula reproductiva. También pueden reproducirse asexualmente por gemación. Los hongos pueden reproducirse sexualmente cuando se fusionan las esporas de los progenitores.

2. Describe cómo los cambios ambientales pueden afectar al tipo de reproducción utilizada por los hongos. Relaciona el tipo de reproducción con la variación genética de los descendientes.

Las plantas de fresas pueden reproducirse sexualmente produciendo frutos o asexualmente a través de los estolones. Los estolones son extensiones del tallo principal de la planta que se expanden por la tierra y desarrollan nuevas plantas de fresa.

3. ¿Cuál es la ventaja de producir muchos estolones a partir del tallo central? ¿Cuál es la desventaja para la planta central?

© Houghton Mifflin Harcourt • Image Credits: (t) ©Shaiith/iStock/Getty Images Plus/Getty Images; (b) ©Julia Volodina/iStock/Getty Images Plus/Getty Images

4. **Colaborar** Otros organismos que pueden reproducirse tanto sexualmente como asexualmente son los dragones de Komodo, los insectos palo, las plantas de jengibre y las levaduras. Selecciona una de estas especies con un compañero e investiguen las estrategias reproductivas. ¿En qué condiciones el organismo usa diferentes modos de reproducción? Muestra lo que descubriste con un póster o una presentación.

¿Puedes explicarlo?

Nombre: **Fecha:**

CUADERNO DE EVIDENCIAS

Consulta las anotaciones de tu Cuaderno de evidencias para explicar por qué el plátano Cavendish enfrenta la extinción.

1. Haz una afirmación. Asegúrate de que tu afirmación explique por qué el plátano Cavendish está en peligro de extinción.

2. Resume las evidencias que reuniste para justificar tu afirmación y explicar tu razonamiento.

© Houghton Mifflin Harcourt • Image Credits: ©Nigel Cattlin/Alamy; ©David Hancock/Alamy (inset)

Ejercicios de revisión

Responde las siguientes preguntas para comprobar si entendiste bien la lección.

Usa la fotografía para responder las Preguntas 3 y 4.

Un tití de cabeza blanca protege sus bebés mellizos.

3. Por lo general, los tití dan a luz a mellizos, dos descendientes que se gestan a partir de dos óvulos diferentes fertilizados. Los tití mellizos son genéticamente idénticos / no idénticos.

4. ¿Qué ventaja obtiene el tití de cabeza blanca con su método de reproducción?
   - **A.** La población de titís tiene variación genética.
   - **B.** El tití puede reproducirse sin una pareja.
   - **C.** El tití puede tener muchos descendientes a la vez.
   - **D.** El tití se puede reproducir por medio de la gemación.

Usa la fotografía para responder las Preguntas 5 y 6.

Una flor diente de león joven (flósculos amarillos) crece al lado de una flor madura con una cabeza llena de semillas.

5. Las diente de león pueden producir semillas por medio de reproducción sexual y asexual. ¿Cómo beneficia esto a la diente de león? Elige todas las respuestas correctas.
   - **A.** Las plantas que se producen sexualmente proveen diversidad genética a la población.
   - **B.** Las plantas que se producen asexualmente permiten que los descendientes tengan los rasgos más favorables.
   - **C.** Las plantas que se producen sexualmente no compiten con las plantas que se producen asexualmente.
   - **D.** Las plantas que se producen asexualmente pueden colonizar el área rápidamente.

6. Si arrancas de la tierra una planta de diente de león, puede crecer una nueva planta de diente de león a partir de fragmentos que hayan quedado de la profunda raíz principal. ¿En qué condiciones ambientales puede ser esto un ventaja? Elige todas las respuestas correctas.
   - **A.** condiciones de superficie cálida
   - **B.** conditions de superficie seca
   - **C.** condiciones de superficie fría
   - **D.** condiciones de superficie húmeda

© Houghton Mifflin Harcourt • Image Credits: (t) ©blickwinkel/Alamy; (b) ©Say-Cheese/iStock/Getty Images Plus/Getty Images

Repaso interactivo

Completa esta sección para repasar los conceptos principales de la lección.

Existen dos tipos de reproducción: la reproducción asexual, que ocurre con un progenitor, y la reproducción sexual, que ocurre con dos progenitores.

A. Compara las ventajas de cada tipo de reproducción.

La reproducción asexual produce descendientes que son genéticamente idénticos al progenitor. La reproducción sexual produce descendientes que pueden tener una combinación de genes de cada progenitor.

B. Dibuja un diagrama que compare la herencia de la reproducción asexual con la herencia de la reproducción sexual.

© Houghton Mifflin Harcourt • Image Credits: (t) ©SteveByland/iStock/Getty Images Plus/Getty Images; (b) ©Tom Branch/Science Source

LECCIÓN 3

La reproducción y el crecimiento de las plantas

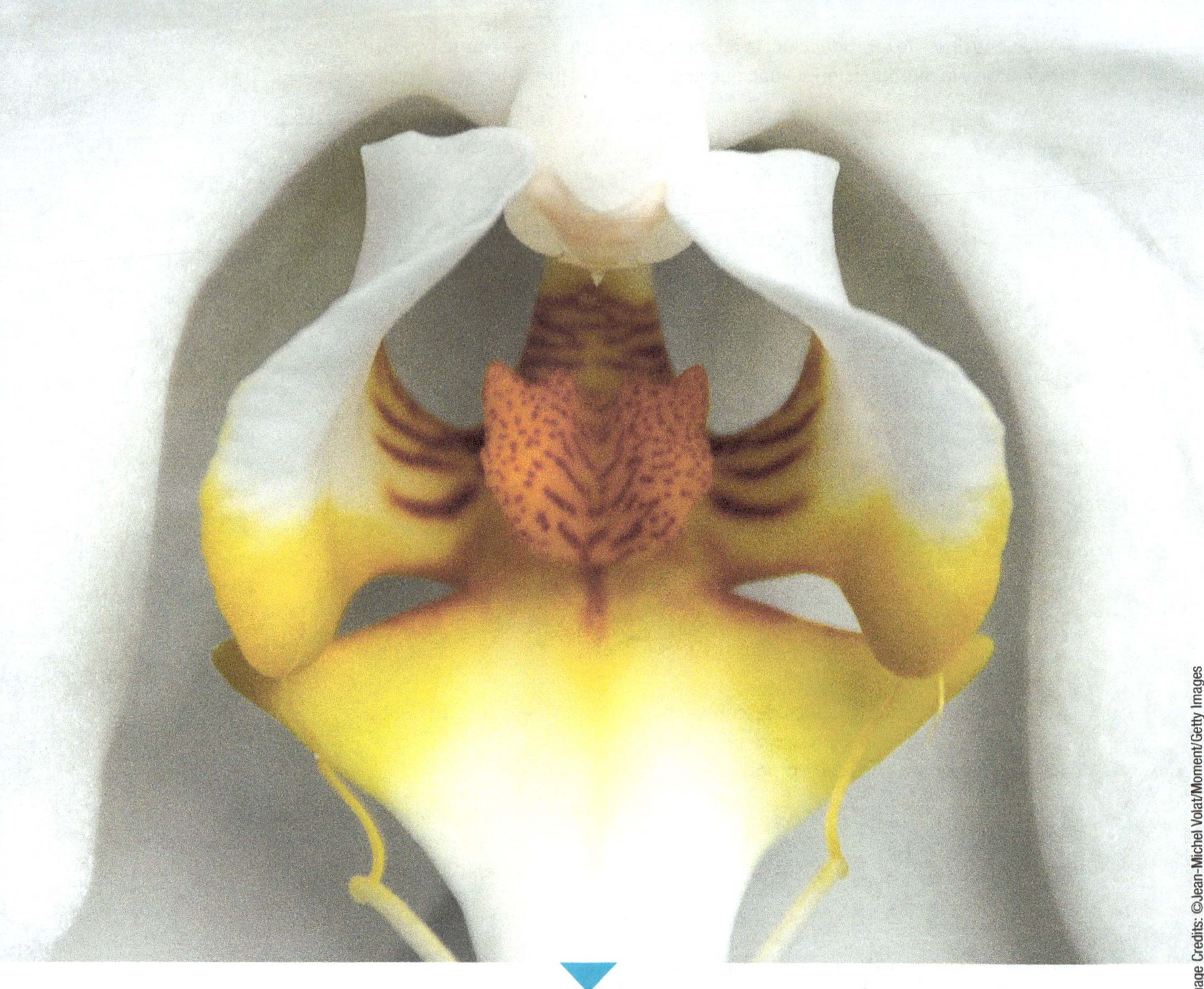

La orquídea mariposa, que crece en el Sudeste Asiático y en Australia, tiene flores durante tres meses.

© Houghton Mifflin Harcourt • Image Credits: ©Jean-Michel Volat/Moment/Getty Images

Al final de esta lección...

podrás explicar cómo los factores genéticos y ambientales afectan el crecimiento y la reproducción de las plantas.

Conéctate para ver la versión digital de la Práctica de laboratorio de esta lección y descargar recursos adicionales.

¿PUEDES EXPLICARLO?

¿Cómo se relaciona la estructura de la flor de loto sagrado con la reproducción?

El loto sagrado crece en el fango. Una sola planta puede vivir por mil años y las semillas pueden sobrevivir hasta 1,300 años.

© Houghton Mifflin Harcourt • Image Credits: ©Danita Delimont/Gallo Images/Getty Images

Los científicos descubrieron que el loto sagrado tiene la capacidad de regular la temperatura de sus flores. Cuando baja la temperatura del aire, la flor mantiene una temperatura estable y emite una fragancia.

1. ¿Qué función crees que cumple en la planta una flor que mantiene su temperatura cálida por la noche? ¿Qué función crees que cumple en la planta una flor con aroma dulce?

CUADERNO DE EVIDENCIAS Mientras trabajas con la lección, reúne evidencias para explicar la función de la flor de loto sagrado.

Investigar las estructuras reproductivas de las plantas

Como todos los seres vivos, las plantas producen brotes por medio de la reproducción. Cada especie tiene su forma de reproducirse, pero todas tienen estructuras específicas para hacerlo. Estas estructuras varían en color, forma y tamaño. Pueden ser una fuente de nutrientes para los animales o un objeto de valor estético para las personas.

Analizar las estructuras de las plantas

2. Examina las siguientes estructuras de las plantas. ¿Qué función crees que cumple cada estructura en la reproducción de la planta? Escribe las funciones para cada planta.

atraer animales	dispersar las semillas
proteger las semillas	

	Los sauces tienen racimos de flores llamados amentos, que pueden ser masculinos o femeninos. Los amentos femeninos tienen semillas cubiertas por pelos largos y esponjosos.	
	Los cerezos tienen flores distintivas que cambian del color blanco al rosado. Las flores tienen néctar azucarado y polen rico en proteínas.	
	Los granados crecen en climas cálidos y secos. Sus frutos coloridos y jugosos contienen las semillas.	
	El árbol picea azul tiene conos masculinos y femeninos, ambos están cubiertos de escamas. Los conos femeninos tienen semillas livianas.	

© Houghton Mifflin Harcourt • Image Credits: (t) ©Matthijs Wetterauw/Shutterstock; (tc) ©Joerg Arras/Getty Images; (bc) ©ozgurdonmaz/iStock/Getty Images Plus/Getty Images; (b) ©Tomo Jeseni?nik/Hemera/Getty Images

La reproducción sexual de las plantas

Todas las plantas se pueden reproducir sexualmente. Las plantas que provienen de la reproducción sexual son genéticamente diferentes a sus progenitores y entre sí. Esta variación genética aumenta las probabilidades de que algunos brotes tengan rasgos que les sirvan para sobrevivir a los cambios del medio ambiente.

La reproducción de las plantas sin semillas

Las plantas sin semillas no se reproducen mediante la producción de semillas. En vez de crecer a partir de las semillas, lo hacen mediante esporas. La *espora* de una planta sin semillas es una estructura diminuta que libera la planta progenitora y que puede convertirse en una nueva planta. El espermatozoide de una planta debe nadar en el agua para fertilizar el óvulo de otra planta. Debido a la necesidad de agua, muchas plantas sin semillas viven en medios ambientes húmedos. Un óvulo fertilizado se desarrolla y forma una estructura similar a un tallo que produce esporas y el ciclo de vida continúa.

Estructuras reproductivas de las plantas sin semillas

Los musgos son plantas sin semillas que crecen sobre las rocas, el suelo y hasta entre las grietas del pavimento.

Liberación de las esporas
Bajo las condiciones adecuadas, las esporas son liberadas desde esta parte de la planta de musgo, llamada *cápsula*. Las esporas pueden aterrizar muy lejos de la planta progenitora y dar origen a una nueva planta.

Fertilización
En esta parte de la planta ocurre la fertilización cuando un espermatozoide nada hasta un óvulo. Un óvulo fertilizado se convierte en una estructura similar a un tallo, en donde se producen las esporas.

© Houghton Mifflin Harcourt • Image Credits: ©David Maitland/The Image Bank/Getty Images

3. **Comenta** ¿Cómo puede afectar el clima seco la reproducción de una planta sin semillas?

La reproducción de las plantas con semillas

En las plantas con semillas, los espermatozoides viajan en una estructura microscópica llamada polen. El *polen* parece un polvo fino que puede ser transportado por el viento, el agua y los animales. Los óvulos se desarrollan dentro de una estructura llamada *ovario*. El ovario tiene una pequeña abertura por donde el polen puede entrar. Una vez que el polen fertiliza un óvulo, ocurre la **polinización**.

Un óvulo fertilizado se convierte en un embrión. Luego el embrión se transformará en una nueva planta. El ovario se convierte en la **semilla**, la estructura que contiene y protege al embrión. Las semillas pueden ser esparcidas lejos de las plantas progenitoras por el viento, el agua o los animales. Las semillas, luego de ser esparcidas, se convertirán en nuevas plantas.

Las plantas de semillas se pueden clasificar en plantas con flores y sin flores. Las plantas que no tienen flores producen semillas que no se encuentran dentro de un fruto. La mayoría de las plantas sin flores producen semillas dentro de una estructura llamada *cono*. Las plantas con flores producen flores y frutas. Estas plantas son el grupo más grande dentro del reino vegetal. También son el grupo más grande dentro de las plantas que viven en la tierra.

Estructuras reproductivas de las plantas de semillas sin flores.

Las coníferas son plantas sin flores que producen conos masculinos y femeninos.

El cono masculino Los sacos polínicos están ubicados en las escamas del cono masculino. El polen se produce aquí. Los conos masculinos maduros liberan polen al aire. El polen suele viajar con el viento.

El cono femenino Tiene un par de óvulos en cada escama. La polinización ocurre cuando el polen llega a la ovocélula dentro de un óvulo. Después de la polinización, los óvulos fertilizados se convierten en semillas. Las semillas se dispersan (liberan) cuando el cono se rompe.

© Houghton Mifflin Harcourt • Image Credits: ©Kathy Merrifield/Science Source

4. En base a la estructura de las siguientes semillas, decide si el método de dispersión se produce por el viento, el agua, o los animales. Luego describe tus evidencias. Escribe la respuesta en los espacios.

Estructura de la semilla	Método de dispersión
 plántulas de asclepia	
 bardana seca	
 semilla de palmera	

© Houghton Mifflin Harcourt • Image Credits: (t) ©Maria Dryfhout/iStock/Getty Images Plus/Getty Images; (c) ©Anita Stizzoli/E+/Getty Images; (b) ©tomas del amo/Alamy

CUADERNO DE EVIDENCIAS

5. El loto sagrado tiene un tegumento grande que se seca y hace que la flor se incline. ¿Cómo crees que se dispersan las semillas de la flor de loto sagrado?

La reproducción asexual de las plantas

Muchas plantas también se pueden reproducir asexualmente. Por ejemplo, en algunas plantas, una parte de la planta progenitora, como la raíz o el tallo, puede convertirse en una nueva planta. Los tubérculos, como las papas, pueden producir raíces que se agarran del suelo y crear nuevas plantas. Otras plantas, como las cintas, producen plántulas. Las *plántulas* son pequeñas plantas que crecen en los bordes de las hojas. Finalmente se despegan y se convierten en nuevas plantas. La reproducción asexual produce descendientes (brotes) que son genéticamente idénticos a la planta progenitora.

Cada brote de esta papa es una estructura asexual que puede transformarse en una nueva planta.

6. Escribe reproducción asexual o reproducción sexual para indicar el tipo de reproducción que sería más conveniente en cada una de las condiciones ambientales que se muestran en la siguiente tabla. Justifica tus respuestas con razonamiento.

Condición ambiental	Tipo de reproducción	Razonamiento
Los niveles de luz solar y de nutrientes son estables.		
El agua escasea.		
Aparece una plaga.		
Se habilita un nuevo espacio para el crecimiento.		

Artes del lenguaje

Elaborar un argumento

7. La mayoría de las plantas de la Tierra tienen semillas. Usa evidencias para elaborar un argumento que justifique por qué la producción de semillas puede ser beneficiosa para el éxito reproductivo de una especie vegetal.

© Houghton Mifflin Harcourt • Image Credits: ©Ed Reschke/Photolibrary/Getty Images

Analizar el éxito reproductivo de las plantas con flores

Las plantas no se pueden mover para encontrar pareja o depositar sus semillas en el lugar perfecto para que crezcan. El viento y el agua pueden servir para la reproducción vegetal. Sin embargo, muchas plantas dependen de los insectos, las aves o los mamíferos para que trasladen el polen y las semillas.

La polilla halcón visita las flores de noche.

8. Las plantas que florecen de noche suelen ser polinizadas por los animales que están en actividad en ese momento del día, como algunas especies de escarabajos, polillas y murciélagos. ¿Qué rasgos puede tener una planta que florece de noche para atraer a los animales nocturnos?

© Houghton Mifflin Harcourt • Image Credits: ©Sang Ho Lee/EyeEm/Getty Images

La polinización en las plantas con flores

Los espermatozoides de las plantas con semillas se encuentran en el polen. Cuando el polen llega al óvulo de una planta del mismo tipo, ocurre la *polinización*. Algunos tipos de plantas se autopolinizan. Esto significa que el polen se transfiere al óvulo de la misma planta. Otros tipos de plantas realizan la polinización cruzada. En este caso, el polen de una planta se transfiere al óvulo de otra planta. Los animales polinizadores cumplen un rol muy importante en la polinización cruzada de las plantas.

Las flores tienen néctar, un líquido rico en azúcares que brinda energía y nutrientes a los animales. Los animales que son atraídos a las flores por su color o perfume se alimentan con el delicioso néctar. La planta se beneficia porque el animal se lleva el polen que se le pega en el cuerpo. Luego el animal deposita el polen en la próxima flor que visita.

9. **Comenta** ¿Por qué una planta se beneficia de la capacidad de autopolinizarse y de tener adaptaciones que atraen a animales polinizadores?

Explorar la reproducción de una planta con flores

Las estructuras de los órganos reproductores de las flores se relacionan con sus funciones en la polinización.

Estambre El estambre es la estructura reproductiva masculina de una flor. Un estambre está formado por una antera, la parte de la flor que produce el polen. La antera se encuentra en la parte superior de un delgado tallo. Produce esporas que se transforman en polen.

Pistilo El pistilo es la estructura reproductiva femenina de una flor. Está formado por el estigma, el estilo y el ovario. El estigma suele ser pegajoso o estar cubierto de pelos. Esto facilita la recolección de polen. Dentro del ovario están los óvulos, que producen ovocélulas. Luego de la fertilización, los óvulos se convierten en semillas. El ovario se transforma en un fruto.

Polinizador Mientras los polinizadores se alimentan del néctar, del polen y de la fruta, el polen de la antera de una flor se les pega en el cuerpo. Cuando se dirigen hacia una segunda flor, el polen de la primera se pega en el estigma de la segunda. A su vez, el polen de la antera de la segunda flor se pega en el cuerpo de los polinizadores, listo para ser transportado hacia otra flor.

La heliconia se encuentra en los bosques lluviosos de América Central y del sur de México.

10. En base a la estructura de la heliconia, ¿qué animal crees que es su polinizador?

A.

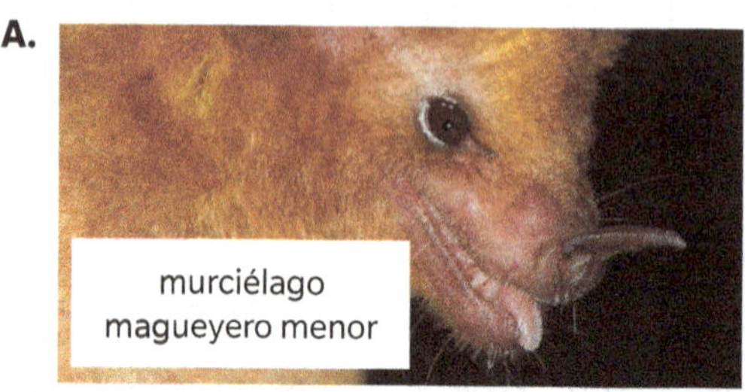

B.

C.

© Houghton Mifflin Harcourt • Image Credits: (tl) ©Zeliha Vergnes/iStock/Getty Images Plus/Getty Images; (bl) ©NHPA/Superstock; (tcr) ©Johner Images/Getty Images; (cr) ©Jouan & Rius/Nature Picture library/Alamy; (bcr) ©Ondrej Prosicky/Shutterstock

Práctica de laboratorio

Investiga la estructura de las flores

Diseca una flor y dibuja las estructuras que descubras.

Una flor contiene las estructuras masculinas y reproductivas de una planta con flores. Además, las flores tienen hojas llamadas *sépalos* y *pétalos*. Los sépalos cubren y protegen la flor durante la gemación. Los pétalos suelen ser coloridos y sirven para atraer a los animales polinizadores. El pedúnculo es parte del tallo que sostiene la flor. En el extremo del pedúnculo hay un receptáculo, que conforma la base de la flor.

MATERIALES

- flor
- lupa
- guantes de látex (si es necesario para las alergias)
- bisturí
- mascarilla (si es necesario para las alergias)

Procedimiento

PASO 1 Usa el bisturí para disecar la flor cuidadosamente. Clasifica las estructuras.

PASO 2 **Dibuja** Examina las estructuras con la lupa. Dibuja y nombra un ejemplo de cada estructura. Según el tipo de flor que diseques, las estructuras pueden verse diferentes de las ilustradas.

© Houghton Mifflin Harcourt

Análisis y conclusiones

PASO 3 Describe los patrones que observaste en la organización de las partes de la flor.

PASO 4 **Colaborar** Trabaja con un compañero, comenta qué características esperarías que tenga un animal polinizador del tipo de planta que disecaste.

CUADERNO DE EVIDENCIAS

11. Las abejas y los escarabajos polinizan la planta de loto sagrado. ¿De qué manera los rasgos de la flor de loto sagrado atraen a estos polinizadores?

La dispersión de las semillas de las plantas con flores

El viento y el agua dispersan las semillas de muchas plantas. Los animales también cumplen un rol en la dispersión de las semillas. Se sienten atraídos por los frutos sabrosos de algunas plantas con flores. Cuando un animal come un fruto, las semillas pasan a través del aparato digestivo de ese animal. Luego, a medida que el animal se traslada, deposita las semillas lejos de la planta progenitora.

Otros tipos de semillas pueden viajar en el pelaje o las patas de los animales que pasan. Las semillas tienen ganchos, espinas o sustancias pegajosas que permiten que se adhieran a los animales.

Algunos animales entierran las semillas de las plantas con la intención de volver para comerlas más tarde. Si un animal no recupera la semilla que enterró, esta puede germinar donde esté enterrada. Las ardillas que entierran bellotas son un buen ejemplo de este tipo de dispersión de las semillas que se produce mediante los animales.

12. ¿De qué manera la dispersión de semillas lejos de la planta progenitora puede ayudar a la supervivencia de la descendencia?

13. Muchos animales que dispersan las semillas de las plantas son aves o mamíferos. Algunos insectos y peces también las dispersan. Las hormigas, por ejemplo, las trasladan bajo tierra. ¿Cómo puede este método de dispersión ayudar a la supervivencia de las semillas?

Esta ave excretará las semillas de la chumbera a través del aparato digestivo.

Los abrojos se pegan al pelaje y las patas de los mamíferos, como en este caballo.

© Houghton Mifflin Harcourt • Image Credits: (t) ©Paco Toscano/Shutterstock; (b) ©Lenz/blickwinkel/Alamy

Práctica matemática

Analizar la pérdida de colonias de abejas

Las abejas son polinizadores importantes para el suministro alimentario global. En los Estados Unidos, las abejas polinizan $15 mil millones de manzanas, bayas, almendras y pepinos todos los años. Sin embargo, desde al menos 2006, las abejas sufren un fenómeno conocido como *trastorno de colapso de colonias* (CCD, por sus siglas en inglés). Los apicultores han experimentado más desapariciones de las esperadas en las colonias desde que se informó sobre el CCD por primera vez. Los científicos están investigando varias causas de CCD como bacterias, parásitos, uso de pesticidas y destrucción del hábitat. Otras causas de la pérdida de colonias incluyen las temperaturas extremas, la mala nutrición y la muerte de la abeja reina.

Cálculo de la pérdida de colonias de abejas, registrada por los EE. UU.

La gráfica muestra las pérdidas de colonias de abejas que fueron informadas durante un período de diez años. No se informaron los cálculos totales de las pérdidas anuales (verano e invierno) entre 2006 y 2009.

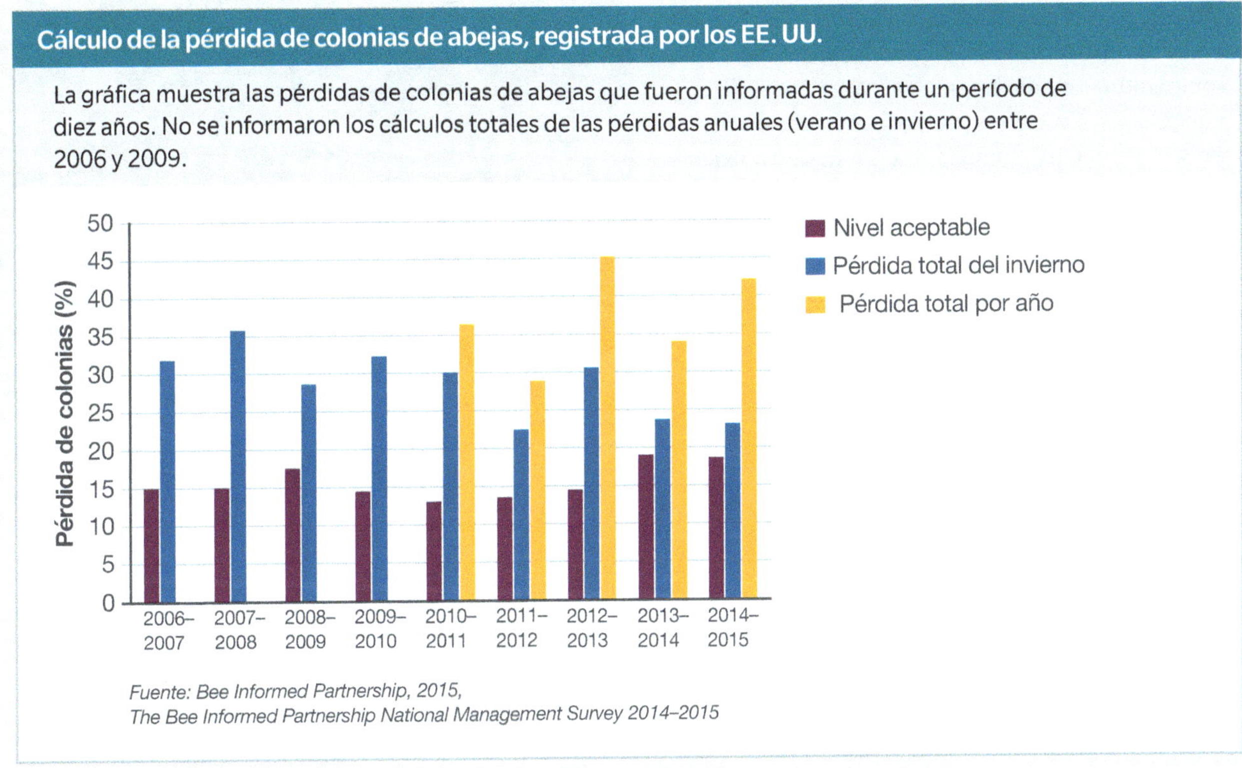

Fuente: Bee Informed Partnership, 2015, The Bee Informed Partnership National Management Survey 2014–2015

14. ¿Qué porcentaje de pérdida aceptable se calculó para los períodos 2006-2007 y 2007-2008 cuando se informó sobre el CCD por primera vez? ¿Por cuánto excedió las expectativas el cálculo total de pérdidas del invierno en estos años? ¿Durante qué año hubo mayor diferencia entre la pérdida aceptable y la pérdida total del invierno?

15. ¿Cuál fue el promedio de pérdida anual total a través de los años que se contempla en esta gráfica? ¿Cuál fue el promedio de pérdida total de invierno durante el mismo período de tiempo? ¿Qué puedes deducir sobre las contribuciones de las pérdidas de invierno y verano a las pérdidas anuales totales durante este período?

© Houghton Mifflin Harcourt

Describir los factores que afectan el crecimiento de las plantas

Para crecer, las plantas necesitan aire, luz solar, agua, espacio y nutrientes. Cada especie vegetal tiene sus propias necesidades. Por ejemplo, las semillas de distintas plantas pueden tener distintas necesidades para *germinar*, o transformarse de semilla en planta pequeña. Los procesos controlados por los genes dentro de la semilla se activan por la temperatura, la humedad y la luz. Estas señales ambientales indican que las condiciones son apropiadas para el crecimiento de la planta. Algunas semillas necesitan temperaturas extremas para germinar, como la congelación o el calor extremo. Las temperaturas extremas ayudan a romper la cubierta seminal para que el agua y el oxígeno que el embrión necesita para crecer puedan entrar a la semilla. Las semillas pueden retrasar la germinación, o entrar en estado de *dormancia*, hasta que las condiciones sean apropiadas para el crecimiento de la planta.

Las semillas de iris de Holanda necesitan temperaturas bajas para crecer.

16. Explica cómo la combinación de los factores genéticos y ambientales causa la germinación de las semillas.

© Houghton Mifflin Harcourt • Image Credits: ©zorani/E+/Getty Images

Los factores genéticos afectan el crecimiento de la planta

Los factores genéticos son las formas específicas de los genes que los progenitores pasan a sus descendientes durante la reproducción. Los genes de una planta afectan sus rasgos. Por lo tanto, los distintos genes son responsables de las diferencias en los miles de tipos de plantas, o especies, que existen en la Tierra. Por ejemplo, los helechos crecen bien bajo las condiciones húmedas y oscuras del suelo del bosque, y los cactus crecen bien bajo las condiciones secas y luminosas. La capacidad que tienen los distintos tipos de plantas para crecer bajo condiciones tan diferentes se debe a las diferencias genéticas entre las especies vegetales.

Las plantas de una misma especie también pueden tener diferencias genéticas. Estas diferencias existen porque puede haber distintas formas del mismo gen. Por ejemplo, distintas variedades de la misma especie vegetal pueden crecer a distinta velocidad, aunque estén plantadas en el mismo jardín. Distintas formas de ciertos genes vegetales pueden afectar la tolerancia a la sequía o el tamaño de las hojas, y ambos pueden afectar el crecimiento de la planta.

Ingeniería

Explorar los híbridos vegetales

Quienes cultivan plantas realizan la polinización cruzada en distintos tipos de plantas para producir los rasgos que desean en los descendientes. Por ejemplo, pueden intentar introducir resistencia a las enfermedades, la sequía o las pestes. También seleccionan el color de la flor, frutos más grandes o variedades sin semillas. (Imagina uvas y sandías sin semillas). Estas plantas domesticadas tienen diferencias genéticas con las plantas progenitoras.

Los tomates reliquia se destacan por su sabor, color y apariencia inusual.

Los tomates amarillos son muy dulces y resisten temperaturas más frías.

Los tomates uva son dulces, pequeños y resistentes al calor.

Los tomates Juliet son dulces, pequeños y resistentes a las pestes.

17. ¿Cómo sería un híbrido deseable de la cruza entre un tomate amarillo y un tomate Juliet?

18. Un cultivador de tomates nota que un híbrido no atrae polinizadores a sus flores. ¿Qué cambio genético puede haber ocurrido en este híbrido? ¿Qué significa eso para la supervivencia a largo plazo del híbrido?

© Houghton Mifflin Harcourt • Image Credits: (t) ©Brent Hofacker/Shutterstock; (bl) ©Simon Maycock/Stockimo/Alamy; (bc) ©boonsom/iStock/Getty Images Plus/Getty Images; (br) ©Alan & Linda Detrick/Science Source

Los factores ambientales afectan el crecimiento de la plantas

Las condiciones ambientales influyen en el crecimiento y la supervivencia de las plantas. Las plantas necesitan agua y nutrientes para crecer. La sequía y las malas condiciones del suelo pueden afectar seriamente la salud de una planta. Las plantas compiten por los recursos que necesitan. Si la zona donde crecen se vuelve superpoblada, pueden morir. Los cambios estacionales, como los veranos inusualmente secos o las heladas tardías de la primavera, pueden alterar el ciclo de vida de las plantas. Los sucesos meteorológicos, como los tornados, pueden destruir cultivos y bosques.

19. Lee las condiciones ambientales. Decide si cada condición afectará positivamente o negativamente al crecimiento de la planta.

Condición	Efecto sobre el crecimiento
Se agregó al suelo materia orgánica rica en nutrientes.	
El hábitat tuvo niveles de lluvia menores que lo normal para el año.	
Muchas semillas que cayeron cerca de la planta progenitora germinaron y comenzaron a crecer.	
Crecieron árboles altos alrededor de la planta.	

Analizar el crecimiento del álamo temblón

álamos temblones

El álamo temblón es un tipo de árbol nativo de las regiones frías. Estos árboles suelen ser una especie pionera de las zonas que perdieron su vegetación recientemente debido a la erosión, el fuego o las pestes. Brindan protección a las plántulas coníferas, pero suelen desaparecer cuando las coníferas ocupan el área. Pueden reproducirse sexualmente, pero se reproducen asexualmente con más frecuencia por medio de los tallos de un solo sistema de raíces.

20. Los álamos de montaña suelen usarse para decorar el paisaje de los hogares en zonas urbanas o suburbanas de menor elevación. ¿Qué factores pueden afectar el crecimiento de los álamos de montaña en el nuevo hábitat?

21. ¿Crees que un álamo temblón podría tolerar la sombra? ¿Por qué?

22. Pequeños bosques de álamos temblones que parecen ser árboles separados pueden ser varios tallos unidos a un extenso sistema de raíces subterráneo. ¿Esperarías que los individuos de una arboleda se adapten a los cambios en el medio ambiente? Explícalo.

© Houghton Mifflin Harcourt • Image Credits: ©Toby Adamson/Design Pics/Alamy

SIGUE EXPLORANDO

Nombre: **Fecha:**

Fíjate en esta opción o conéctate y elige alguna de estas opciones.

Niveles de capsaicina en los pimientos

- **Prácticas de laboratorio**
- **Bóvedas de semillas**
- **Busca una opción para ti**

Conéctate y elige alguna de estas opciones.

La sensación de "calor" que experimenta una persona al comer un pimiento picante no es sabor. Cuando una persona come un pimiento picante, los receptores de dolor en la boca se activan. La escala de Scoville es una escala que mide el picor de un pimiento, que es causado por un compuesto químico llamado *capsaicina*.

La cantidad de capsaicina en un pimiento se determina en parte por su genética y en parte por las condiciones ambientales del lugar en el que crece. Estas condiciones incluyen factores como la temperatura, la humedad, las condiciones del suelo, la luz y la disponibilidad de agua. Cuando crecen en condiciones poco ideales, los pimientos que por su genética deberían tener poco picor se vuelven más picantes, mientras que los que deberían ser más picantes serán más suaves.

Hoy en día, el segador de Carolina es el pimiento más picante del mundo, con un picor de 1,569,300 de SHU (unidades de la escala de Scoville). Se cree que es un híbrido entre el pimiento fantasma y el Savina rojo.

© Houghton Mifflin Harcourt • Image Credits: (c) ©The Oxfordshire Chilli Garden/Alamy; (tcr) ©Andyworks/iStock/Getty Images Plus/Getty Images; (bcr) ©swa182/Shutterstock

Sigue explorando

1. ¿Cómo puede un agricultor aumentar sus probabilidades de cultivar un pimiento con cierto nivel de picor en la escala Scoville?

2. Una planta de pimientos que produce frutos de bajo picor se cultiva en una zona de sequía. ¿Qué debería esperar el agricultor que suceda con la planta? ¿Por qué?

3. Un agricultor quiere crear un pimiento con una medida SHU más alta que el segador de Carolina. ¿Qué puede hacer para lograrlo?

© Houghton Mifflin Harcourt

4. **Colaborar** ¿Por qué crees que los pimientos tienen capsaicina? ¿De qué manera puede afectar la capsaicina la reproducción o el crecimiento de una planta de pimientos? Investiga hipótesis sobre la función de la capsaicina. Usa varias fuentes confiables para reunir información. Expone tus conclusiones en un corto ensayo o en una presentación multimedia.

¿Puedes explicarlo?

Nombre: **Fecha:**

¿Cómo se relaciona la estructura de la flor de loto sagrado con la reproducción?

CUADERNO DE EVIDENCIAS

Consulta las anotaciones de tu Cuaderno de evidencias para explicar cómo la estructura de la flor de loto sagrado contribuye al éxito reproductivo de la planta.

1. Haz una afirmación. Asegúrate de que esa afirmación explique bien la función de la flor de loto sagrado.

2. Resume las evidencias que reuniste para justificar tu afirmación. Explica tu razonamiento.

© Houghton Mifflin Harcourt • Image Credits: ©Danita Delimont/Gallo Images/Getty Images

Ejercicios de revisión

Responde las siguientes preguntas para comprobar si entendiste bien la lección.
Usa la fotografía para responder las Preguntas 3 y 4.

3. ¿Cómo crees que esta flor contribuye al éxito reproductivo de la planta?

A. La forma de los pétalos atrae a los polinizadores.

B. La flor atrae abejas que creen que están frente a una pareja.

C. La flor ahuyenta aves en busca de alimento.

4. Numera los enunciados en orden para describir cómo un animal polinizador contribuye a la polinización de las plantas con flores.

_______ Los óvulos se transforman en semillas.

_______ El polinizador vuela a otra flor donde el polen se pega al estigma de esa flor.

_______ Los espermatozoides en el polen fertilizan las ovocélulas.

_______ El animal polinizador se alimenta del néctar y el polen de la flor se le pega al cuerpo.

Observa la foto y responde la Pregunta 5.

5. Los árboles bonsái son plantas "entrenadas" para ser pequeñas a través de la poda y el modelado. Pueden crecer de semillas o de esquejes. ¿Qué enunciados son correctos sobre los árboles bonsái? Elige todas las respuestas correctas.

A. Los árboles bonsái no necesitan la misma cantidad de luz, agua y nutrientes que su especie.

B. Los árboles bonsái necesitan la misma cantidad de luz, agua y nutrientes que su especie.

C. Los árboles bonsái se pueden reproducir sexual y asexualmente.

D. Los árboles bonsái solo se pueden reproducir sexualmente.

© Houghton Mifflin Harcourt • Image Credits: (t) ©Andreas Zerndl/Shutterstock; (b) ©Mario Savola/Shutterstock

---

6. ¿Las personas que crean híbridos vegetales siempre saben exactamente qué rasgos tendrán? Elige todas las respuestas correctas.

A. Sí. Las personas crean híbridos porque quieren combinar los mejores rasgos de una planta con los mejores rasgos de otra planta.

B. No. Las personas no pueden predecir todos los rasgos que el híbrido tendrá.

C. No. Un agricultor puede tener éxito al cultivar un híbrido con el rasgo específico que buscaba, pero el híbrido también puede tener otro rasgo menos deseable.

D. Sí. El resultado de la reproducción se puede predecir con una certeza del 100%.

Repaso interactivo

Completa esta sección para repasar los conceptos principales de la lección.

Todas las plantas se pueden reproducir sexualmente y crear descendientes con diversidades genéticas. Muchas se pueden reproducir asexualmente y crear descendientes genéticamente idénticos.

A. ¿En qué se parecen las plantas con semillas sin flores a las plantas con flores? ¿En qué se diferencian?

Todas las plantas tienen estructuras reproductivas especializadas. Las plantas pueden ser polinizadas por el viento o el agua y pueden autopolinizarse. También dependen de los animales polinizadores.

B. Describe cómo contribuyen los animales al éxito reproductivo de un planta.

Tanto los factores ambientales como los genéticos influyen en el crecimiento de la planta.

C. Dibuja un diagrama de causas y efectos con ejemplos de cómo los factores genéticos y ambientales afectan el crecimiento de las plantas.

© Houghton Mifflin Harcourt • Image Credits: (t) ©Tomo Jeseni?nik/Hemera/Getty Images Plus/Getty Images; (c) ©Zeliha Vergnes/iStock/Getty Images Plus/Getty Images; (b) ©Toby Adamson/Design Pics/Alamy

LECCIÓN 4

La reproducción y el crecimiento de los animales

Los elefantes se desarrollan dentro de su madre durante 20 a 22 meses, lo que es más que en cualquier otro mamífero.

© Houghton Mifflin Harcourt • Image Credits: ©Heinrich van den Berg/Gallo Images/Getty Images

Al final de esta lección...

podrás explicar cómo la conducta de un animal afecta su éxito reproductivo.

Conéctate para ver la versión digital de la Práctica de laboratorio de esta lección y descargar recursos adicionales.

¿PUEDES EXPLICARLO?

¿Por qué pelean estas cebras macho?

Estas cebras viven en las llanuras con pastizales del Parque Nacional Etosha en Namibia. Las cebras de la llanura viven en grupos familiares que incluyen un macho y varias hembras con sus descendientes.

© Houghton Mifflin Harcourt • Image Credits: ©Gallo Images - Brian Joffe/Riser/Getty Images

1. Piensa en tres razones que expliquen por qué pueden estar peleando estas cebras.

CUADERNO DE EVIDENCIAS Mientras trabajas con la lección, reúne evidencias para explicar por qué las cebras macho se pelean.

Descripción de la reproducción animal

Los científicos estiman que en la Tierra viven ocho o nueve millones de especies de animales. Aunque algunos de estos animales pueden reproducirse asexualmente, la reproducción sexual es la forma de reproducción dominante en los animales. Múltiples factores afectan el éxito reproductivo de un animal. Por ejemplo, los factores genéticos pueden hacer que un ave macho tenga un canto que las hembras prefieran por sobre los cantos de otros machos. Sin embargo, la supervivencia de los descendientes de este macho dependerá del alimento disponible, de cómo se protejan de los depredadores y de las condiciones del tiempo.

Estas libélulas en apareamiento se reproducen sexualmente.

2. Escribe reproducción asexual, reproducción sexual o ambas en la tabla para describir el proceso de reproducción de cada animal.

Animal	Proceso de reproducción	Tipo de reproducción
Ardilla gris oriental (mamífero)	Después de que la ardilla macho y la ardilla hembra se aparean, la fertilización ocurre dentro del cuerpo de la hembra. Ella da a luz a dos o más descendientes que alimenta con leche de su cuerpo.	reproducción sexual
Espátula rosada (ave)	Después de que la espátula rosada macho y la espátula rosada hembra se aparean, la fertilización ocurre dentro del cuerpo de la hembra. La hembra pone huevos que se convertirán en polluelos.	
Caracol acuático neozelandés del cieno (molusco)	Las hembras de caracol del cieno nacen con embriones genéticamente idénticos en su interior. También pueden aparearse con un macho para fertilizar huevos y producir nuevos caracoles.	
Rana de árbol (anfibio)	En todas las especies de ranas de árbol, la hembra pone huevos y luego el macho los fertiliza.	
Insecto palo (insecto)	Las hembras de insecto palo pueden producir descendientes a partir de huevos sin fertilizar. También pueden aparearse con un macho para fertilizar los huevos.	
Salmón del Pacífico (pez)	La hembra de salmón desova y luego los huevos son fertilizados por el macho.	

© Houghton Mifflin Harcourt • Image Credits: ©Milan Vachal/Shutterstock

La reproducción sexual en los animales

La reproducción sexual es un tipo de reproducción que necesita dos progenitores. Los descendientes obtienen una copia de cromosomas de cada progenitor. Como resultado, los organismos producidos mediante este tipo de reproducción son genéticamente distintos de sus progenitores. Esta variación genética aumenta las posibilidades de que algunos descendientes tengan rasgos que los ayuden a sobrevivir en un medio ambiente cambiante.

En la reproducción sexual, la fertilización puede ser interna o externa. En algunas especies, el macho y la hembra se aparean y la fertilización ocurre dentro del cuerpo de la hembra. En otras especies, la hembra pone huevos y el macho los fertiliza fuera del cuerpo de la hembra. Algunos animales ponen huevos fertilizados y otros dan a luz a descendientes vivos.

Este pez damisela macho está protegiendo los huevos que fertilizó fuera del cuerpo de la hembra.

Los huevos que puso esta hembra de petirrojo se convertirán en pequeñas aves que ella cuidará.

Esta madre canguro llevará a su bebé (cría) en la bolsa hasta que esté completamente desarrollado.

Esta foca dio a luz a su cría. Ella la alimentará con leche de su cuerpo hasta que la cría pueda buscar su propia comida.

3. ¿Qué conducta tienen en común todos estos progenitores? ¿Cómo crees que contribuye esta conducta al éxito reproductivo de cada animal?

© Houghton Mifflin Harcourt • Image Credits: (tl) ©Luis Javier Sandoval/Oxford Scientific/Getty Images; (tr) ©wwing/iStock/Getty Images Plus/Getty Images; (br) ©Dynamic Graphics/ JupiterImages/Getty Images; (bl) ©John White Photos/Moment Open/Getty Images

La reproducción asexual en los animales

La reproducción asexual es un tipo de reproducción en la que se necesita un solo progenitor. El progenitor pasa una copia de sus genes a sus descendientes. A menos que haya una mutación, un organismo producido mediante reproducción asexual es genéticamente idéntico a su progenitor y a otros descendientes producidos asexualmente por ese progenitor.

Las condiciones ambientales pueden afectar el tipo de reproducción que usa un animal que puede reproducirse sexual o asexualmente. Estos animales pueden reproducirse asexualmente cuando la reproducción rápida es beneficiosa para ellos, como cuando existe la oportunidad de colonizar una zona extensa. También pueden reproducirse asexualmente si las condiciones son desfavorables para la reproducción sexual. Por ejemplo, la escasez de parejas o las temperaturas inadecuadas para la supervivencia pueden favorecer la reproducción asexual.

BANCO DE PALABRAS

- falta de parejas
- lesión
- cambio de temperatura

4. ¿Qué estímulo del medio ambiente puede provocar la reproducción asexual en estos animales? Usa los términos del banco de palabras para completar la tabla.

	Las planarias se reproducen asexualmente por regeneración. Si el animal es cortado en pedazos, los segmentos pueden crecer y convertirse en nuevos animales.	
	Las esponjas hembra y macho se pueden reproducir asexualmente produciendo estructuras que pueden sobrevivir bajo condiciones ambientales severas.	
	Las hembras de dragón de Komodo se pueden reproducir asexualmente mediante un proceso que no requiere de un macho que fertilice sus huevos.	

CUADERNO DE EVIDENCIAS

5. ¿Qué tipo de animal es la cebra? ¿Crees que la cebra se reproduce sexualmente o asexualmente?

© Houghton Mifflin Harcourt • Image Credits: (t) ©Breck P. Kent/Animals Animals/Earth Scenes; (c) ©Paul Kay/Oxford Scientific/Getty Images; (b) ©SURZ/YAY Media AS/Alamy

Artes del lenguaje

Evaluar estrategias de reproducción

Las anémonas de mar son animales que viven en arrecifes oceánicos poco profundos. Generalmente viven en colonias muy pobladas que se extienden a lo largo de un área grande y rocosa. Cada colonia es un grupo de animales genéticamente idénticos que son hostiles con otras colonias que viven en sus bordes.

Las anémonas de mar se pueden reproducir asexualmente dividiéndose verticalmente en dos. También se pueden reproducir sexualmente liberando espermatozoides y óvulos al agua. El óvulo fertilizado se convierte en una larva que finalmente se asentará en el suelo oceánico y producirá una nueva colonia.

anémona de mar

6. Cita evidencias del texto para explicar de qué manera el uso de los dos tipos de reproducción afecta la distribución de las colonias de anémonas de mar.

© Houghton Mifflin Harcourt • Image Credits: ©Ed Reschke/Photolibrary/Getty Images

Relacionar la conducta animal con el éxito reproductivo

El *éxito reproductivo* es la capacidad de producir descendientes que sean sanos y que sobrevivan. Las distintas especies de animales usan diferentes estrategias para aumentar su éxito reproductivo. Estas estrategias incluyen conductas adultas, como el cortejo y la crianza de los descendientes.

Las estrategias para el éxito reproductivo también incluyen la conducta de los descendientes. Los descendientes de algunas especies de animales, como los gansos, aprenden por impronta (confían y siguen a uno o a ambos progenitores). Los descendientes de otros animales dejan de moverse instintivamente para evitar atraer a los depredadores.

Estos cardenales bebé cantan fuerte y abren mucho la boca.

7. ¿Cómo contribuye la conducta de los polluelos al éxito reproductivo?

Conductas de cortejo

Las *conductas de cortejo* son los intentos de los animales de atraer a una pareja. Conseguir una pareja sana es una forma de aumentar las probabilidades de éxito reproductivo. Principalmente los machos exhiben conductas de cortejo para convencer a las hembras de que ellos son una buena pareja. En algunas especies, las hembras también muestran conductas de cortejo.

Las ranas, los venados, los murciélagos, las ballenas y las focas vocalizan para atraer a una pareja. Algunos animales, como muchas especies de aves, vocalizan y danzan. Los machos a menudo bailan solos, aunque en algunas especies la hembra los acompaña.

Este saltarín macho trepa una rama para impresionar a una pareja.

Aprende EN LÍNEA

Los machos de muchas especies de aves muestran plumas de colores intensos u otras partes del cuerpo para intentar atraer a las hembras. La mayoría de las hembras, por el contrario, tienen plumas de colores neutros. A ellas las cortejan los machos coloridos.

Los machos de algunas especies muestran su fuerza o luchan contra otros machos para cortejar a las hembras o para establecer su "derecho" sobre un grupo de hembras. Los venados macho usan la cornamenta para luchar. Los elefantes marinos macho golpean a su oponente con el cuerpo, mientras que los caballitos del diablo se embisten.

Los machos de otras especies animales llevan regalos a las hembras o construyen estructuras para ellas. Lo hacen para persuadirlas de aparearse. Las aves de emparrado, por ejemplo, construyen nidos intrincados que luego muestran a las hembras para ganar su aprobación. El martín pescador macho lleva peces a la hembra como regalo.

© Houghton Mifflin Harcourt • Image Credits: (t) ©JupiterImages/Photos.com/Getty Images; (b) ©Tim Laman/National Geographic Stock

8. ¿Qué cualidades tienen estos machos para convencer a las hembras de aparearse? Usa las frases del Banco de palabras para anotar tus respuestas.

BANCO DE PALABRAS

- provee alimento
- protege a descendientes y hembras
- tiene genes buenos y sanos

 La cornamenta de un alce macho puede llegar a pesar 18 kilogramos (40 libras) y medir 1.2 metros (4 pies) por encima de la cabeza. Los alces usan los cuernos para pelear contra otros machos y para perseguir a los depredadores.	
 El pavo real macho tiene plumas largas y hermosas en la cola. Las plumas son pesadas, y los pavos deben ser fuertes para poder llevarlas.	
 Estas arañas son macho y hembra. El macho, que es el más pequeño, tiene un regalo para la hembra: un insecto envuelto en seda.	

9. **Comenta** Las aves cantan por muchas razones, pero las aves macho producen canciones especiales para atraer a las hembras. ¿Qué otros beneficios pueden tener estas ruidosas vocalizaciones para el macho? Comenta tus ideas con un compañero.

© Houghton Mifflin Harcourt • Image Credits: (t) ©Betty Shelton/Shutterstock; (c) ©Shawn Hempel/Shutterstock; (b) ©Photoshot/Alamy

CUADERNO DE EVIDENCIAS

10. ¿La pelea de las cebras al principio de la lección es una conducta de cortejo o una conducta parental? ¿Cómo puede afectar esta conducta el éxito reproductivo de las cebras? Anota las evidencias.

Conductas parentales

Las *conductas parentales* son los intentos de los animales de asegurar la supervivencia de sus descendientes. Estas conductas son otra estrategia de los animales para aumentar sus probabilidades de tener éxito reproductivo.

Muchas especies animales construyen nidos para sus huevos y sus crías. Las hembras o los machos, o ambos, reúnen los materiales y construyen los nidos. Uno o ambos progenitores cuidan los huevos y a los descendientes en el nido.

Los animales alimentan a sus crías de diferentes maneras. Los mamíferos hembra amamantan a sus crías con leche de su propio cuerpo. Otras especies reúnen o cazan comida para sus descendientes. Por ejemplo, algunas aves comen y luego regurgitan el alimento para dárselo a sus crías. Los descendientes pueden alimentarse mejor una vez que la comida ha sido parcialmente digerida en el aparato digestivo de su progenitor.

Los animales cuidan a sus crías por distintos períodos de tiempo. Muchos reptiles abandonan los huevos, por lo que sus crías tienen que cuidarse solas. Otras especies se quedan con sus descendientes durante algunos meses (aves) o durante años (elefantes). Algunos animales también enseñan a sus descendientes a valerse por sí mismos. Por ejemplo, los leones enseñan a sus crías a cazar.

Algunos animales sacrifican su salud o su propia vida por sus descendientes. Un pingüino emperador macho sostiene un único huevo con las patas y lo cubre con una capa de piel para mantenerlo caliente. Lo hace durante 60 a 68 días bajo condiciones extremadamente frías y ventosas y sin poder alimentarse. Otro ejemplo de sacrificio de un progenitor es la hembra de muchas especies de pulpo, que protege los huevos durante meses, o incluso años, hasta que nacen las crías. Después de que los pulpos nacen, la hembra muere. Cuando nacen las crías de chorlitejo colirrojo, ambos progenitores mantienen a los depredadores alejados de las crías simulando que tienen lastimaduras. Los chorlitejos colirrojos arrastran su "ala rota" por el suelo para atraer a los depredadores y alejarlos de sus crías. A menudo, los depredadores cazan a los chorlitejos adultos mientras usan esta estrategia.

BANCO DE PALABRAS

- construir nidos
- defender a los descendientes
- alimentar a los descendientes
- enseñar a los descendientes

11. ¿Qué conducta parental muestra cada uno de estos animales?

© Houghton Mifflin Harcourt • Image Credits: (tl) ©hardeko/iStock/Getty Images Plus/Getty Images; (tr) ©Exactostock - 1598/Superstock; (bl) ©David Osborn/Alamy; (br) ©Sanford/Agliolo/CORBIS/Flirt/Alamy

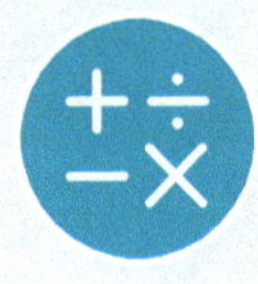

Práctica matemática

Analiza las elecciones de pareja de las hembras

lebistes macho

El lebistes es un pez tropical de agua dulce nativo de Sudamérica. Los machos generalmente tienen aletas y colas de colores intensos. Los investigadores estudian los rasgos que los lebistes hembra prefieren cuando eligen pareja. La tabla que aparece a continuación muestra los resultados de los experimentos sobre la preferencia de la hembra en cuanto a tres tamaños de cola diferentes.

12. Usa los datos de la tabla para describir los tres experimentos con tus propias palabras.

Elección de pareja del lebistes hembra por el tamaño de la cola

	Experimento 1
Tamaño de cola del macho	**Porcentaje de preferencia de la hembra**
Macho de cola grande	78%
Macho de cola pequeña	22%
	Experimento 2
Tamaño de cola del macho	**Porcentaje de preferencia de la hembra**
Macho de cola larga	68%
Macho de cola mediana	32%
	Experimento 3
Tamaño de cola del macho	**Porcentaje de preferencia de la hembra**
Macho de cola mediana	65%
Macho de cola pequeña	35%

13. ¿Por qué el porcentaje de preferencia por las colas de tamaño mediano es más alto en el Experimento 3 que en el Experimento 2?

14. De acuerdo con los datos de la tabla, ¿qué tamaño de cola da al lebistes macho el mayor éxito reproductivo? Usa las diferencias de porcentaje en las elecciones de la hembra para explicar tu respuesta.

© Houghton Mifflin Harcourt • Image Credits: ©Andrew Ilyasov/E+/Getty Images

Explicar los factores que afectan el crecimiento de los animales

Los animales deben enfrentar muchos desafíos para sobrevivir. El medio ambiente puede ser impredecible y muchos factores que afectan la salud de los animales actúan al mismo tiempo. Por ejemplo, los depredadores, la disponibilidad de alimento, el tiempo y las enfermedades pueden afectar el crecimiento de los animales. Los animales heredan rasgos que los ayudan a superar estos desafíos. Pero el crecimiento y la supervivencia de un animal dependen de complejas interacciones entre los factores genéticos y los factores ambientales.

Las carpas doradas comunes comen todo el alimento que pueden y producen grandes cantidades de desechos.

15. ¿Crees que la pecera es un medio ambiente saludable para una carpa dorada? ¿Por qué?

16. ¿Qué factores pueden limitar el crecimiento de una carpa dorada que vive en una laguna grande?

Los factores genéticos afectan el crecimiento de los animales

La reproducción sexual en los animales genera una variación genética de rasgos en los descendientes. Los diferentes rasgos pueden significar una ventaja para algunos individuos respecto de otros. Algunos descendientes pueden tener mejor vista o audición, quijada o dientes más fuertes, o pelaje más espeso que otros descendientes. Algunos pueden no haber heredado enfermedades que otros sí heredaron.

Estas diferencias genéticas no afectan a un único descendiente. También afectan a poblaciones enteras. Debido a las diferencias en los rasgos genéticos, algunos individuos de una población animal pueden sobrevivir mejor que otros en condiciones ambientales cambiantes. Como resultado, la población puede continuar existiendo en la comunidad.

Los lobos grises tienen patas largas y una quijada fuerte para atrapar y matar a sus presas.

© Houghton Mifflin Harcourt • Image Credits: (t) ©Mikael Damkier/Fotolia; (b) ©Sergio Pitamitz/National Geographic/Getty Images

Ingeniería

Explicar la selección de rasgos en razas de perros

Hace al menos 12,000 años, los seres humanos comenzaron a domesticar a miembros de una especie similar al lobo. Los científicos creen que este animal es un antepasado común del lobo gris y los perros actuales.

Cada una de las más de 300 razas de perro se desarrolló durante un largo período de tiempo. Los seres humanos seleccionaron a los perros con los rasgos que querían y luego los criaron. Por ejemplo, los cazadores usan al caniche para recoger las aves que caen al agua. Su inteligencia, sus patas palmeadas y su pelaje rizado casi impermeable lo hacen un perro ideal para cazar en ríos y pantanos. Estos rasgos son muy diferentes de los rasgos del antepasado emparentado con el lobo.

En el pasado, las personas trabajaban con perros principalmente para cazar aves o arrear ovejas. En la actualidad, los perros asisten a las personas con impedimentos visuales, problemas de movilidad y enfermedades mentales. Los perros también ayudan al personal militar y policial a rastrear explosivos y rescatar personas en peligro.

El galgo fue criado como perro de caza. Persigue y captura presas rápidas, como los conejos.

El teckel también fue criado como perro de caza. Captura ratas y otros animales pequeños que tienen madrigueras en el suelo.

© Houghton Mifflin Harcourt • Image Credits: (l) ©Jerry Shulman/SuperStock/Alamy; (r) ©Capture Light/Shutterstock

17. Compara y contrasta los rasgos que serían deseables en un perro que ayuda a la policía a rastrear explosivos y en un perro de compañía para personas mayores.

18. Los criadores de perros eligen parejas para producir descendientes con los rasgos deseados. ¿En qué se parece esto a la forma en que los rasgos ventajosos de los lobos se transmiten a los descendientes?

Los factores ambientales afectan el crecimiento de los animales

La genética no es el único factor que afecta el crecimiento de los animales. Las condiciones del medio ambiente donde se encuentra el animal también afectan su crecimiento y desarrollo. Las buenas condiciones ambientales incluyen agua, alimento, aire y espacio abundantes. También comprenden un hábitat sin contaminación y refugio suficiente de los depredadores.

Las condiciones ambientales perjudiciales incluyen el tiempo, como las sequías, que privan a los animales de agua o que afectan negativamente al crecimiento de las plantas que los animales comen. Otras condiciones ambientales perjudiciales son la sobrepoblación, la contaminación y la destrucción del hábitat.

Múltiples factores determinan el crecimiento de este ganado Angus que se alimenta de césped.

19. Decide si los cambios en el crecimiento del ganado Angus son causados por un factor genético o por un factor ambiental.

Causas	Efectos
	Los toros, los terneros y las vacas se debilitan cuando el césped es escaso debido a la sequía.
	Una vaca crece mejor que otras vacas cuando se traslada la manada a un clima más frío.
	Un ternero crece más que otros porque su madre produce más leche.
	Los terneros no se desarrollan bien cuando una enfermedad mata el césped.
	Los terneros no crecen bien debido a un parásito que afecta a la manada.
	Un toro crece mejor que otros durante un verano inusualmente cálido.

© Houghton Mifflin Harcourt • Image Credits: ©Sam Wirzba/Design Pics/Alamy

Práctica de laboratorio

Haz un modelo del crecimiento de un animal

Trabajarás en grupo para diseñar un juego de mesa que muestre cómo los factores genéticos y ambientales afectan a los animales. Luego, crearás el juego de mesa con los materiales que te dé el maestro. Finalmente, intercambiarán el juego con otro grupo, jugarán el juego del otro grupo y darán una retroalimentación.

MATERIALES

- lápices de colores, marcadores o crayones
- objetos que se puedan usar como fichas
- papel
- cartulina grande
- tijeras

Procedimiento

PASO 1 Con tu grupo, piensa una idea para un juego de mesa que muestre el crecimiento de un animal a lo largo del tiempo. El juego también debe cumplir las siguientes condiciones:

- Tu juego debe incorporar cinco escenarios con factores genéticos y ambientales que tengan efecto sobre el crecimiento.
- Los jugadores ganarán puntos o avanzarán cuando los efectos sobre el crecimiento sean positivos. Por ejemplo, si un jugador cae en un espacio o saca una tarjeta que diga: "Abundancia de alimentos esta temporada. Avanza tres posiciones". Los jugadores retrocederán o perderán un turno cuando los efectos sobre el crecimiento sean negativos. Por ejemplo, si un jugador cae en un espacio o saca una tarjeta que diga: "Avance de la sequía. Pierdes un turno".

PASO 2 Cuando tu grupo haya pensado en una idea, comenta los detalles del juego con el resto de los miembros. Anoten los escenarios en una hoja aparte.

PASO 3 Una vez que tu grupo haya pensado en todos los detalles, creen el juego con los materiales que les dio el maestro.

Análisis

PASO 4 Intercambien el juego con otro grupo. Jueguen el juego del otro grupo. Mientras juegan, escriban sus comentarios y preguntas sobre el juego: ¿Qué les gustó del juego? ¿Hay algo que el otro grupo podría hacer para mejorar la manera de representar los factores genéticos y ambientales que afectan el crecimiento de los animales?

© Houghton Mifflin Harcourt

PASO 5 Intercambien sus comentarios y preguntas con el otro grupo.

PASO 6 Revisen los comentarios y preguntas del otro grupo sobre el juego de ustedes. ¿Qué podría hacer tu grupo para mejorar el juego y lograr que represente mejor la manera en que los factores genéticos y ambientales afectan el crecimiento de los animales?

Predice el crecimiento del antílope negro

El antílope negro es un herbívoro nativo de la India y de Pakistán.

El antílope negro vive en grupos en las praderas calurosas y secas de la India y de Pakistán. Se alimenta principalmente de hierbas, pero también come hojas, frutas y flores. Es uno de los animales más rápidos de la Tierra y tiene muy buena vista. Entre sus depredadores se encuentran los leopardos y los perros salvajes. Las poblaciones humanas usan el hábitat del antílope negro para la agricultura y lo cazan por la carne y la cornamenta.

Los antílopes negros macho compiten entre sí para ganar territorio y conseguir pareja. Tienen cuernos largos y espiralados que usan para pelear y atraer a las hembras. El antílope hembra da a luz a un único cervatillo que se mantendrá escondido entre la hierba hasta que esté listo para unirse a la manada.

20. Usa los datos sobre los antílopes negros para explicar de qué manera los factores genéticos y ambientales afectan la reproducción y el crecimiento de estos animales. Asegúrate de incluir lo siguiente en tu explicación:

- factores que afectan la reproducción de los antílopes; por ejemplo: el tipo de reproducción y las conductas de cortejo, parentales y de los descendientes.
- factores que afectan el crecimiento de los antílopes; por ejemplo: las condiciones del tiempo, la predación, la disponibilidad de alimento y los rasgos genéticos.

© Houghton Mifflin Harcourt • Image Credits: ©Sylvain Cordier/Photographer's Choice/ Getty Images

Sigue explorando

Nombre: **Fecha:**

Fíjate en esta opción o conéctate y elige alguna de estas opciones.

Entrenar a los descendientes

- **Prácticas de laboratorio**
- **Efectos de la temperatura sobre el género**
- **Busca una opción para ti.**

Conéctate y elige alguna de estas opciones.

Algunos animales enseñan a sus descendientes habilidades para que puedan sobrevivir cuando vivan solos. Los progenitores usan diferentes métodos para enseñar a sus descendientes. Algunos progenitores enseñan habilidades o entrenan a sus descendientes gradualmente. En otras especies de animales, los descendientes simplemente observan a los adultos y luego aprenden por ensayo y error.

Las suricatas son mamíferos similares a los perritos de la pradera y crecen en grandes manadas. Usan la enseñanza directa de habilidades como conducta parental. Los progenitores enseñan a sus descendientes cómo capturar y matar presas peligrosas, como los escorpiones. Llevan animales casi muertos a sus descendientes porque las presas son muy peligrosas para que aprendan a cazarlas sin entrenamiento. Suelen dejar indefensas a las presas, por ejemplo, quitándoles el aguijón. Esta conducta de entrenamiento no se limita a los progenitores. Otras suricatas adultas, llamadas ayudantes, también enseñan a los descendientes aunque no sean suyos.

1. ¿Qué beneficio pueden obtener las suricatas adultas al enseñar a descendientes de otras suricatas a cazar presas peligrosas?

© Houghton Mifflin Harcourt • Image Credits: ©David W. Macdonald/Oxford Scientific/Getty Images

suricatas

Sigue explorando

Las nutrias de río son un ejemplo de una especie animal en la que los descendientes observan a los adultos y luego aprenden por ensayo y error. Las nutrias de río no nacen sabiendo nadar. Las hembras enseñan a sus descendientes a nadar empujándolos al agua cuando tienen cerca de dos meses de vida. Las hembras llevan a sus descendientes en la espalda si se necesita ayuda. Los descendientes aprenden con la práctica.

Los orangutanes son otra especie en la que los descendientes aprenden por observación. Comparten actividades con adultos y copian su conducta. Los descendientes permanecen con sus madres durante ocho años o más. Aprenden todo, desde cómo colgarse de los árboles hasta cómo buscar comida o construir nidos para dormir a la noche.

nutrias de río

orangutanes

2. Para los animales adultos, ¿cuáles son los beneficios de invertir tiempo y recursos para enseñar habilidades de supervivencia a los descendientes?

3. Para los animales adultos, ¿cuáles son las desventajas de invertir tiempo y recursos para enseñar habilidades de supervivencia a los descendientes?

© Houghton Mifflin Harcourt • Image Credits: (t) ©Octavio Campos Salles/Alamy; (b) ©Paul & Paveena Mckenzie/Stockbyte/Getty Images

4. Colaborar Investiga sobre otro animal que entrene a sus descendientes. Cita varias fuentes confiables para confirmar tu investigación. Explica lo que descubriste con una presentación multimedia.

¿PUEDES EXPLICARLO?

Nombre: **Fecha:**

¿Por qué pelean estas cebras macho?

CUADERNO DE EVIDENCIAS

Consulta las anotaciones de tu Cuaderno de evidencias para explicar por qué pelean las cebras macho.

1. Haz una afirmación. Asegúrate de que esa afirmación explique bien por qué tienen esa conducta.

2. Resume las evidencias que reuniste para justificar tu afirmación y explicar tu razonamiento.

© Houghton Mifflin Harcourt • Image Credits: ©Gallo Images - Brian Joffe/Riser/Getty Images

Ejercicios de revisión

Responde las siguientes preguntas para comprobar si entendiste bien la lección.

Observa la foto y responde las Preguntas 3 y 4.

3. El sapo partero macho carga los huevos que fertilizó hasta que están listos para nacer. Este sapo partero macho muy probablemente se reproduce asexualmente / sexualmente.

4. De los huevos nacen renacuajos que necesitan agua para crecer y desarrollarse. ¿Qué factor(es) podría(n) afectar negativamente el crecimiento y desarrollo de los renacuajos?
   - **A.** Los renacuajos pueden crecer en charcos poco profundos.
   - **B.** El hábitat de los renacuajos está infectado con hongos.
   - **C.** Los renacuajos son presa de las libélulas.
   - **D.** Los renacuajos se convierten en sapos adultos en un período de 3 a 5 semanas.

Observa la foto y responde las Preguntas 5 y 6.

5. El tipo de conducta que muestra este macaco cola de cerdo es una conducta típica de los descendientes / de cortejo / parental.

6. ¿Cuál es el posible beneficio de esta conducta para los macacos? Elige todas las respuestas correctas.
   - **A.** El éxito reproductivo de la madre puede aumentar.
   - **B.** Los descendientes pueden crecer y convertirse en adultos sanos.
   - **C.** Los descendientes aprenden este comportamiento de su madre.
   - **D.** El éxito reproductivo del padre puede disminuir.

© Houghton Mifflin Harcourt • Image Credits: (t) ©blickwinkel/Trapp/Alamy; (b) ©Danita Delimont/Gallo Images/Getty Images

Repaso interactivo

Completa esta sección para repasar los conceptos principales de la lección.

La reproducción sexual es el tipo dominante de reproducción entre los animales, aunque algunos también se reproducen asexualmente.

A. Explica la relación entre la reproducción sexual y la variación genética en los animales.

Las conductas de cortejo, parentales y de los descendientes contribuyen al éxito reproductivo de los animales.

B. Describe una conducta de cortejo y una conducta parental, y explica cómo cada conducta contribuye al éxito reproductivo de un animal.

Los factores genéticos y ambientales afectan el crecimiento de los animales.

C. Explica las causas y los efectos que ejemplifican cómo los diferentes factores pueden afectar el crecimiento.

© Houghton Mifflin Harcourt • Image Credits: (t) ©Milan Vachal/Shutterstock; (c) ©Shawn Hempel/Shutterstock; (b) ©Sylvain Cordier/Photographer's Choice/Getty Images

Elige una de las actividades para aprender cómo se relaciona esta unidad con otros temas.

☐ Conexión con las ciencias de la Tierra

Clima y reproducción Los patrones en la reproducción y el crecimiento se relacionan con los patrones en la distribución de los biomas de la Tierra. Mientras que los organismos del ecuador pueden reproducirse todo el año, los organismos de los polos helados deben concentrarse en las necesidades básicas para la supervivencia, lo que les deja poco tiempo y energía para crecer y reproducirse.

Investiga el clima de dos biomas terrestres. Compara y contrasta los patrones de reproducción y crecimiento de dos organismos, uno de cada bioma. Crea una presentación multimedia para compartir lo que aprendiste con el resto de la clase.

Una madre oso polar con oseznos.

☐ Conexión con el arte

Arquitectura paisajista Los arquitectos paisajistas usan su conocimiento de las plantas para crear espacios al aire libre que sean hermosos y funcionales. Eligen plantas con una variedad de estrategias de reproducción que les permiten adaptarse exitosamente al medio ambiente durante las diferentes estaciones. Por ejemplo, los arquitectos paisajistas de un parque de diversiones pueden organizar las plantas según su estación de floración para asegurarse de tener flores todo el año.

Investiga diferentes plantas y diseña un paisaje para un espacio al aire libre de tu comunidad. Elige al menos cinco plantas que sean apropiadas para el clima y que usen una variedad de estrategias de reproducción. Muestra un diagrama del paisaje al resto de la clase y explica los propósitos prácticos y artísticos de cada planta.

Jardines Butchart en la Columbia Británica, Canadá

☐ Conexión con las ciencias de la computación

Bases de datos de ADN Los genetistas crean perfiles de los individuos usando el ADN. Los científicos usan las bases de datos de ADN para almacenar miles de perfiles y hacer predicciones basadas en los patrones genéticos que observan en las poblaciones. Por ejemplo, los científicos usan los datos del ADN para predecir qué grupos de personas tienen más probabilidades de tener una enfermedad genética.

Investiga las bases de datos de ADN que posee el gobierno, una universidad o una empresa privada. Evalúa cómo se usan estas bases de datos. Luego, analiza los pros y los contras para determinar si los beneficios son mayores que los riesgos asociados con el rastreo de ADN. Prepara una presentación breve para compartir con el resto de la clase.

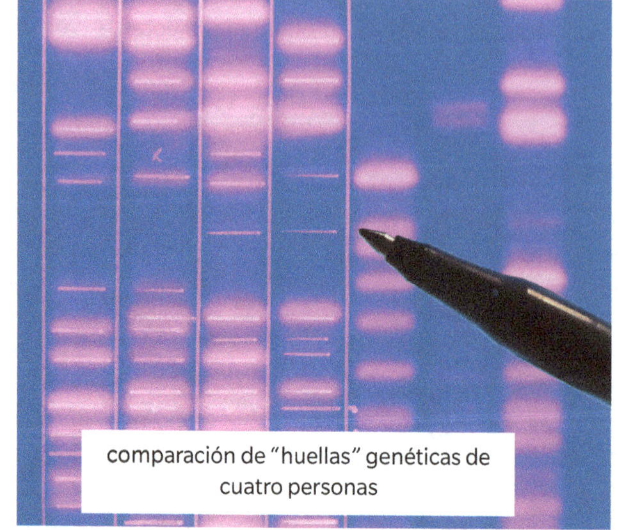

comparación de "huellas" genéticas de cuatro personas

© Houghton Mifflin Harcourt • Image Credits: (t) ©Eric Baccega/age fotostock; (c) ©2009fotofriends/Shutterstock; (b) ©David Parker/Science Source

Nombre: Fecha:

Completa el repaso para comprobar que entendiste el contenido de la unidad.

Observa la tabla y responde las Preguntas 1 a 3.

1. La herencia del grupo sanguíneo involucra tres alelos, que se muestran en la tabla como A, B y O. Estudia los genotipos y los grupos sanguíneos de los hijos de Sam y Heidi. Teniendo en cuenta esta información, ¿qué enunciado sobre los alelos del grupo sanguíneo es correcto?
   A. O es dominante sobre A y B.
   B. A y B son dominantes sobre O.
   C. Solo A es dominante sobre O.
   D. Los alelos A, B y O son igualmente dominantes.

Grupos sanguíneos de los hijos de Sam y Heidi

Heidi \ Sam	A	O
B	AB Gabriela (Grupo sanguíneo AB)	BO Frank (Grupo sanguíneo B)
O	AO Jack (Grupo sanguíneo A)	OO Sally (Grupo sanguíneo O)

2. ¿Qué evidencias de la tabla permiten establecer que los seres humanos se reproducen sexualmente y no asexualmente? Elige todas las respuestas correctas.
   A. Frank tiene el mismo genotipo que su madre.
   B. El grupo sanguíneo de Gabriela es diferente del de sus progenitores.
   C. Sally recibió un alelo de cada progenitor.
   D. Heidi y Sam tuvieron cuatro hijos.

3. Si Sam y Heidi tuvieran otro hijo, la probabilidad de que ese hijo tenga el grupo sanguíneo AB es del 25 / 50 / 75 por ciento.

Observa la foto y responde las Preguntas 4 y 5.

4. Los impalas macho chocan los cuernos para competir por las hembras. Las ventajas físicas de un macho sobre otro dependen de:
   A. factores genéticos
   B. factores ambientales
   C. factores genéticos y ambientales

5. ¿Por qué el impala vencedor tiene más posibilidades de tener éxito reproductivo? Elige todas las respuestas correctas.
   A. Es más sano y tiene más probabilidades de producir gametos sanos y viables.
   B. Puede atraer más parejas.
   C. Solo tiene genes beneficiosos.
   D. Puede defender a las hembras y sus descendientes mejor que un macho más débil.

© Houghton Mifflin Harcourt • Image Credits: ©Kenneth Whitten/Design Pics/Getty Images

6. Piensa en un ejemplo o una estrategia relacionada con cada categoría de reproducción que se muestra en la tabla. Describe la relación entre estructura y función en los ejemplos que des, y luego describe cada uno en términos de causa y efecto para el éxito reproductivo.

Categoría reproductiva	Estructura y función	Causa y efecto
Reproducción asexual en las plantas		
Reproducción sexual en las plantas		
Reproducción asexual en los animales		
Reproducción sexual en los animales		

© Houghton Mifflin Harcourt

Observa el diagrama sobre la reproducción de los pinos y responde las Preguntas 7 a 10.

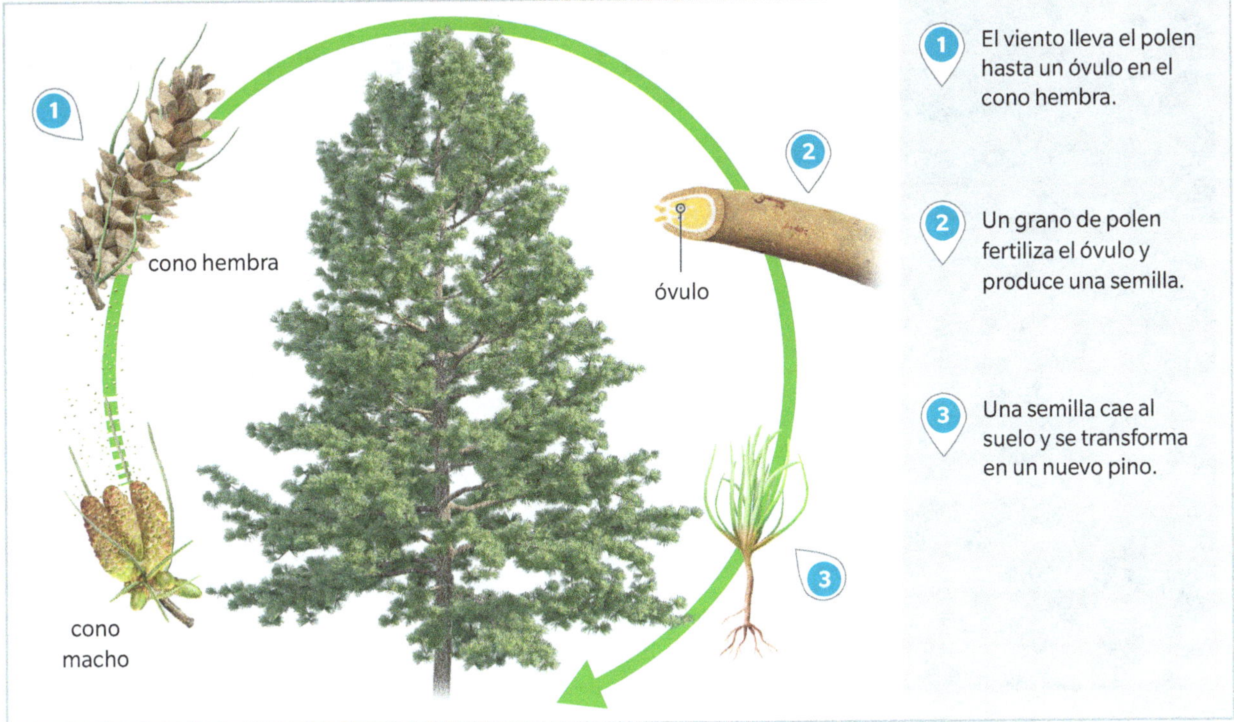

7. ¿Los pinos se reproducen sexual o asexualmente? Usa las evidencias que ves en el diagrama para justificar tu respuesta.

8. Los conos de pino macho contienen una gran cantidad de polen. ¿Por qué?

9. Los pinos son *gimnospermas*, es decir, "semillas desnudas". Sus semillas no se encuentran en la fruta y no producen flores que atraigan a los polinizadores. ¿Por qué la estrategia de reproducción de los pinos les permite dominar los paisajes en lugares elevados y en climas fríos?

10. ¿El diagrama muestra todos los factores que afectan el éxito reproductivo de los pinos? Explícalo.

© Houghton Mifflin Harcourt

Observa la foto y responde las Preguntas 11 a 14.

11. Un ave cuco ha puesto uno de sus huevos en el nido de un petirrojo. La madre petirrojo cuidará del polluelo que nazca de este huevo, posiblemente a expensas de sus propios polluelos. ¿Cómo afecta esta estrategia el éxito reproductivo del cuco y del petirrojo?

12. Los petirrojos pueden no darse cuenta del huevo extraño. La madre petirrojo gastará tiempo y recursos para cuidar del cuco. ¿De qué manera su presencia en el nido es un factor ambiental que afecta el crecimiento y el éxito de los descendientes del petirrojo?

13. ¿Cuidar de los huevos es un tipo de conducta parental? Explica tu respuesta.

14. Algunos huevos de cuco son azules con manchas en lugar de grises con manchas. ¿Por qué existe esta variedad de huevos de cuco y cómo puede mejorar las posibilidades de éxito reproductivo del cuco?

© Houghton Mifflin Harcourt • Image Credits: ©Mike Jones/FLPA/age fotostock

Nombre: Fecha:

¡Salvemos a los pinos de corteza blanca!

¡Los majestuosos pinos de corteza blanca del Parque Nacional de Yellowstone están en peligro! Normalmente, las temperaturas frías en el límite del bosque mantienen alejados a los escarabajos del pino, que infectan los árboles. Sin embargo, la franja de temperatura fría se ha reducido debido al reciente cambio climático, por lo que más árboles tienen riesgo de infectarse con los escarabajos del pino. También hay un hongo que infecta los árboles, aunque los científicos creen que algunos pinos han heredado una resistencia a ese organismo. Los pinos son importantes para muchas especies en Yellowstone, incluidos otros árboles coníferos, las ardillas del pino, las aves y los osos pardos.

Como integrante de un Comando Ecológico Especial, desarrollarás un plan para aumentar el número de pinos de corteza blanca sanos en Yellowstone. Debes considerar soluciones genéticas y acciones que puedan mejorar el éxito reproductivo y el crecimiento de árboles jóvenes. ¡Salvemos a los pinos de corteza blanca!

cascanueces americano en un pino de corteza blanca sano

pino de corteza blanca infectado por el hongo que causa la roya vesicular

© Houghton Mifflin Harcourt • Image Credits: (l) ©Peter Essick/Aurora/Getty Images; (r) ©PKZ/Shutterstock

Los siguientes pasos guiarán tu investigación y te permitirán elaborar una recomendación.

1. **Define el problema** Escribe un enunciado que defina el problema que debes resolver. ¿Qué factores limitan el éxito de los pinos?

2. **Realiza una investigación** Busca recursos en la biblioteca o en Internet para aprender más sobre cómo los científicos ambientales ayudan a las poblaciones amenazadas. ¿Qué puede hacer tu Comando Ecológico Especial para mejorar la variación genética, el crecimiento y la reproducción del pino de corteza blanca de Yellowstone?

3. **Haz un modelo** Las soluciones genéticas a menudo requieren programas de reproducción. Usa los cuadrados de Punnett para mostrar cómo aumentarías la resistencia al hongo en las poblaciones de pino de corteza blanca teniendo en cuenta si el alelo para la resistencia es recesivo o dominante. Muestra qué cruzamientos serían ideales para cada situación. ¿Qué proceso tendrá que usar el Comando Ecológico Especial para producir descendientes resistentes al hongo?

4. **Recomienda una solución** Haz una recomendación basada en tu investigación. ¿Cómo protegerás a los árboles adultos de los escarabajos del pino y del hongo al mismo tiempo que garantizas el crecimiento exitoso de nuevos árboles?

5. **Comunica** ¿Cómo convencerás a los funcionarios de que tu plan funcionará? Crea una presentación multimedia para mostrar tu plan para salvar los pinos de corteza blanca de Yellowstone. Justifica tus afirmaciones con evidencias y razonamientos.

Autorrevisión

	Hice una lista de todos los factores (genéticos, reproductivos y ambientales) que limitan el número de pinos de corteza blanca en Yellowstone.
	Investigué cómo los científicos ambientales ayudan a las poblaciones amenazadas.
	Usé un modelo para considerar las soluciones genéticas que podrían ayudar a los pinos de corteza blanca.
	Mis soluciones se basan en la investigación y en una comprensión correcta del patrón de crecimiento y reproducción de los pinos.
	En mi presentación usé argumentos científicos eficaces para defender la propuesta del Comando Ecológico Especial.

© Houghton Mifflin Harcourt

Glosario

A–L

alelo

una de las formas alternativas de un gen que rige una característica, como por ejemplo, el color del cabello (128)

allele one of the alternative forms of a gene that governs a characteristic, such as hair color

aparato (o sistema) de órganos

grupo de órganos que trabajan en conjunto para desempeñar funciones corporales (49)

organ system a group of organs that work together to perform body functions

aparato digestivo

los órganos que descomponen la comida de modo que el cuerpo la pueda usar (84)

digestive system the organs that break down food so that it can be used by the body

aparato excretor

sistema que recolecta y elimina del cuerpo los desperdicios nitrogenados y el exceso de agua en forma de orina (84)

excretory system the system that collects and excretes nitrogenous wastes and excess water from the body in the form of urine

aparato respiratorio

conjunto de órganos cuya función principal es tomar oxígeno y expulsar dióxido de carbono; los órganos de este aparato incluyen a los pulmones, la garganta y las vías que llevan a los pulmones (85)

respiratory system a collection of organs whose primary function is to take in oxygen and expel carbon dioxide; the organs of this system include the lungs, the throat, and the passageways that lead to the lungs

célula

en biología, la unidad más pequeña que puede realizar todos los procesos vitales; las células están cubiertas por una membrana y tienen ADN y citoplasma (6)

cell in biology, the smallest unit that can perform all life processes; cells are covered by a membrane and contain DNA and cytoplasm

cloroplasto

organelo que se encuentra en las células vegetales y en las células de las algas, en el cual se lleva a cabo la fotosíntesis (22)

chloroplast an organelle found in plant and algae cells where photosynthesis occurs

conducta

acción que un individuo realiza en respuesta a un estímulo o a su ambiente (105)

behavior an action that an individual carries out in response to a stimulus or to the environment

cromosoma

en una célula eucariótica, una de las estructuras del núcleo que está hecha de ADN y proteína; en una célula procariótica, el anillo principal de ADN (128)

chromosome in a eukaryotic cell, one of the structures in the nucleus that are made up of DNA and protein; in a prokaryotic cell, the main ring of DNA

descendencia

nuevo organismo que resulta de la reproducción sexual o asexual (142)

offspring a new organism that results from sexual or asexual reproduction

gameto

célula reproductiva haploide que se une con otra célula reproductiva haploide para formar un cigoto (147)

gamete a haploid reproductive cell that unites with another haploid reproductive cell to form a zygote

gen

conjunto de instrucciones para un rasgo heredado (128)

gene one set of instructions for an inherited trait

herencia

proceso por el cual una característica se pasa de los progenitores a su descendencia (132)

inheritance the process by which a characteristic is passed from parent to offspring

hoja

órgano de la planta donde ocurre principalmente la fotosíntesis y la transpiración (69)

leaf a plant organ that is the main site of photosynthesis and transpiration

homeostasis

capacidad de mantener un estado interno constante en un ambiente en cambio (100)

homeostasis the maintenance of a constant internal state in a changing environment

© Houghton Mifflin Harcourt

M–R

membrana celular
capa de fosfolípidos que cubre la superficie de la célula y funciona como una barrera entre el interior de la célula y el ambiente de la célula (21)
cell membrane a phospholipid layer that covers a cell's surface and acts as a barrier between the inside of a cell and the cell's environment

memoria
habilidad para almacenar y recordar experiencias pasadas (106)
memory the ability to store and recall past experience

mitocondria
en las células eucarióticas, el organelo donde se lleva a cabo la respiración celular, la cual libera energía para que utilice la célula (22)
mitochondrion in eukaryotic cells, the organelle that is the site of cellular respiration, which releases energy for use by the cell

núcleo
en una célula eucariótica, organelo cubierto por una membrana, el cual contiene el ADN de la célula y participa en procesos tales como el crecimiento, metabolismo y reproducción (22)
nucleus in a eukaryotic cell, a membrane-bound organelle that contains the cell's DNA and that has a role in processes such as growth, metabolism, and reproduction

organelo
uno de los cuerpos pequeños que se encuentran en el citoplasma de una célula y que están especializados para llevar a cabo una función específica (21)
organelle one of the small bodies that are found in the cytoplasm of a cell and that are specialized to perform a specific function

organismo
ser vivo; cualquier cosa que pueda llevar a cabo procesos vitales independientemente (6, 48)
organism a living thing; anything that can carry out life processes independently

organismo multicelular
organismo conformado por más de una célula (8)
multicellular organism an organism that consists of more than one cell

organismo unicelular
organismo conformado por una sola célula (8)
unicellular organism an organism that consists of a single cell

órgano
conjunto de tejidos que desempeñan una función especializada en el cuerpo (49)
organ a collection of tissues that carry out a specialized function of the body

pared celular
estructura rígida que rodea la membrana celular y le brinda soporte a la célula (22)
cell wall a rigid structure that surrounds the cell membrane and provides support to the cell

polinización
transferencia de polen de las estructuras reproductoras masculinas a las estructuras femeninas de las plantas con semillas (160)
pollination the transfer of pollen from the male reproductive structures to the female structures of seed plants

proteína
molécula formada por aminoácidos que es necesaria para construir y reparar estructuras corporales y para regular procesos del cuerpo (128)
protein a molecule that is made up of amino acids and that is needed to build and repair body structures and to regulate processes in the body

raíz
el órgano principalmente subterráneo de las plantas vasculares, el cual mantiene a las plantas en su lugar y absorbe y almacena agua y minerales del suelo (70)
root the mainly underground organ of vascular plants that holds plants in place and absorbs and stores water and minerals from the soil

rasgo
una característica determinada genéticamente (126)
trait a genetically determined characteristic

receptor sensorial
estructura especializada que contiene los extremos de las neuronas sensoriales y que responde a tipos específicos de estímulos (101)
sensory receptor a specialized structure that contains the ends of sensory neurons and that responds to specific types of stimuli

reproducción asexual
reproducción que no involucra la unión de células sexuales, en la que un solo progenitor produce descendencia que es genéticamente igual al progenitor (143)
asexual reproduction reproduction that does not involve the union of sex cells and in which one parent produces offspring that are genetically identical to the parent

© Houghton Mifflin Harcourt

reproducción sexual

reproducción en la que se unen las células sexuales de los dos progenitores para producir descendencia que comparte rasgos de ambos progenitores (143)

sexual reproduction reproduction in which the sex cells from two parents unite to produce offspring that share traits from both parents

S–Z

semilla

el embrión de una planta que está encerrado en una cubierta protectora (160)

seed a plant embryo that is enclosed in a protective coat

sistema circulatorio

sistema del cuerpo formado por el corazón, los vasos sanguíneos y la sangre (85)

circulatory system the body system made up of the heart, the blood vessels, and the blood

sistema muscular

sistema de órganos cuya función principal es permitir el movimiento y la flexibilidad (86)

muscular system the organ system whose primary function is movement and flexibility

sistema nervioso

estructuras que controlan las acciones y reacciones del cuerpo en respuesta a los estímulos del ambiente; está formado por miles de millones de células nerviosas especializadas llamadas neuronas (86)

nervous system the structures that control the actions and reactions of the body in response to stimuli from the environment; it is formed by billions of specialized nerve cells called neurons

tallo

estructura de la planta que le provee soporte y que transporta nutrientes (70)

stem a plant structure that provides support and transports nutrients

tejido

grupo de células similares que llevan a cabo una función común (48)

tissue a group of similar cells that perform a common function

© Houghton Mifflin Harcourt

Índice

Nota: Los números de página en *cursiva* representan material ilustrativo, como cifras, tablas, elementos en los márgenes, fotografías e ilustraciones. Los números de página en **negrita** representan los números de página de las definiciones.

A

© Houghton Mifflin Harcourt • Image Credits:

B

C

© Houghton Mifflin Harcourt • Image Credits:

© Houghton Mifflin Harcourt • Image Credits:

E

© Houghton Mifflin Harcourt • Image Credits:

F

G

© Houghton Mifflin Harcourt • Image Credits:

H

I

L

M

© Houghton Mifflin Harcourt • Image Credits:

N

© Houghton Mifflin Harcourt • Image Credits:

O

P

© Houghton Mifflin Harcourt • Image Credits:

© Houghton Mifflin Harcourt • Image Credits:

R

© Houghton Mifflin Harcourt • Image Credits:

S

© Houghton Mifflin Harcourt • Image Credits:

T

U

© Houghton Mifflin Harcourt • Image Credits:

V

© Houghton Mifflin Harcourt • Image Credits: